CURRENT APPROACHES TO BUSINESS AND INSTITUTIONAL TRANSLATION
ENFOQUES ACTUALES EN TRADUCCIÓN ECONÓMICA E INSTITUCIONAL

CURRENT APPROACHES TO BUSINESS AND INSTITUTIONAL TRANSLATION

PROCEEDINGS OF THE INTERNATIONAL CONFERENCE ON ECONOMIC, BUSINESS, FINANCIAL AND INSTITUTIONAL TRANSLATION

Daniel Gallego-Hernández (ed.)

ENFOQUES ACTUALES EN TRADUCCIÓN ECONÓMICA E INSTITUCIONAL

ACTAS DEL CONGRESO INTERNACIONAL DE TRADUCCIÓN ECONÓMICA, COMERCIAL, FINANCIERA E INSTITUCIONAL

PETER LANG
Bern · Berlin · Bruxelles · Frankfurt am Main · New York · Oxford · Wien

Bibliographic information published by die Deutsche Nationalbibliothek
Die Deutsche Nationalbibliothek lists this publication in the Deutsche Nationalbibliografie; detailed bibliographic data is available on the Internet at ‹http://dnb.d-nb.de›.

British Library Cataloguing-in-Publication Data: A catalogue record for this book is available from The British Library, Great Britain

Library of Congress Control Number: 2015940487

GV/2014/A/082. 'Estabilización del corpus piloto COMENEGO (Corpus Multilingüe de Economía y Negocios)'. Funded by Generalitat Valenciana. Regional Ministry of Education, Culture and Sport = Generalitat Valenciana. Consellería de Educación, Cultura y Deporte.

GRE11-11. 'COMENEGO (Corpus Multilingüe de Economía y Negocios): Adecuación de recursos textuales para la práctica de la traducción de textos especializados'. Funded by the Office of the Vice President for Research, Development and Innovation of the University of Alicante = Vicerrectorado de Investigación, Desarrollo e Innovación de la Universidad de Alicante.

ISBN 978-3-0343-1656-9 pb. ISBN 978-3-0351-0867-5 eBook

This publication has been peer reviewed.

Hochfeldstrasse 32, CH-3012 Bern, Switzerland
info@peterlang.com, www.peterlang.com

Scientific advisory committee / Comité científico asesor

- María Alice Antunes (Universidade do Estado do Rio de Janeiro)
- Talita Barreto (Universidade Federal Fluminense)
- Cristina Batalha (Universidade do Estado do Rio de Janeiro)
- Irmtraud Behr (Université de Paris-Sorbonne)
- María Calzada (Universitat Jaume I)
- Jeanne Dancette (Université de Montréal)
- Danielle Dubroca (Universidad de Salamanca)
- Marie-Ange Etayo (Université Jean Moulin Lyon 3)
- Pedro Fuertes (Universidad de Valladolid)
- Peter Holzer (Universität Innsbruck)
- Heidrun Gerzymisch (Universität des Saarlandes)
- Miguel A. Jiménez-Crespo (Rutgers, The State University of New Jersey)
- Geoffrey Koby (Kent State University)
- Mercè Lorente Casafont (Universitat Pompeu Fabra)
- José Mateo Martínez (Universidad de Alicante)
- Emilio Ortega Arjonilla (Universidad de Málaga)
- Ewa Palka (Uniwersytet Jagiellonski W Krakowie)
- Francisca Suau Jiménez (Universitat de València)
- Lieve Vangehuchten (Universiteit Antwerpen)
- Christian Vicente (Université de Haute Alsace)

Contents / Contenido

Presentation

The aim of this publication is to disseminate some of the talks given at the International Conference on Economic, Business, Financial and Institutional Translation, which took place at the University of Alicante on 29–31 May 2014 and was organised by the University's Department of Translation and Interpreting. Spanish and international researchers, translator trainers, and trainee and professional translators gathered at the conference with the goals, among others, of finding out about new research trends in the field of economic, business, financial and institutional translation; promoting the study of translation briefs, documentation resources, text genres, and ICTs and their relationship to economics and business; and hearing about professionals' experiences in economic and business translation.

This book contains one of the conference's plenary lectures (given by Agustín Jiménez from the European Commission's Directorate-General for Translation), as well as a number of articles that deal with a wide range of matters related to economic and institutional translation from different perspectives. They include pragmatic contributions on, for example, specialising in the field of economic and financial translation, translating for international organisations, and the challenges that certified translations entail. There are also articles of a more theoretical nature on different aspects of economic translation and some of its areas of expertise, such as stock exchanges, banking, tourism, advertising and real estate. Other contributions, meanwhile, look at translator training in Spain and elsewhere.

Essentially, the quantity and the quality of the papers presented at the conference reflect the academic and professional community's interest in economic, business, financial and institutional translation, and point to the need to continue organising such events so as to help raise awareness of the work of people involved in the field, not only among academics and professionals but also among the general public.

Daniel Gallego-Hernández
(University of Alicante)

Presentación

Esta obra pretende difundir una serie de intervenciones que se sucedieron en el Congreso Internacional de Traducción Económica, Comercial, Financiera e Institucional, celebrado en la Universidad de Alicante del 29 al 31 de mayo de 2014. Este evento, organizado por el Departamento de Traducción e Interpretación de esta misma universidad, reunió a diversos investigadores nacionales e internacionales, así como a diferentes formadores, estudiantes y profesionales, con el objetivo, entre otras cosas, de conocer nuevas tendencias de investigación, promover el estudio de encargos, recursos de documentación, géneros textuales o TIC en su relación con la traducción para el ámbito de la economía y los negocios, así como conocer de primera mano experiencias profesionales.

Esta obra recoge una de las conferencias plenarias pronunciadas a cargo de Agustín Jiménez (Dirección General de Traducción de la Comisión Europea), así como varios artículos que cubren un amplio espectro de temas con distintos enfoques. El lector encontrará aportaciones de corte pragmático sobre cómo especializarse en el ámbito de la traducción económico-financiera o tratar de traducir para las organizaciones internacionales, así como los retos de los traductores jurados. También podrá tener acceso a artículos más teóricos relacionados con diferentes aspectos de la traducción o diferentes áreas de especialización, como la bolsa, la banca, el turismo, la publicidad o el sector inmobiliario. Este volumen incluye igualmente aportaciones referidas a la formación de traductores tanto en España como en otros países.

En esencia, tanto el número de trabajos presentados en el congreso como su calidad no solo muestran el interés de la comunidad académica y profesional por la traducción económica, comercial, financiera e institucional, sino que también hacen pensar en la necesidad de seguir celebrando este tipo eventos con el ánimo de apoyar, aunque sea parcialmente, la difusión de los trabajos de sus interesados y seguir dando a conocer dichas aportaciones entre el público interesado.

Daniel Gallego-Hernández
(Universidad de Alicante)

Especializarse en traducción financiera: la experiencia de un traductor interno en una entidad financiera

ARMANDO VALDÉS AUMENTE
Traductor financiero. Coordinador de Global Quality Translations
<armando.valdes.translation@gmail.com>

One path towards specialising in financial translation is to find a job in a financial services company (i.e. a bank, consultancy firm, audit firm or insurance company). Such entities typically invest in providing training to their translators in both translation and the subject matters of the documents they will be working on. Additionally, there is considerable interest on the part of these companies in building internal translation departments that guarantee a high quality output. Working alongside experts in the field will enable you to establish contacts and friendships with people who sooner or later may pass translation projects your way, or at the very least be able to help you find solutions to specific problems or queries. In this environment, translators constantly deal with highly specialised subjects that require an in-depth, and normally complex, documentary process. Time and collaboration, which is the main tool for translators, will provide professionals with the ability to identify reliable sources which will allow them to take informed decisions throughout the translation process. Also, by being in contact with these subjects the translator will become familiar with financial wordings and phraseologies, as well as with regulatory developments that affect language and, consequently, require the constant updating of knowledge, glossaries, TMs, etc. IFRS, Basel, Solvency, Transparency Directive, to name a few, constitute a good example of this infinite training need. Therefore, having the opportunity to spend a few years working in the translation department of a financial entity is an unbeatable way to become specialised in the complex, heterogeneous and huge world of financial translation.

Keywords: financial translation, financial entity, translation department, specialization, audit, banking, learning, immersion.

Uno de los métodos para especializarse en la traducción financiera es obtener un empleo en una empresa del ámbito de las finanzas: bancos, consultoras, auditoras, empresas de seguros, etc. En ellas es habitual la inversión en formación de traductores, relacionada tanto con la traducción como con los temas susceptibles de ser traducidos, y que subraya el interés de estas empresas por contar con un servicio interno de traducción que ofrezca garantías y un alto grado de calidad. Asimismo, convivir con expertos en la materia no solo te permite establecer contactos y amistades que tarde o temprano te brindarán proyectos de traducción, sino que siempre podrán ser de ayuda de cara a resolver las dudas que vayan apareciendo. En este entorno, los temas que se tratan obligan al traductor a hacer frente a textos con alto grado de especialización que exigirán un gran esfuerzo en el proceso de documentación, muchas veces complicado. Con el tiempo y gracias principalmente a la colaboración, herramienta principal del traductor, se logrará identificar fuentes fiables que le permitirán tomar decisiones bien fundamentadas y que le aportarán seguridad en el proceso de traducción. Asimismo, estar en contacto con estas tipologías textuales harán que el traductor se familiarice con la terminología y la fraseología, así como con el desarrollo de normativas que afectan directamente al lenguaje y que, por ende, exigen una actualización constante de conocimientos, glosarios, memorias, etc. NIIF, Basilea, Solvencia, Transparencia, por nombrar algunas, son un buen ejemplo de esta necesidad formativa constante. Por todo ello, tener la oportunidad de pasar unos años en un departamento de traducción de una empresa financiera supone una fórmula inmejorable para que el traductor se especialice en el complejo, heterogéneo e inmenso mundo de la traducción financiera.

Palabras clave: traducción financiera, entidad financiera, departamento de traducción, especialización, auditoría, banca, formación, inmersión.

1. Introducción

Al finalizar los estudios de traducción, habitualmente los licenciados no tienen decidida la especialidad o las especialidades a las que quieren dedicarse. Como en cualquier otra carrera, te preguntas "¿y ahora qué?", "¿qué hago?", "¿adónde voy?". Realmente al principio estas dudas pueden suponer un importante reto para muchos dc nosotros y para despejarlas solemos optar por formarnos sobre un tema concreto, empezar a trabajar directamente o una combinación de ambas. No cabe duda de la innegable importancia de la formación académica desde el punto de vista traductor y redactor en general. Sin embargo, la universidad solo representa la semilla que nosotros deberemos regar una vez nos adentremos en la aventura laboral.

Al igual que sucede en otras actividades, la traducción es un término amplísimo que engloba múltiples campos y disciplinas. Cada ámbito responde a unas características concretas tanto discursivas como conceptuales que obligan al traductor, a la hora de enfrentarse a un texto, a conocer, entender y estar familiarizado con la terminología, la fraseología y los conceptos que se va a encontrar en su actividad diaria. Esto es lo que conocemos como *especialización.* En general, el profesional de la traducción es un "traductor especializado" y no un "experto" en una doctrina, salvo casos concretos. Sí lo puede ser a efectos conceptuales, si este, por ejemplo, ha cursado estudios en medicina y se dedica a la traducción médica o si cuenta con conocimientos en ingeniería y se dedica a la traducción técnica. No obstante, a menudo debemos tener en cuenta que la traducción no solo se sustenta sobre unos conocimientos sólidos en relación con un tema concreto. A la hora de traducir también nos enfrentamos a problemas ortotipográficos, expresivos, de formato, de documentación, etc., con los que nos iremos familiarizando a medida que desarrollemos nuestra actividad como traductores.

En el caso de la traducción económico-financiera nos encontramos con un campo heterogéneo, dinámico y muy regulado, que afecta de manera transversal a todas y cada una de las actividades humanas, desde la sanidad hasta el ocio y el espectáculo, pasando por el sector energético o la banca.

2. Especializarse como traductor de una entidad financiera

Las posibilidades que ofrece trabajar como traductor en plantilla en una empresa del sector financiero son enormes. Ser miembro de un departamento de traducción formado por compañeros con amplia experiencia en el tratamiento de textos económico-financieros de gran complejidad, la apuesta por la formación de sus profesionales y estar en un entorno profesional que supone una inmersión total para el traductor en el ámbito objeto de traducción constituyen, en conjunto, una oportunidad inigualable para consolidar una trayectoria profesional.

2.1 Departamento de traducción

Formar parte de un departamento de traducción es la primera gran ventaja. Tanto si el traductor es junior como si es senior, esto es, si este no tiene experiencia previa o si ya cuenta con un bagaje en cuanto a los temas que se tratarán en los textos, estar rodeado de otros compañeros con conocimientos específicos resulta un activo a todos los efectos de cara a la especialización. Las razones son obvias. Si partimos de que la colaboración es uno de los factores más importantes para el crecimiento profesional, tener "a mano" a un grupo de personas altamente cualificadas es un acicate para el desempeño de la labor del traductor.

La búsqueda documental, por ejemplo, supone un importante desafío en el campo de la traducción financiera debido al surgimiento de nuevas regulaciones y a un dinamismo difícil de seguir por falta de tiempo en el caso del traductor autónomo. Por un lado, las fuentes habituales más generales, como Linguee, Wordreference, Proz, etc., te pueden sacar de escoyos puntuales, pero a medida que los documentos van incrementado su grado de especialización, no cabe duda de que se quedan cortos. Por ello, que una persona con varios años de experiencia, pueda brindar su consejo en cuanto a la búsqueda documental en este ámbito —especialmente complicada— constituye una ayuda vital tanto al principio como para toda tu carrera como traductor. Así, tus propios compañeros podrán indicarte fuentes como el glosario bilingüe (o multilingüe) del FMI para términos macro, el glosario de finanzas estructuradas de Standard & Poor's para el ámbito de la titulación, el glosario Mapfre para seguros, las versiones publicadas en varios idiomas del IASB o del FASB para contabilidad, o las normativas del Banco Central Europeo sobre tipologías de instrumentos y productos financieros, aportando de esta forma fiabilidad a términos que, buscados en internet, aparecen traducidos de múltiples formas, muchas de ellas deficientes.

De hecho, una primera opinión, en principio cualificada para optar por este o aquel término, puede salir de uno de los compañeros de departamento. Pero las dudas que pueden disipar no son solo terminológicas. También te pueden dar consejo sobre cuestiones conceptuales, sobre políticas de comunicación de la propia empresa, sobre el uso de herramientas de traducción, etc. Se puede y se debe preguntar y, por supuesto, prestarse a colaborar siempre que se pueda.

Asimismo, en los equipos de traducción se suelen compartir glosarios, memorias de traducción y otro tipo de documentación que se va actualizando y almacenando en el día a día. Estas referencias y recursos suelen ser complicados de hallar como *freelance* o incluso cuando se trabaja en agencias de traducción, dado que en una mayoría de los casos estas no cuentan con un grado de especialización tan elevado. Por ello, contar con estos recursos supone una ventaja para enfrentarse con garantías a un texto.

Por último, tal vez uno de los aspectos más importantes de ser parte de un equipo de traducción es el *feedback* que se proporciona. Habitualmente uno de los miembros del departamento, con más conocimientos o un grado más senior, se encargará de evaluar las traducciones, revisarlas y comunicar los puntos positivos y negativos de ellas. Esta es tal vez la mayor diferencia entre formar parte de un departamento de traducción y trabajar como autónomo. Y el *feedback*, entendido como modo de colaboración y de crecimiento personal, supone posiblemente la mejor y más eficaz herramienta para superarse a diario. Saber "qué se hace bien y qué no" es una forma ideal para no dar palos de ciego tanto desde el punto de vista meramente traductor como en cuanto a conceptos y terminología. Ahí desempeña un papel clave tanto la persona que evalúa, el "mentor", como el evaluado, ya que esta relación, aparte de poseer un carácter formativo, puede impulsar la motivación o generar desmotivación si ambas partes no se relacionan de forma adecuada. Además, si tenemos en cuenta que el sector en general se rige por el principio de *no news, good news* no solo debemos estar agradecidos por los comentarios que nos pueda proporcionar nuestro mentor, sino que debemos contemplarlos como un hecho excepcional en nuestra trayectoria y como otra gran herramienta para dar pasos firmes en nuestro proceso de especialización.

2.2 Apuesta interna por la formación

En las entidades financieras, otro de los elementos que juegan a favor del traductor y que impulsan su especialización, ayudando a que el profesional asiente conocimientos y se adentre con garantías en el mundo financiero, es la apuesta que desde dentro se hace por la calidad. De hecho, los motivos que habitualmente llevan a una empresa a contar con sus propios traductores residen, como hemos dicho, en aportar calidad a sus traducciones y, por supuesto, en recortar costes.

Pero centrémonos en el primero. Cuando se apuesta por contar con un departamento de traducción, la propia entidad tiene en cuenta que "la gente no nace enseñada" y, por ello, es habitual que la empresa elabore cursos especializados para que los traductores conozcan los temas más actuales objeto de traducción. En muchos casos, el factor tiempo corre en contra de la capacidad de investigación y documentación y, de nuevo, como consecuencia de la globalización, la transversalidad y el dinamismo presentes en el mundo de las finanzas, las empresas perciben la necesidad de formar a sus traductores en los temas más en boga en cada momento.

La globalización e internet han impulsado enormemente la actividad comercial internacional. Las empresas han percibido la posibilidad y la necesidad de ampliar sus fronteras en un mundo donde el movimiento internacional de capitales, las fusiones y adquisiciones, los concursos públicos internacionales, etc., han venido creciendo exponencialmente. Todo ello exige que el traductor esté al tanto de las numerosas y complejas normativas, de conceptos novedosos, de la forma en que funcionan los diversos sectores y, en definitiva, de un mundo, el de las finanzas, que afecta en mayor o menor medida a todas las actividades humanas.

Así, los cursos que ofrecen estas empresas se suelen dividir en dos grandes grupos. Por un lado, lógicamente, estos abordan temas específicamente financieros, como las novedades relacionadas con las NIC-NIIF, las actualizaciones de los PGC, las reformas del Comité de Supervisión Bancaria de Basilea – Basilea III, Solvencia II, las IPSAS, la Directiva de Transparencia de la información sobre los emisores de valores mobiliarios, etc. Por otro lado, pueden tratar otros campos específicos relativos a temas de actualidad que afecten a los propios clientes de la empresa, como el mercado eléctrico y su reforma, los procesos concursales, leyes en materia de competencia, el sector de los hidrocarburos, etc. No en vano, por ejemplo, a la hora de enfrentarse a unos estados financieros, caeríamos en un tremendo error si interpretásemos que la única dificultad terminológica sería la relativa al ámbito de contabilidad y auditoría. No debemos olvidar que en un informe anual se describe el funcionamiento de la empresa y, por ende, muchos de los términos tendrán que ver con el mercado, la presencia geográfica, el sector, las actividades y la legislación específicos de la empresa que presenta la información. De esta forma, debemos tener en cuenta que no es lo mismo traducir las cuentas de una empresa aeronáutica que de una entidad del sector alimentario o de otra que se dedique a la generación de energía eólica. Asimismo, los distintos estudios de mercado exigen que el traductor conozca determinados términos y conceptos que requieren un importante trabajo de documentación y, por consiguiente, una inversión de tiempo significativa.

2.3 Inmersión en el ámbito objeto de traducción

La tercera gran ventaja con que cuentan los traductores que trabajan en plantilla para entidades financieras es lo que podríamos llamar "la inmersión en el ámbito objeto de traducción". Esto quiere decir que nuestro trabajo se desarrollará continuamente en un entorno financiero. El traductor estará rodeado por expertos en la materia, que son a la vez colaboradores (compañeros) y receptores y usuarios de nuestras traducciones.

De esta forma, si el traductor tiene una duda puntual de concepto, terminología, etc., siempre tendrá a mano un compañero de trabajo al que poder consultar. A su vez, cuando el texto que se traduce sea de carácter interno, ese mismo compañero podrá ser el destinatario y el usuario final del documento que se deba traducir, y nadie conocerá el concepto y el tema mejor que él. En consecuencia, tendremos a nuestra disposición un híbrido entre cliente y compañero de trabajo que nos permitirá dirimir cuál es la mejor opción. Por ejemplo, una duda habitual surge cuando el traductor se encuentra términos como *due diligence, CAPEX* o ratios que aparezcan en siglas, como *ROA (return on assets).* En principio, instintivamente se optaría por traducirlos, pero en algunos casos, sobre todo en documentos de trabajo, el propio usuario podría preferir que se mantuviesen en inglés a efectos de comprensión o para evitar malentendidos. En este caso, el traductor podrá preguntar directamente al compañero/usuario final del texto cuál es su preferencia, y eso representa una gran ventaja de la que debemos hacer uso.

Además, dentro de este contexto de la empresa, es habitual recibir boletines de noticias diarios o semanales que abordan los temas de mayor actualidad en los ámbitos de actuación de la empresa. Así, por ejemplo, si la empresa es una auditora o presta servicios de consultoría, el tipo de noticias que recibirá el traductor estará relacionado con logros de la propia entidad o con otros temas de interés de dicho sector de servicios profesionales. Esta herramienta es de gran utilidad para los traductores, ya que nos mantiene al día de los avances, cambios y progresos que se producen en los mercados y, por ende, en los textos que debemos traducir. Simplificándolo, sería como si se proporcionasen con cierta regularidad noticias, muchas veces en diferentes idiomas, para que los empleados de la entidad, traductores o no, estén totalmente actualizados. Asimismo, al igual que sucede con los boletines, los empleados reciben informes de mercado, estudios realizados por la propia entidad, revistas internas de la empresa, etc. Huelga decir que las sociedades que cuentan con servicios internos de traducción suelen ser multinacionales, por tanto con presencia en diversos países.

En línea con el aspecto de la inmersión en un contexto financiero, que si bien no está relacionado con la especialización, sí puede resultar de gran ayuda, debemos tener en cuenta que esos mismos compañeros pueden convertirse en clientes o ponerte en contacto con potenciales clientes en el futuro. Desde el primer hasta el último día, todo el periodo que el traductor esté en la empresa debe concebirlo como una posibilidad de hacer contactos (*networking*).

En resumen, la posibilidad de que un traductor obtenga un puesto en plantilla en una entidad financiera es una oportunidad inigualable de cara a especializarse en ese campo por diversas razones. Entre ellas, estar rodeado de otros profesionales que lleven parte de su carrera trabajando en este ámbito, la apuesta que hacen las empresas por la formación de sus empleados siempre de cara a potenciar la calidad de sus servicios y estar inmerso en un contexto de alto grado de especialización son factores que resultarán a todas luces beneficiosos para el traductor. Todo ello, en conjunto, permitirá reforzar capacidades, lo que redundará en un despegue curricular a todos los efectos y en un paso clave de cara a desarrollar la trayectoria laboral en torno al mundo económico, financiero y comercial.

Traducir para las organizaciones internacionales: traductores autónomos con valor agregado

IZASKUN FUENTES MILANI ORKWIS
Corporación Interamericana de Inversiones <izaskun@gmail.com>

International organizations make excellent customers for freelance translators: they are prepared to pay above-average rates, payment is virtually guaranteed, and it is very easy for the translator to find an abundance of parallel documents and reference materials. On the other hand, these organizations prefer to work with professionals that are not only excellent translators, but also willing to accommodate the quirks of the institution and provide a measure of value added to their translations. This paper discusses some peculiarities of the partnerships between international organizations and freelance translators and suggests some strategies for freelancers to make it to (and stay in) these institutions' "A"-lists.

Keywords: institutional translation, freelance translators, international organizations.

Las organizaciones internacionales son buenos clientes para los traductores autónomos: pagan tarifas superiores a la media, prácticamente no presentan riesgo de impago y ponen a disposición del traductor montones de textos paralelos y material de referencia. A cambio, estas organizaciones prefieren trabajar con profesionales que, además de ser excelentes traductores, estén dispuestos a aceptar sus peculiaridades y ofrecer "algo más" que la versión traducida del original. En este artículo se comentan algunas de las características que distinguen la colaboración entre organizaciones internacionales y traductores autónomos y se proponen algunas estrategias para llegar a la lista "A" de las instituciones y mantenerse en ella.

Palabras clave: traducción institucional, traductores autónomos, organizaciones internacionales.

1. Introducción

Trabajar para las organizaciones internacionales, ya sea como autónomo o en plantilla, es una aspiración que comparten muchos estudiantes de traducción y muchos traductores consagrados. Las razones van desde el prestigio de trabajar para una institución de renombre hasta las tarifas que se cobran. También resulta atractiva la idea de trabajar en equipo, manejar documentación interesante y aprender de otros traductores con más experiencia.

Efectivamente, las organizaciones internacionales tienen que traducir una cantidad ingente de documentación, pues, por su carácter internacional, suelen tener varios idiomas oficiales y existe la obligación de que determinados documentos (no todos) estén redactados en todas las lenguas oficiales o, al menos, en las lenguas de trabajo. Dependiendo del tamaño de la organización, muchas veces hay un servicio interno de traducción con traductores de plantilla. Estos traductores, por lo general, son funcionarios internacionales que han aprobado una oposición.

Incluso si la institución tiene sus propios traductores, es muy frecuente que necesiten recurrir a traductores externos para cubrir idiomas de los que no hay traductores internos o para atender a la demanda cuando hay picos de trabajo. En estos casos, normalmente las organizaciones prefieren recurrir a sus listas de traductores *freelance,* con los que trabajan directamente, en lugar de llamar a una agencia. Las razones son que de esta forma pueden controlar mejor la calidad, se pueden ajustar mejor los plazos, la información fluye mejor y se pueden ofrecer las mejores tarifas a los mejores traductores, sin necesidad de intermediarios. A pesar de todo, a veces no hay más remedio que recurrir a una agencia.

2. Cómo empezar a traducir para las instituciones

La cuestión es, entonces, cómo llegar a figurar en esa lista de traductores autónomos que maneja cada institución. Generalmente el primer paso lo da el traductor, al ponerse en contacto por correo electrónico con la persona responsable del servicio de traducción (o de la selección de traductores externos). El traductor envía su currículo al funcionario y, si el funcionario se interesa por el traductor, generalmente le envía una prueba de traducción. El traductor devuelve la prueba, esta se corrige y, si todo va bien, el traductor pasa a la lista de traductores externos. Sencillo, ¿no? En realidad, no tanto. Ni es tan fácil llegar a la lista, ni llegar a ella significa que le vayan a mandar trabajo a uno. Tomando como referencia ese momento en que la organización incluye al candidato en la lista de traductores externos, a continuación se exponen las dificultades que hay que salvar antes de llegar a ese punto y las que se plantean después.

3. Antes de llegar a la lista

Para empezar, no es fácil saber a quién hay que enviarle el currículo. ¿Quién es la persona encargada? ¿Cuál es su dirección de correo electrónico? No hay un lugar obvio donde encontrar esta información. Hay que buscarla y demostrar buenas dotes de investigación y persistencia. Lo primero es hacerse una lista de organizaciones internacionales que tengan como idiomas oficiales la lengua materna del traductor y su primera lengua extranjera, y que se dediquen a una actividad de la que el traductor tenga, como mínimo, ciertos conocimientos. De poco sirve dirigirse al Organismo Internacional de Energía Atómica si no se sabe nada sobre energía atómica.

En Wikipedia hay una entrada que se titula *List of international organisations which have French as an official language*. Esta lista indica los idiomas oficiales de las organizaciones y puede servir como punto de partida. Por ejemplo, aquí se puede ver que la Asociación de Estados del Caribe, con sede en Trinidad y Tobago, tiene como idiomas oficiales el inglés, el francés y el español; incluso aparece un enlace que lleva, después de un par de pasos intermedios, a la página web de esta organización.

Una vez localizada la organización que nos interesa, hay que dar con la persona indicada para enviarle nuestro currículo. Raramente aparecen en la página web el nombre y la dirección de la persona clave, pero siempre hay una dirección de contacto general. Ahora bien: si alguien envía su currículo a la secretaría de la organización, lo más probable es que acabe en la papelera. Esta dirección es un punto de contacto intermedio: a ellos (o al departamento de Recursos Humanos, o al de Administración) hay que enviar un mensaje conciso pidiéndoles los datos de contacto de la persona responsable del servicio de traducción. No siempre contestan, pero siempre se puede seguir insistiendo.

4. El currículo

Conseguidos el nombre y la dirección de la persona de contacto, es el momento de mandarle un mensaje de correo electrónico con el currículo. Merece la pena leer y releer el mensaje y el currículo las veces necesarias para asegurarnos de que no contiene errores. Una de las cualidades necesarias para trabajar como *freelance* para una organización internacional es ser puntilloso y casi obsesivo con los detalles; el traductor que envía un currículo mal escrito o mal formateado se está descartando a sí mismo.

En cuanto al contenido del currículo, seamos realistas: las organizaciones solo trabajan con traductores con experiencia. Si el traductor no la tiene, lo más probable es que ni siquiera le manden una prueba. "Experiencia" quiere decir, generalmente, llevar unos cinco años trabajando como traductor. En el caso de las organizaciones que se dedican a campos muy especializados (por poner un ejemplo, salud pública), a veces valoran tanto o más la especialización en ese campo concreto que los años de experiencia en traducción propiamente dicha. Merece la pena adaptar el currículo y el mensaje de correo electrónico para destacar la experiencia que pueda resultar más valiosa para cada institución en particular. Además, si el traductor ya trabaja con otras organizaciones internacionales, esa es una muy buena carta de presentación.

Otras cuestiones que también llaman la atención en un currículo: cursos de corrección y redacción, certificaciones, trabajo para otras organizaciones internacionales, destrezas informáticas (localización, herramientas de traducción asistida por ordenador, posedición de traducción automática).

Si el currículo despierta el interés de la organización y el traductor recibe una prueba, ya solo queda hacerla muy bien y dentro del plazo que le marquen. Ser un excelente traductor y cumplir escrupulosamente los plazos es algo que se le supone al candidato, y aquí también vamos a darlo por sentado, por lo que ahora se verá lo que ocurre después de llegar a la lista de traductores externos.

5. Después de llegar a la lista

5.1 Plazos y tarifas

Una de las principales diferencias entre trabajar para una agencia y hacerlo para una organización es que las agencias son empresas comerciales que están en el negocio de comprar y vender traducciones, por lo que las tarifas suelen ser bajas y muchas veces se prefiere a un traductor más barato, aunque sea peor. Otra diferencia es que, por el simple hecho de que haya un intermediario, los plazos se acortan y el que termina perdiendo siempre es el traductor, que tiene que traducir 5.000 palabras en un día.

En cambio, las organizaciones internacionales se preocupan menos de las tarifas y más de la calidad. Las tarifas suelen ser bastante altas (entre 0,17 y 0,20 dólares estadounidenses por palabra, lo que viene a ser entre 0,12 y 0,14 euros al cambio vigente en mayo de 2014) y los plazos, en general, se calculan en torno a las 2.000 palabras por día. Si la organización encarga un trabajo el viernes por la tarde para entregar el lunes por la mañana, muy probablemente estará dispuesta a aplicar un recargo por trabajo en fin de semana, que normalmente oscila entre el 25% y el 50%. Además, a diferencia de lo que ocurre cuando se trabaja con clientes directos, casi nunca se plantean problemas de pago. Algunas organizaciones pueden tardar dos o tres meses en pagar, pero siempre pagan.

Esto no quiere decir que el traductor vaya a hacer con más calma el mismo trabajo que haría para una agencia por la mitad de dinero. Las agencias pagan más, pero también esperan más. Esperan que el traductor entregue un producto terminado y listo para publicar. Algunas veces se revisará la traducción y otras veces se publicará tal cual. No hay lugar para despistes, no puede haber erratas y no puede haber traducciones improvisadas.

5.2 Duda metódica

El traductor institucional tiene que comprobar la terminología constantemente: no solo la propia de la institución, sino todos los nombres de persona, de lugar, de organizaciones, etc. Por ejemplo, el nombre oficial en español de la Organisation for Economic Co-operation and Development es Organización para la Cooperación y el Desarrollo Económicos, a diferencia de lo que cree la mayoría. Los traductores que trabajen al inglés deben saber que la Organización Internacional del Trabajo combina las normas ortográficas del inglés británico y estadounidense: International Labour Organization, para sorpresa de muchos.

El traductor no puede tomar atajos. Tiene que verificar absolutamente todo, investigar mucho y nunca poner el piloto automático. Tiene que entender lo que está escribiendo, que a veces será muy complejo; pero no se puede traducir lo que no se entiende. El traductor que se limita a traducir lo que tiene delante, sin plantearse si tiene sentido, no sirve como traductor institucional. Si un original menciona a *Sidney Smith, Ambassador of XYZ,* hay que pararse a pensar que *Sidney* puede ser nombre de hombre y de mujer. No se puede traducir como "embajador" sin haber buscado antes fotos de esta persona en Google Images.

El traductor tiene que dedicar bastante tiempo a familiarizarse con la organización, leer su página web y su memoria anual, pedir glosarios y guías de estilo e ir confeccionando los suyos propios (específicos para cada organización). Tiene que adaptarse a la forma de escribir que es propia de la organización para la que trabaja. No puede guiarse por sus propios gustos. Todos sabemos que muchas veces hay varias formas correctas de decir o escribir algo, pero si la organización prefiere una de ellas, esa es la única opción válida para esa institución. Incluso a veces el traductor tiene que escribir "mal": si la política operativa de la organización habla de "empresas elegibles", "elegibles" es el único término que se puede usar para hablar de esas empresas. Tiene que saber si al *Board of Directors* lo llaman *Directorio, Consejo de Administración* o *Junta de Directores;* hay que averiguar si al *Charter* lo llaman *Convenio* o *Carta Fundacional;* hay que saber cuál es el formato que se usa en esa organización para las fechas y cifras y las pautas que se siguen en cuanto al uso de mayúsculas, símbolos de moneda y puntuación de decimales y millares, por ejemplo.

5.3 Comunicación con la organización

El traductor tiene que desarrollar un sexto sentido para saber cuándo hay que enviar una consulta a la persona de contacto en la organización y cuándo tiene que resolver el problema él solo. Hay traductores que envían largas listas de preguntas, pero generalmente la organización no tiene tiempo para eso. El traductor tiene que hacer su trabajo, que incluye buscar las respuestas correctas donde estén. Ahora bien, eso no quiere decir que pueda quedarse con dudas. Si ha investigado a fondo y sigue sin tener las cosas claras, entonces hay que preguntar.

También hay que poner en conocimiento del contacto en la organización los problemas serios que se encuentren en el original. Si un original dice que el PIB de Brasil es de 5 millones de dólares, está claro que se trata de un error. El traductor ni puede corregirlo por su cuenta ni puede limitarse a traducir sin más: un error de este tipo hay que ponerlo necesariamente en conocimiento de la organización para que ellos corrijan el original y proporcionen la cifra correcta.

Las organizaciones prefieren trabajar con los traductores que están disponibles y aceptan los encargos que se les proponen. Está claro que los traductores *freelance*, como su propio nombre indica, son libres de aceptar o no un encargo y las organizaciones no suelen penalizar conscientemente a los traductores que rechazan encargos, pero es inevitable que, cuando surge un proyecto importante, se termine llamando antes a los traductores que con más probabilidad van a aceptar el trabajo. Y no solo eso: también es importantísimo que el traductor conteste inmediatamente a la oferta, tanto si puede aceptarla como si no. A diferencia de las agencias, las organizaciones no suelen ponerse en contacto con varios traductores al mismo tiempo para ver quién contesta antes. Si un traductor se demora media tarde en contestar que no está disponible, puede que le ponga las cosas más difíciles a la organización para encontrar a alguien que pueda hacer el trabajo.

Eso sí, si el traductor no puede dedicarle al encargo el tiempo y la concentración necesarios, tiene la obligación de decir que no. Lo mismo ocurre si surge algún imprevisto a medio encargo, o si se encuentra con que el proyecto es más complejo de lo previsto y no se siente capacitado para hacerlo bien. Llamar a la organización para avisar del problema supone pasar un mal rato, pero siempre es preferible a entregar un encargo fuera de plazo o mal hecho.

6. Agregar valor a las traducciones

El traductor con valor añadido es el que le ahorra tiempo y trabajo a la institución. Si el documento que entrega, a pesar de estar bien escrito, no está bien formateado, el traductor se ha quedado corto. Si el traductor numeró mal los párrafos o no se dio cuenta de que los países se citan siempre en orden alfabético, está obligando a alguien de la organización a terminar de hacer su trabajo, ya fuera de plazo.

Los traductores con valor añadido son los que entienden que la institución, a veces, tiene que pedir cosas aparentemente absurdas. Por ejemplo, puede que le envíen un documento y que, cuando esté a media traducción, le envíen una versión corregida del original; y que, cuando esté acabando de actualizar su traducción, le manden una tercera versión. Está claro que esta no es una forma muy eficiente de trabajar, pero seguramente hay buenas razones. Otro ejemplo de situación "subóptima" es el de una organización que anuncia un encargo para el martes que tiene que estar listo el viernes, pero el original se retrasa y termina llegando el jueves por la mañana (pero el plazo de entrega sigue siendo el viernes). En estas situaciones, el traductor tiene que recordar que la institución necesita soluciones, no más problemas. El traductor con valor añadido es el que saca las castañas del fuego y hace lo que la institución necesita. Eso no quiere decir que tenga que hacerlo gratis, si realmente le hacen trabajar dos veces. Seguramente puede hablar con su contacto en la organización y llegar a un acuerdo para ajustar la tarifa de forma justa para las dos partes.

Los verdaderos traductores con valor añadido son los que van aún más allá. Una traductora médica que estaba haciendo una revisión de una traducción de un artículo que se iba a publicar en una revista encontró un error estadístico. La traducción era fiel al original y la revisora bien podía haberse limitado a comprobar la calidad de la traducción, que es lo que le habían encargado; pero fue más allá, le dio vueltas al problema, lo investigó y llegó a la conclusión de que el original no tenía sentido; tenía que ser un error. Se puso en contacto con la organización, quien pudo así corregir a tiempo un fallo que podría haber tenido consecuencias serias. La organización se lo agradeció enormemente y, sin duda, se acordarán de ella la próxima vez que tengan que subcontratar una revisión complicada.

7. Conclusión

Como se puede ver, el secreto del éxito como traductor autónomo para las instituciones es muy sencillo: entregar un trabajo bien hecho en el plazo previsto. Profesionalidad y sentido común. Las instituciones son clientes ideales para los traductores autónomos, pero a cambio prefieren trabajar solo con los mejores traductores. Los que llegan a la lista "A" (y permanecen en ella) son los más concienzudos, los más flexibles, los que nunca bajan la guardia y prestan más atención a los detalles.

Entre lo institucional y lo independiente: retos del traductor jurado

AGNIESZKA KONOWSKA
Universidad de Łódź <ages@wp.pl>

Sworn translators always stay between the institutional and the independent translation, dealing with problems caused not only by the content of the source document, but also by the requests of their clients on the one hand, and the particular final recipient of the translations, such as the public institutions, on the other hand. The aim of this paper is to analyze several cases where the skopos of the translation (Vermeer, 1978; Reiss & Vermeer, 1984) is determined differently by the initiator and the recipient. A variety of materials, collected during our professional practice, have been used as reference corpus in order to determine whether or not it is possible to find any general solutions to deontologic and practical problems caused by this discrepancy.

Keywords: certified translation, skopos, professional deontology.

Al estar siempre a caballo entre la traducción independiente y la institucional, el traductor jurado se encuentra con problemas ocasionados no solo por el contenido mismo del documento fuente, sino también por tener que atender a las exigencias del cliente por un lado, y del destinatario específico de la traducción, que son las instituciones públicas, por otro. En el presente artículo analizamos algunos casos de la discrepancia existente entre la manera en que determina el *skopos* de una traducción (Vermeer, 1978; Reiss & Vermeer, 1984) su iniciador y su destinatario. Utilizando como corpus de referencia los materiales que hemos venido acumulando durante nuestra práctica profesional, pretendemos responder a la pregunta de si es posible formular algunas soluciones generalizadas a problemas de índole deontológica y práctica causados por dicha discrepancia.

Palabras clave: traducción jurada, skopos, deontología profesional.

1. Introducción

En el presente trabajo pretendemos analizar la compleja situación en la que se encuentra el traductor jurado frente al iniciador de sus traducciones y a sus destinatarios. La reflexión que aquí proponemos está basada en la propia experiencia como traductora jurada de español y francés habilitada en Polonia. Sin embargo, algunos aspectos de esta profesión son comunes a varios países,[1] lo que se pone

1 Sobre los problemas vinculados con la traducción jurada en España, véanse los interesantes artículos de Mayoral (1999a, 1999b o 2004).

de manifiesto cuando tomamos en consideración la especificidad de la traducción jurada.

De hecho, huelga decir que se trata de un tipo de traducción especial. La tarea del traductor jurado, como bien se sabe, no solo consiste en traducir, sino también en certificar con su firma y su sello la fidelidad y la exactitud de sus actuaciones. La traducción jurada goza de carácter oficial y surte los mismos efectos jurídicos que el documento original.

El carácter excepcional de este tipo de traducción se debe al hecho de que normalmente se espera del traductor jurado que sirva de puente entre su cliente (que es un particular o una empresa) y el destinatario especial, que son casi siempre las instituciones públicas (diferentes ramas de la Administración Pública incluyendo la Administración de Justicia). Nos proponemos, a continuación, analizar los principales entresijos de la profesión de traductor jurado en Polonia que se deben a la discrepancia existente entre la manera en que determina el *skopos* de una traducción (Vermeer, 1978; Reiss & Vermeer, 1984) su iniciador y su receptor. Su *skopos*, tal y como viene establecido por la Administración Pública, está bien determinado solo en la teoría. La práctica muestra que este destinatario, por muy concreto que parezca, no es un cuerpo uniforme, sino, más bien, una serie de funcionarios cuyas exigencias en cuanto al *translatum* de un mismo texto, ni son idénticas, ni se adecuan a las recomendaciones de la Asociación Polaca de Traductores Jurados y Especializados TEPIS, la institución que establece, junto con el Ministerio de Justicia polaco, los estándares deontológicos y prácticos para la elaboración de traducciones juradas.

Nord afirma que "si el cliente pide una traducción que implica ser desleal al autor, al lector o a ambos, el traductor debería negociar el asunto con el cliente o quizá incluso rechazar la traducción" (2001: 200 *apud* Pym 2012: 59). Como exponemos más adelante, no es raro que al enfrentarse al citado conflicto interpersonal, el traductor jurado rechace un encargo. Se lo imponen los principios deontológicos que vamos a analizar en un primer momento. En segundo lugar, vamos a abordar los problemas que surgen desde el punto de vista de la práctica profesional. Esta división se adecua a la que establece la citada Asociación TEPIS en su Código del Traductor Jurado (*Kodeks tłumacza przysięgłego*) entre las "normas de deontología profesional" y las "normas de práctica profesional".

2. La deontología profesional

Los aspectos básicos de la traducción jurada en Polonia vienen determinados en la Ley de 25 de noviembre de 2004 (*ustawa o zawodzie tłumacza przysięgłego*).

Según se estipula en dicha Ley, el traductor jurado es un profesional habilitado tanto para realizar traducción e interpretación directa e inversa, como para revisar y legalizar traducciones efectuadas por terceros. Está obligado a ejercer su profesión con la debida diligencia e imparcialidad, así como a mantener la confidencialidad de los trabajos que se le encomienden y a desarrollar constantemente sus competencias. La Ley no dice nada más acerca de la deontología profesional ni tampoco de la práctica (es decir de cómo el traductor jurado debería realizar sus traducciones).

El citado código intenta suplir estas carencias en su primera parte titulada *Normas de deontología profesional*. Siguiendo el orden de ideas elegido por sus autores, analizaremos los principios deontológicos más importantes que suponen el conflicto de intereses mencionado anteriormente.

Así pues, la condición de fedatario público del traductor jurado implica la imposibilidad de ceder este ante las exigencias de aquellos clientes que le pidan añadir en su traducción cualquier contenido inexistente en el documento original.[2] Un ejemplo de este caso lo constituye un documento polaco que nos presentó para su traducción una clienta, titulado *Karta przebiegu studiów* (certificación académica personal), en el que constaban todas las informaciones necesarias menos una: el nombre de la institución expedidora. Esta curiosa omisión, casi impensable, pero que realmente tuvo lugar, le ocasionó a la titular del documento muchos problemas, ya que la institución destinataria de este documento en España no lo aceptó (ni obviamente su traducción jurada), lo que no puede extrañar. La clienta nos pidió que incorporáramos al texto de la traducción la información que faltaba, pero nos negamos a hacerlo. La clienta tuvo que volver a pedirle a esta institución una certificación académica en la que constara su nombre y, una vez expedido otro documento, pudimos hacer la traducción, que esta vez ya fue eficaz.

Un problema parecido ocurrió en el caso de otro documento, esta vez procedente de España, en el que constaba que su titular tenía el título de *Doctor por la Universitat de les Illes Balears*. El cliente nos pidió una traducción adaptada a sus necesidades, pero totalmente inaceptable, a saber que tradujéramos su título español por *doktor nauk humanistycznych,* o sea añadiendo al título *doctor*

2 Obviamente no nos referimos aquí a las situaciones en que el traductor puede efectuar la *adecuación* (por cierto, en el sentido de Reiss, 2009, no de Toury, 2004) a cuyos fines añadimos en el texto de llegada elementos inexistentes en el texto de partida. Por ejemplo, la traducción al polaco de una certificación literal de inscripción de nacimiento española va a contener el título entero de dicho documento tal y como es costumbre en Polonia (*Odpis zupełny aktu urodzenia*), aunque normalmente las certificaciones españolas no llevan la segunda parte del título (*de inscripción de nacimiento*). Todo ello, para permitir que la traducción jurada surta el mimo efecto jurídico en la cultura meta (véase Casas Cabido, 2000).

el elemento *en ciencias humanas*. Esta solución es la que se adaptaría mejor a la cultura meta, pero, en este caso, la adecuación no es posible, ya que, como es bien sabido, existen instituciones estatales competentes para determinar las equivalencias entre titulaciones y, de hacerlo, el traductor jurado invadiría sus competencias (Mayoral 1999a).

El conflicto de intereses entre el cliente y el destinatario de la traducción jurada se plantea también en situaciones inversas, cuando el cliente le pide al traductor subtraducir. En esta situación los traductores jurados estamos muy a menudo ante la voluntad bastante clara por parte del cliente de engañar a la Administración Pública. Es lo que sucedió, por ejemplo, cuando un cliente nos encargó la traducción de un permiso de circulación español pidiéndonos omitir en ella una sola frase al final, a saber *Documento válido si acompaña ITV en vigor*. Puesto que no disponía de la Tarjeta de ITV correspondiente y quería hacer posible la matriculación en Polonia del vehículo comprado en España, nos pidió que calláramos esta información en nuestra traducción, lo que supone una alteración grave del sentido total del documento. Evidentemente nos negamos a aceptar este encargo.

No obstante, nos parece que existen casos en los que el traductor jurado podría omitir una información existente en el documento original si se lo pide el cliente y si, a su juicio, la falta de dicha información no alteraría el sentido del documento. Se trata de situaciones en las que el iniciador de la traducción desea que se haga caso omiso de alguna información por motivos muy particulares, como fue el siguiente. Un cliente nos encargó la traducción al polaco de un certificado médico de defunción español a nombre de su hermano, pidiéndonos modificar la frase final: *reconocido el cadáver, presenta señales evidentes de descomposición, por lo que no veo inconveniente para que se dé la licencia oportuna para su enterramiento o incineración*. La modificación consistiría en omitir el fragmento *presenta señales evidentes de descomposición,* que, como afirmaba el cliente, era chocante, inútil y podría causar mucho sufrimiento a la madre de ambos cuando lo pudiera leer en su lengua. Fue una solicitud atípica. Decidimos omitir este pasaje, por razones de humanidad y porque efectivamente esta información podía considerarse como irrelevante.

3. La práctica profesional

Al pasar a las normas de práctica profesional, no dejamos del todo las cuestiones deontológicas, pues en traducción jurada estas vuelven constantemente para influir en la forma de traducir. A continuación analizamos cuatro recomendaciones de la TEPIS que suponen un conflicto cliente-destinatario. Intentamos demostrar que la primera de ellas es, a nuestro juicio, perjudicial para el traductor, ya que supone que es de su incumbencia algo que no debería serlo.

3.1 Certificación de la autenticidad del documento original

En este sentido, la TEPIS precisa en el artículo 20 del código que el traductor jurado debe hacer constar en la fórmula de certificación que la que acaba de efectuar es traducción fiel y completa de un documento original auténtico, "si no tiene dudas de que realmente lo es". En Polonia son numerosas las voces que han mostrado su recelo ante esta exigencia, ya que se supone que el traductor jurado es quien debe juzgar si el documento que se le presenta es efectivamente auténtico o no.[3] Lo que se pretende lograr con ella es desviar la responsabilidad de los funcionarios públicos a los traductores jurados que no pueden, sin embargo, estar seguros de que se trate de un documento original auténtico, incluso si un documento no da lugar a sospechas. Por cierto, en nuestra práctica nos hemos encontrado con documentos, como el que mostramos a continuación, que no dejan lugar a dudas en cuanto a su carácter falso:

E

MINISTERIO DEL INTERIOR

JEFATURA DE TRÁFICO

de

BARCELONA

B 1

PERMISO DE CIRKULACIÓN.-Certificat d'Immatriculation

A MATRICULA 2372 DGM	B FECHA DE MATRICULACIÓN 21-02-2002	FECHA DE 1ª MATRICULATIÓN
C APELLIDOS O RAZÓN SOCIAL MARAGUES		
D NOMBRE EDUARD	E DOMICILIO (CALLE O PLAZA Y NUM) MARIA AUXIUADORA 15	
LOCALIDAD 08038 BARCELONA	PROVINCIA BARCELONA	F MARCA RENAULT
G SERIE Y NUMERO DEL BASTIDOR VF1BB0FCF26012040	MASA MAXIMA AUTORIZADA 1440	
MODELO CLIO 1.2	NUMERO DE PLAZAS 005	SERVICIO A QUE DESTINA PARTICULAR

BARCELONA 21 de FEBRERO de 2002

JEFATURA DE TRAFICO BARCELONA

3 Evidentemente no nos referimos aquí a los casos en que estamos sin duda alguna ante una copia, sino a aquellos en que se podría tratar eventualmente de una falsificación.

Pero no siempre es evidente. Aun en este caso preciso, nos encontramos ante una difícil situación, ya que nos negamos a aceptar este encargo y el cliente nos presentó —¡al día siguiente!— un permiso de circulación (que ya no de "cirkulación") para este mismo vehículo, pero que era impecable desde el punto de vista tanto lingüístico como formal. Evidentemente volvimos a rechazar el encargo. Esta situación respalda nuestra opinión: a los traductores jurados no nos compete juzgar acerca de la autenticidad de un documento. Lo único que se debería exigir de nosotros es que certifiquemos la fidelidad y exactitud de nuestra traducción con el documento fuente. Esto tiene también sus corolarios en la manera de describir los sellos del documento a traducir. Como dice Mayoral (1999a: 12):

> Cuando el traductor encuentra un sello, puede traducirlo como "[Sello circular en tinta violeta del Ministerio de Asuntos Exteriores de Pakistán en Islamabad]" o como "[Sello circular en tinta violeta con la inscripción/que reza/que lee "Ministerio de Asuntos Exteriores. Islamabad]". En el primer caso, el traductor jurado no se pronuncia sobre la autenticidad del sello; en el segundo caso, el traductor jurado afirma que no tiene garantías de que el sello sea ni deje de ser realmente lo que pretende. En realidad, el traductor jurado no está obligado a discernir la autenticidad de las marcas de identificación del documento ni es responsable de su falsificación. Estas son funciones policiales. El resultado es que unas veces traducimos de una forma o de otra pues tampoco es cuestión de ir poniendo en duda cada dos por tres la firma o el sello de un monarca, de un ministro, de un magistrado o de una universidad.

Nunca nos permitimos, personalmente, describir cualquier sello sin usar la formulación *que reza* o *con la inscripción*, ya que, como dice Mayoral, no nos corresponde discernir la autenticidad de distintos elementos del documento fuente. Ni que decir tiene que no lo hacemos por falta de confianza en la autenticidad de alguno de los elementos del texto original, ya que si tenemos dudas acerca de algún documento, simplemente rechazamos el encargo.

3.2 Integridad de la traducción

El conflicto de intereses entre lo independiente y lo institucional puede surgir también por causas económicas. A veces, la exigencia de traducir el original en su integridad choca con el deseo de ahorrar de los clientes, cuando nos piden traducir solo los fragmentos que consideran relevantes. Es así en el caso de actas notariales que contienen siempre informaciones de obligada presencia desde el punto de vista del notario y del compareciente, pero que se pueden considerar como no pertinentes para el destinatario de la traducción. La Administración Pública en Polonia exige, sin embargo, que se le presente una traducción íntegra. El código precisa, en este caso, que el traductor debe hacer constar en su traducción que ha omitido alguna parte y señalar lo suprimido en una nota aclaratoria. Esta última exigencia choca, por su parte, con las expectativas del cliente, que tiene una concepción bastante inadecuada de lo que es una traducción jurada y cree que las notas del traductor acerca de lo omitido también son para encarecer el trabajo.

Por otra parte, los funcionarios de la Administración Pública, exigiendo una traducción íntegra y (a veces) no aceptando traducciones incompletas, señalan a los traductores jurados su desconfianza. En nuestra práctica profesional más de una vez nos hemos encontrado con personas de tal recelo que alcanzaba dimensiones caricaturescas. Un ejemplo concreto de esta situación lo constituye un documento español en cuya traducción omitimos la frase *¡Error! Vínculo no válido* por ser, evidentemente, irrelevante para el texto fuente. El cliente pidió su corrección, por no haberla aceptado el funcionario, quien alegó que el traductor había hecho caso omiso de algo que supuestamente era muy importante (¡la sospechosa palabra *error!*). Debemos subrayar que, en estos casos, todo depende muy a menudo del funcionario; como hemos adelantado ya, estamos ante un cuerpo heterogéneo y con una concepción poco profesional de lo que es una traducción jurada.

3.3 Traducción de títulos, diplomas y certificados

Según las normas establecidas por la Comisión Europea, el Consejo de Europa y la UNESCO/CEPES, el traductor jurado ha de abstenerse de traducir los títulos académicos y calificaciones obtenidas, para no entrar en las competencias de las instituciones nacionales que, en última instancia, deciden sobre las equivalencias de este tipo. En la práctica, el traductor jurado, antes de aceptar el encargo de un título o certificado, siempre tiene que anunciar al cliente que su traducción va a reflejar literalmente la denominación del título y las calificaciones en el idioma original. De no hacerlo previamente, en la mayoría de las veces se encontrará, al entregar la traducción, con un cliente insatisfecho. A veces se dan situaciones en que el cliente se niega a pagar una traducción que contiene elementos en su lengua, ya que la considera incompleta. Esto se debe a que, como ya hemos dicho antes, su concepción de la traducción no es nada profesional. La solución a este problema sería avisar al cliente y, si no está de acuerdo con que hagamos una traducción ajustada a las normas mencionadas, rechazar el encargo. En ocasiones no es cuestión de desconocimiento de las reglas por parte del cliente, sino de su deseo de que nuestra traducción propicie sus intereses, como en el caso anterior, en el que el cliente exigía que se tradujera el *doctor* español por *doktor nauk humanistycznych*. No obstante, lo más curioso es que el destinatario de la traducción, a saber la Administración Pública, a veces tampoco acepta traducciones que respetan las normas. Se supone que sus funcionarios deberían conocerlas, pero no siempre es así.

3.4 Traducción de textos con elementos en un tercer idioma

Aparentemente, la traducción jurada de un texto que contiene palabras o expresiones en un idioma diferente de la lengua de partida y de la de llegada no debería suponer un problema mayor. Si el traductor jurado carece de nombramiento para este otro idioma, ha de abstenerse siempre de traducir tales elementos, aunque lo domine. Tanto el cliente como el destinatario lo entienden y aceptan las traducciones con pasajes enteros en un tercer idioma omitidos, con tan solo una nota que lo aclare.

Sin embargo, no siempre es tan evidente. En nuestra práctica hallamos frecuentemente documentos en castellano expedidos en Cataluña y salpicados de palabras catalanas, como *altres documents, passaport, nom i cognoms, data de naixement, nacionalitat, Polònia, code, diligències,* etc. Ateniéndose a las normas, el traductor haría una traducción que constituiría, para retomar las palabras de Mayoral (1999a, 1999b), un "acto fallido" y no surtiría efectos esperados. Es lo que ocurriría si dejáramos todos los elementos en catalán sin traducir. En este caso, es difícil imaginarse que el cliente vuelva a España para pedir un documento expedido solo en castellano, o que le pida a un traductor jurado de catalán que efectúe una traducción de las palabras sueltas que aparecen en el original español,[4] porque tampoco tendría mucho sentido. Estamos aquí ante una situación especial en la que las expectativas del cliente y del destinatario de hecho coinciden, pero el traductor jurado no podría satisfacerlas en muchos casos si observara las normas impuestas para la realización de traducciones juradas.

4. Conclusión

Nos ha quedado una serie de problemas a los cuales, por razones de espacio, no hemos podido prestar la atención que sin duda se merecen. Sin embargo, parece que los aquí comentados demuestran de manera concluyente que el traductor jurado en Polonia está, a veces, "entre la espada y la pared". Siendo el

4 Complicación adicional de índole práctica: en toda Polonia hay solo dos personas que tienen nombramiento para el catalán.

skopos de la traducción diferente para su iniciador y su receptor, a menudo la *lealtad* (Nord, 1991) hacia el cliente particular implicaría la *deslealtad* hacia la Administración Pública y al revés.

En la traducción jurada, como con razón afirma Mayoral (1991a: 2), "la forma de traducir tendría su foco en la cultura original y su énfasis en la fidelidad formal y semántica (antes que en la comprensión, la identificación o la transferencia cultural)". Es obvio que el traductor no puede ser transparente, ya que el destinatario mismo exige en este caso que se interponga lo más posible entre él y el texto original, haciendo notas aclaratorias cada vez que se supone que hay algo por precisar, explicar, añadir, algo que se pueda interpretar de maneras distintas o que se ha omitido, etc. Es lógico, puesto que las instituciones públicas quieren saber absolutamente todo lo que el texto original dice y la manera en que lo dice. No obstante, como adelantábamos, ello lleva a los funcionarios a un recelo a veces incomprensible hacia los traductores jurados. Lo cual nos parece que genera algunos problemas aquí analizados y muchos otros.

En Polonia los traductores jurados no podemos negarnos a efectuar una traducción si nos la encomienda la Administración Pública. Las tarifas por encargos de su parte las determina el Estado, no los traductores. Son bajísimas y desde hace diez años no han cambiado, lo que significa que los honorarios realmente van bajando. La Administración de Justicia a veces tarda dos años en pagarnos por nuestro trabajo. Los candidatos tienen una sola puerta de entrada al ejercicio de la profesión: un difícil examen público. Para acceder a este, tienen que acreditar el hecho de haber terminado estudios de segundo ciclo. Últimamente han surgido propuestas de modificación de la ley que regula la profesión de traductor jurado, encaminada a suprimir la exigencia de unos estudios superiores para los candidatos, lo que, de hacerse efectivo, contribuiría aún más al desdoro de la profesión que ya sufrimos a ojos de los funcionarios.

Un remedio a los problemas que hemos expuesto en este trabajo sería, pues, sensibilizar de estos a las instituciones públicas, exigiendo que se analice la materia desde diferentes puntos de vista para llegar juntos a algunas soluciones consensuadas. Los traductores jurados somos fedatarios públicos y, como tales, merecemos más confianza por parte de los funcionarios públicos. En pocas palabras, estos últimos deberían tener una concepción un poco menos literal y más pragmática de la traducción jurada, lo que contribuiría a disminuir el número de situaciones de conflicto en la línea cliente-destinatario.

Desde otra perspectiva, hemos visto que el cliente también genera conflictos, pero aquí la solución parece ser evidente: regirse siempre por los principios deontológicos y éticos, sin olvidar una dosis racional de sentido común a la hora de efectuar las traducciones juradas.

Referencias

Casas Cabido, F. J. (2000). Las dificultades de la traducción jurada al español de documentos registrales procedentes de países francófonos. *Legal translation: history, theory/ies and practice. International colloquium University of Geneva, February 17–19, 2000*. Bern: ASTTI. <www.gitrad.uji.es/sites/default/files/casas2000.pdf>.

Kierzkowska, D. (2011). *Kodeks tłumacza przysięgłego z komentarzem*. Warsaw: Translegis.

Mayoral Asensio, R. (1999a). Las fidelidades del traductor jurado: batalla indecisa. En M. Feria (Ed.), *Traducir para la justicia* (pp. 17–58). Granada: Comares. <www.ugr.es/~rasensio/docs/Fidelidades_.pdf>.

Mayoral Asensio, R. (1999b). Traducción oficial (jurada) y funciones. En M. Feria (Ed.), *Traducir para la justicia* (pp. 59–86). Granada: Comares. <www.ugr.es/~rasensio/docs/Funciones_.pdf>.

Mayoral Asensio, R. (2004). El polifacetismo del traductor (jurídico y jurado). En C. García & I. García (Eds.), *Experiencias de traducción. Reflexiones desde la práctica traductora* (pp. 165–180). Castellón: Servei de Publicacions de la Universitat Jaume I. <www.ugr.es/~rasensio/docs/Polifacetismo_del_Traductor.pdf>.

Nord, Ch. (1991). *Text Analysis in Translation: Theory, Methodology, and Didactic Application of a Model for Translation-Oriented Text Analysis*. Amsterdam: Rodopi.

Nord, Ch. (2001). Loyalty Revisited. Bible Translation as a Case in Point. En A. Pym (Ed.), *The Return to Ethics*. Número especial de *The Translator,* 7(2), 185–202.

Pym, A. (2012). *Teorías contemporáneas de la traducción. Materiales para un curso universitario*. Tarragona: Intercultural Studies Group.

Reiss, K. & Vermeer, H. J. (1984). *Grundlegung einer allgemeinen Translationstheorie*. Tübingen: Niemeyer.

Reiss, K. (2009). *Problématiques de la traduction*. Paris: Economica.

Toury, G. (2004). *Los estudios descriptivos de traducción y más allá. Metodología de la investigación en estudios de traducción*. Madrid: Cátedra.

Vermeer, H. J. (1978). Ein Rahmen für eine allgemeine Translationstheorie. *Lebende Sprachen,* 23, 99–102.

La traducción de los informes de sostenibilidad de la *Global Reporting Initiative*: ¿Qué papel para la contingencia cultural?

EMMANUELLE PENSEC
Grupo LiCoRN, Université de Bretagne Sud
<emmanuelle.pensec@univ-ubs.fr>

Corporate communication constitutes a discursive genre. An increasing number of companies has published corporate social responsibility (CSR) reports since the financial scandals of the early 2000's. In this article, we propose, through corpus linguistics, a lexical analysis of a trilingual corpus of sustainable development reports of financial services companies. First, we deliver a contextualized overview of this discursive genre through CSR; then, we describe GRIFIN corpus; and finally, we present the first results of this lexical analysis.

Keywords: lexical analysis, neo-institutional theory, corpus

La comunicación empresarial constituye un género discursivo en desarrollo desde los escándalos financieros del año 2000. En este artículo, proponemos un análisis léxico de un corpus trilingüe de informes sobre desarrollo sostenible del sector financiero, teniendo en cuenta las herramientas que nos brinda la lingüística de corpus. En primer lugar, contextualizamos el género discursivo mediante la responsabilidad social corporativa (RSC); posteriormente, describimos el corpus GRIFIN; y por último, presentamos los primeros resultados del análisis léxico realizado.

Palabras clave: análisis léxico, teoría neo-institucional, corpus

1. Introducción

Los informes sobre sostenibilidad se inscriben en el ámbito de una comunicación responsable. Son documentos elaborados por los departamentos de sostenibilidad de algunas empresas con el objetivo de difundir informaciones a sus partes interesadas. Comunican sus resultados con respecto a sus responsabilidades sociales, económicas y medioambientales. Según la definición oficial publicada por el informe Brundtland, presentado ante la ONU en abril de 1987,[1] el desarrollo sostenible responde a las necesidades del presente sin

1 Disponible en <www.diplomatie.gouv.fr/fr/sites/odyssee-developpement-durable/files/5/rapport_brundtland.pdf>.

comprometer las capacidades de las generaciones futuras a responder a sus propias necesidades.

Después de los numerosos escándalos financieros que han marcado la actualidad a principios del 2000, las empresas han empezado a analizar sus comportamientos con respecto a la ética y a formalizarlos en informes sobre desarrollo sostenible. Actualmente, se trata de un fenómeno mundial que se va ampliando a los países emergentes. Según un estudio de KPMG Internacional, publicado en 2013, el 93% de las 250 empresas mundiales más grandes ha publicado un informe sobre desarrollo sostenible en 2012, mientras que este dato era de un 32% en 1999. El 78% de estos documentos siguen el referencial de normalización de la *Global Reporting Initiative* (GRI) sobre el que se basa este análisis. Este fenómeno afecta a las empresas de todos los países de la OCDE y cada día a más países emergentes. Los informes sobre desarrollo sostenible constituyen un género discursivo en el sentido de Swales (1990)[2] y son un tipo de comunicación empresarial.

En el presente estudio, nos proponemos analizar estos informes sobre desarrollo sostenible a partir de las herramientas ofrecidas por la lingüística de corpus. La lingüística de corpus se caracteriza por un enfoque cuantitativo en el que se procesa un gran número de datos con métodos automáticos destinados a reproducir, validar y generalizar los resultados (Habert *et al.,* 1997). El discurso de las empresas ya ha sido objeto de diversos análisis textuales con corpus más pequeños (Hyland, 1998; Garric y Léglise, 2005; Garric *et al.,* 2007; Giordano-Spring, 2009; Seignour, 2011, Gallego-Hernández, 2010 y 2012, entre otros). Consideramos la definición de Sinclair (1996) según la cual un corpus es “a collection of pieces of language that are selected and ordered according to explicit linguistic in order to be used as a sample of language”.

El corpus GRIFIN está formado por 243 informes sobre desarrollo sostenible de empresas del sector financiero en tres idiomas, que abarcan el período 2000–2012, con el fin de definir si existen variaciones lingüísticas entre estos idiomas. Las preocupaciones actuales en materia sobre desarrollo sostenible son comunes a todos estos países y todos estos documentos se han normalizado siguiendo los criterios definidos por la GRI. Mediante el análisis propuesto, nos planteamos determinar cuál es la parte relativa a la contingencia cultural y el discurso relativo a la RSC.

2 “A genre comprises a class of communicative events, the members of which share some set of communicative purposes. These purposes are recognized by the expert members of the parent discourse community, and thereby constitute the rationale for the genre. This rationale shapes the schematic structure of the discourse and influences and constrains choice of content and style.” (Swales, 1990: 58)

En esta comunicación, vamos a tratar la traducción del léxico de las partes interesadas a partir de un análisis basado en corpus. Primero, vamos a contextualizar el ámbito. Después, presentamos brevemente la GRI y el corpus analizado. Por último, nos centraremos en el análisis léxico de este corpus y presentaremos los primeros resultados de este estudio.

2. La RSC como instrumento de comunicación: trama conceptual

Según el estudio *Business Risk Report* de 2010, publicado por Ernst & Young, el tercer interventor de cuentas mundial, la RSC entró en novena posición dentro de los riesgos que los empresarios consideran más importantes. Las empresas ya no pueden centrar su política de comunicación exclusivamente en los beneficios. Las preguntas de la RSC parecen ineludibles para las empresas. Frente a consumidores, clientes y proveedores cada vez más exigentes, se puede considerar la RSC como una de las repuestas posibles al estancamiento poscrisis. Las empresas necesitan recobrar la confianza de sus partes interesadas.

El concepto de la RSC se articula en tres grandes corrientes de pensamiento en ciencias de gestión: la teoría contractualista, la teoría neoinstitucional, la teoría de las partes interesadas. Freeman (1984) define el concepto de las partes interesadas como todo grupo o individuo que puede afectar o estar afectado por la continuación de objetivos organizacionales. Parece que las actividades de la empresa afectan a la vida de los individuos y viceversa; además forman parte integrante de los modelos organizacionales de las empresas.

En la teoría neoinstitucional, Di Maggio y Powell (citado por Huault, 2009) resaltan la importancia de las instituciones para comprender y explicar los hechos sociales y económicos. Analizan los sistemas interorganizacionales desde una perspectiva más amplia que desde la misma empresa (Selznick, 1949; citado por Huault, 2009: 170). Esta teoría se interroga sobre las razones de un isomorfismo institucional. Según Di Maggio y Powell, existe una racionalidad colectiva dentro de un mismo campo organizacional. Este proceso conduce a una convergencia de los comportamientos de las organizaciones que pertenecen al mismo campo. Las prácticas de las empresas no responden solamente a exigencias económicas, sino también a exigencias sociales actuales. Los informes sobre desarrollo sostenible son la ilustración de este fenómeno de presiones sobre las organizaciones. La teoría neoinstitucional pone el acento en la importancia y la influencia de las presiones estatales, sociales y culturales sobre las empresas, en vez de las fuerzas del mercado y la autonomía de sus actores (Huault, 2009: 128). Según Hofstede,[3] la cultura es:

> The collective programming of the mind distinguishing the members of one group or category of people from another. The *category* can refer to nations, regions within or across nations, ethnicities, religions, occupations, organizations, or the genders. A simpler definition is 'the unwritten rules of the social game'.

Las empresas ya no pueden comportarse como actores autónomos e independientes, sino que tienen que reflexionar sobre su posición y su relación con los otros actores sociales y la influencia que tienen sobre ellas. El informe sobre desarrollo sostenible cumple con un doble objetivo al permitir informar a sus receptores de sus resultados y seducirlos con una imagen que refleja las nuevas exigencias relativas a la sociedad. En efecto, "corporate image is a sum of impressions and expectations of an organization built up in the mind of its stakeholders and public" (Topalian, 2003: 1120).

Se han creado diferentes medidas para intentar definir las prácticas de la RSC. A menudo, estas iniciativas emanan de organismos internacionales, como la ONU, la OIT o la OCDE. Es una repuesta al fenómeno que constituyen los informes sobre desarrollo sostenible. En los países miembros de la OCDE, es decir, el 90% de la capitalización bursátil, cada año un número creciente de empresas publican este tipo de documentos, que constituye un estilo específico de comunicación empresarial. En nuestro estudio, nos centramos en una medida en particular: el referencial de normalización de la GRI, considerado como el más utilizado actualmente. La GRI ofrece un marco común de referencia para la redacción de los informes. Además, existen más de 2500 empresas y organizaciones que publican un informe de sostenibilidad cada año, el 80% aplica las directivas de la GRI (Egler, 2012: 10). La GRI es una organización anglosajona constituida por diferentes partes interesadas, creada en 1997. Se apoya en organizaciones internacionales, como la OCDE, el PNUMA (Programa de las Naciones Unidas para el Medio Ambiente), la OIE (Organización Internacional de Estandarización) y el Pacto Mundial de las Naciones Unidas, y se beneficia del apoyo de los países industriales. Si las empresas siguen la totalidad de las directivas de la GRI, deben responder a 120 indicadores que tratan sobre cuestiones sociales, medioambientales y económicas. Estas directivas tienen como objetivo ayudar a las empresas a medir su resultado global.

3 <geerthofstede.nl/culture.aspx>, consultado el 30 de abril 2014.

3. El corpus GRIFIN y metodología

GRIFIN es un corpus especializado, formado por 243 informes sobre desarrollo sostenible de empresas del sector financiero, que constituyen una base de datos de fuente abierta. Contiene 7,4 millones de *tokens* y 142 000 *types*. Todos estos documentos se han normalizado siguiendo los criterios definidos por la iniciativa GRI. GRIFIN es un corpus trilingüe en francés, inglés y español de empresas europeas (Francia, Gran Bretaña y España), América del Norte (Estados Unidos y Canadá) y América Latina (Argentina, Chile y Perú), publicados entre 2000 y 2012. Estos criterios otorgan una cierta representatividad positiva a GRIFIN.

El análisis léxico de GRIFIN se desarrolla en varias etapas. Hemos realizado el análisis léxico mediante la herramienta *Antconc,* una herramienta informática gratuita, que ofrece un número importante de funcionalidades (programa de concordancia, generador de frecuencia de palabras y palabras clave, herramienta para análisis de *clusters,* etc.).

Se definen las palabras clave de GRIFIN a partir de tres corpus de referencia representativos de la lengua general para cada una de las lenguas (FrWac_10M, UkWac_10M y WikiCorpus_Spanish).[4] Una vez que se han definido las palabras clave, se procede a su categorización. Nos concentramos en aquellas palabras clave de las partes interesadas relacionadas con la descripción de la empresa y de sus empleados. La tabla 1 representa las diez partes interesadas más representadas en GRIFIN, así como el número de ocurrencias para cada idioma:

Grifin Francés		*Grifin Inglés*		*Grifin Español*	
Groupe	119	(Our)	30 866	Clientes	14 093
Collaborateurs	75	Employees	16 498	Empleados	9 559
Banque	43	Customers	9 193	Banco	6 830
Clients	62	Clients	5 929	Grupo	10 412
Fondation	27	Communities	9 588	Servicios	6 126
Actionnaires	19	Fundation	3 552	Entidad	8 729
Gouvernance	15	Companies	9 446	Proveedores	4 168
Investisseurs	19	Shareholders	3 279	Empresas	6 298
Particuliers	18	Group	11 944	Fundación	3 637
Institutions	15	Stakeholders	2 863	(Nuestros)	7 949

Tabla 1. Partes interesadas más representadas en GRIFIN.

4 FrWac_10M está constituido de *Le Monde Diplomatique,* listas de vocabulario en francés y la web; UkWac_10M está formado a partir del British National Corpus y de la web, y WikiCorpus_Spanish, de Wikipedia 2006 e informaciones lingüísticas.

En conjunto, se trata de las partes interesadas directas para la empresa. El informe sobre desarrollo sostenible es un documento de comunicación externa, aunque nos damos cuenta de que en los tres subcorpus las partes interesadas más presentes son los empleados de la empresa: *collaborateurs* (75 ocurrencias), *employees* (16 498 ocurrencias) y *empleados* (9 559 ocurrencias). También se observa la presencia de los pronombres *our* y *nuestros,* que son palabras gramaticales, pero que nos llaman la atención por su frecuencia en el corpus.

Nuestro análisis se centra en términos que designan a la empresa y sus empleados. Algunas palabras clave parecen traducciones literales (*groupe, group, grupo*). Al contrario, otros términos varían de un idioma a otro (*collaborateurs, employees, empleados*) y necesitan un análisis más profundo para comprender las razones de esta variación.

El análisis del contexto léxico de las ocurrencias del grupo "empresa autor de los informes sobre desarrollo sostenible en relación con sus empleados" se presenta en forma de redes de colocaciones (Williams, 1998 y 1999). Estas redes son reagrupamientos de colocaciones alrededor de un nodo o palabra clave. Se presentan en forma de gráfico con el fin de demostrar la relación entre el nodo y sus colocados, de manera que se pueden observar las colocaciones más significativas. Según Phillips (1985), los conceptos más relevantes se pueden observar a partir de las colocaciones. Estas redes muestran la posición del nodo en su contexto léxico. Se delimita el contexto léxico de las ocurrencias a una ventana de *clusters* +4/−4. Cruse (1986: 40) define la colocación como "the term collocation will be used to refer to sequences of lexical items which habitually co-occur, but which are nonetheless fully transparent in the sense that each lexical constituent is also semantic constituent".

Presentamos un ejemplo de una red colocacional, en este caso, el primer nivel de <groupe> en GRIFIN en la figura 1 "Ejemplo de la red colocacional del sustantivo <grupo> en GRIFIN".

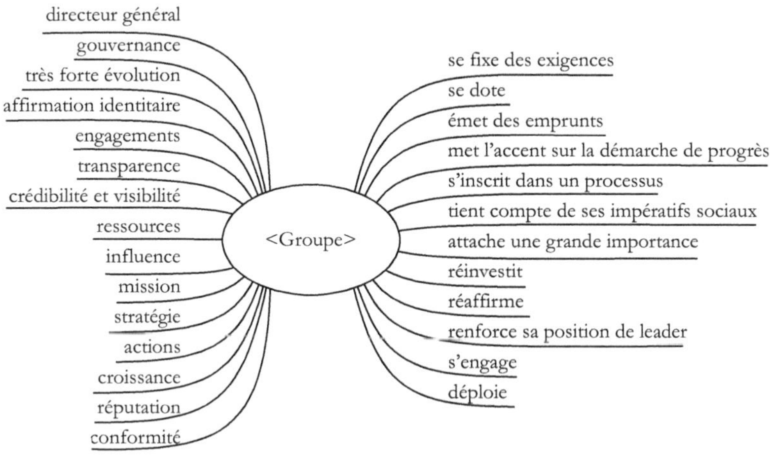

Figura 1. Ejemplo de la red colocacional del sustantivo <grupo> en GRIFIN.

4. Análisis y primeros resultados

Este análisis léxico permite observar varias características específicas de los informes sobre desarrollo sostenible en el sector financiero. Si observamos los colocados, nos damos cuenta de que se trata de un discurso siempre gratificante y positivo para la empresa. En realidad, estamos ante un doble discurso: la empresa tiene un papel informativo al comunicar sus resultados económicos y financieros y, a la vez, un papel de valorización de su imagen mediante el uso de estrategias léxicas y discursivas con el fin de difundir un elogio hacia sus partes interesadas (Topalian, 2003).

Se observa esta valorización en las propias redes colocacionales. Se puede notar la fuerza de persuasión del discurso a través de marcadores de subjetividad que dan la impresión de acciones positivas por parte de la empresa (Malavasi, 2007: 173). Los verbos muestran que la empresa toma decisiones adecuadas y que contribuye al bienestar de las partes interesadas (*tient compte des impératifs sociaux, achieve its mission, canaliza,* etc.). También se observa la presencia de verbos de acción, como *réinvestit, réaffirme, renforce, s'engage, achieve, is committed to, seek, intervenir, sigue apoyando,* que muestran que la empresa tiene un comportamiento digno para alcanzar sus objetivos, respetar los valores y compromisos. Los sustantivos que son aparentemente neutros, como *implication, valorisation, development, seguridad* y *evolución,* refuerzan la imagen positiva de la empresa al actuar en un contexto favorable: *apparently neutral words are imbued with a positive pragmatic meaning or semantic prosody by the general context in which they appear and the surrounding favorable co-text* (Malavasi, 2007: 180).

Todas las empresas de GRIFIN valorizan su imagen en estos informes. Sin embargo, podemos constatar que existen características de contingencia cultural en el corpus. Se observa una diferencia entre la concepción anglosajona de la empresa, y en particular, la estadounidense, y una concepción más latina (francés y español). En el GRIFIN inglés, el grupo parece actuar como una comunidad en la cual todos sus miembros se comprometen a crear un mundo mejor. El grupo representa una entidad administrativa (nombre propio de la empresa + *group* o *financial group*). Es un actor responsable (*is concerned to, is responsible, decision*), que actúa (*develops and maintains, supports, participates*) y que se compromete al lado de sus partes interesadas (*is committed to, achieve, mission*). Valoriza a sus empleados por la calidad de su trabajo (*achievement, perform, irreplaceable, get involved*), así como las acciones a favor de la comunidad (*duties, made donations, volunteer, charitable actions*). Al contrario del corpus francés y español, en el caso del inglés, *we* designa a un colectivo y no solamente a la dirección de la empresa. Parece indicar un esfuerzo colectivo (*offered support to customers, were able to complete, are committed*).

La empresa francesa o española se inscribe en una lógica "paternalista" donde la dirección se distingue de sus empleados, y se presenta como una ayuda (el GRIFIN español) o como un actor de su destino (el GRIFIN francés), lo que d'Iribarne (1989) denomina una "lógica del honor". En el GRIFIN español, el grupo parece dirigirse indirectamente a sus receptores con estructuras de tipo <nombre>+<*del grupo*> (*la capacidad del grupo, las relaciones del grupo, la situación del grupo*). El grupo se valoriza a través de sus empleados (*se encuentran cubiertos por un convenio colectivo, cuentan con desarrollo profesional, seguridad y salud ocupacional, bienestar*), lo que favorece una imagen paternalista de la empresa. En el GRIFIN francés, se presentan las empresas como actores dinámicos (*poursuit un double objectif, émet des emprunts, réinvestit, renforce*) y poderosos (*très forte évolution, crédibilité et visibilité, croissance, réputation, affirmation identitaire*). Designan a los empleados como *colaboradores*. Este término es más noble que *empleados* y parece valorizar el estatus del empleado (*implication, engagement*). No obstante, el contexto léxico de *collaborateurs* muestra también que se pone de relieve a la empresa a través de sus propios colaboradores (*formation, sensibilisation, met à disposition, ont été formés, valoriser et fidéliser*).

5. Conclusión

En los informes, las empresas van en busca de una legitimación de su estatus y del poder que le otorga. Para conseguir esta legitimidad, Di Maggio y Powell (Huault y Charreire Petit, 2009: 124) piensan que las empresas se inventan mitos, se entregan a actividades simbólicas y crean historias, lo que permite su supervivencia y su propia institucionalización. El comportamiento de las empresas se ve influido por valores y mitos que sobrepasan la propia identidad de las empresas y una lógica de eficacia pura. Según Meyer y Rowan (1977), cuando una organización se desarrolla según criterios convenidos (o legítimos) dentro de su entorno, se apoya en características a las que nadie responde y que, en consecuencia, son consideradas como "mitos racionales" (Huault y Charreire Petit, 2009: 180). Estos mitos no son evaluables, pero son objeto de un amplio acuerdo (Hatch, 2000). Al ajustarse a esta norma, la empresa se vuelve legítima para las partes interesadas y se le otorga una capacidad de acción. Se puede decir que son empresas isomorfas, en el sentido en que reflejan una realidad a partir de la cual han ido construyendo (Huault y Charreire Petit, 2009: 181).

Este isomorfismo va ligado principalmente a parámetros sociales, culturales y nacionales. De esta manera, se manifiestan características de contingencia. La cultura crea un contexto colectivo de interpretación (Geertz, 1973) que permite a un grupo de individuos interpretar símbolos y signos propios de un sistema común de significado.

Referencias

Cruse, D. (1986). *Lexical Semantics.* Cambridge: Cambridge University Press.

d'Iribarne, P. (1989). *La logique de l'honneur. Gestion des entreprises et traditions nationales.* Paris: Du Seuil.

d'Iribarne, P. (2006). *L'étrangeté française.* Paris: Seuil.

Durban, C. (2007, 9). *Case Study: Danone. The Ideas behind the Words.* Consultado en ILCEA: <ilcea.revues.org/702>.

Egler, H.-P. (2012, Décembre). La GRI: les rapports des entreprises en matière de durabilité améliorent leur transparence. *La vie économique,* pp. 9–12.

Ernst y Young. (2010). *Business Risk Report 2010.* Consultado en <www.ey.com/GL/en/Services/Advisory/Business-Risk-Report-2010-Business-risks-across-sectors>.

Freeman, R. E. (1984). *Strategic Management: A Stakeholder Approach*. Pitman Series in Business and Public Policy.
Gallego-Hernández, D. (2010). Estudio comparativo trilingüe de la traducción de la metáfora náutica en el lenguaje económico-financiero. En P. Mogorrón Huerta & S. Mejri, *Opacité, idiomaticité, traduction* (99–128). Alicante: Universidad de Alicante.
Gallego-Hernández, D. (2012). Metadiscurso y traducción en el lenguaje de los negocios: estudio basado en corpus (Francés-Español). *RAEL: revista electrónica de lingüística aplicada,* 11, 13–24.
Gaillard, A. (2005). *Les mythes du christianisme. Des héritages juif et gréco-romain aux valeurs fondatrices de l'Occident.* Paris: Publibook.
Garric, N., *et al.* (2007). Le rapport RSE, outil de légitimation? Le cas de Total à la lumière d'une analyse du discours. *Revue de l'organisation responsable,* 5–15.
Garric, N. y Léglise, I. (2005). La place du logiciel, du corpus, de l'analyste: l'exemple d'une analyse de discours patronal à deux voix. En G. Williams, *Linguistique de corpus* (pp. 101–113). Rennes: Presses Universitaires de Rennes.
Geertz, C. (1973). *The Interpretation of Cultures.* New York: Basic Books.
Giordano-Spring, S., & Platet-Pierrot, F. (2009). Analyse du discours RSE dans la lettre du président. *La place de la dimension européenne dans la comptabilité, contrôle, audit.* Strasbourg.
Habert, B. (2000). Des corpus représentatifs: de quoi, pour qui, comment? En M. Bilger, *Linguistique sur corpus. Etudes et réflexions* (pp. 11–58). Perpignan: Presses Universitaires de Perpignan.
Hatch, M. (2000). *Théorie des organisations.* DeBoeck Université.
Hyland, K. (1998). Exploring corporate rhetoric: metadiscourse in the CEO's letter. *Journal of Business Communication,* 35(2), 224–244.
Huault, I., & Charreire-Petit, S. (2009). *Les grands auteurs du management.* Paris: EMS Management & Société.
KPMG International. (2013). *The KPMG Survey of Corporate Social Reporting 2013.* Consultado el 22 abril, 2014, en KPMG: <www.kpmg.com/global/en/issuesandinsights/articlespublications/corporate-responsibility/pages/corporate-responsibility-reporting-survey-2013.aspx>.
Malavasi, D. (2007, 9). *Lexical Analysis of Implicit Promotional Devices in Bank Reports.* Consultado en ILCEA: <ilcea.revues.org/724>.
Meyer, J., & Rowan, B. (1977, Septiembre). Institutionalized Organizations: Formal Structure as Myth and Ceremony. *American Journal of Sociology,* 83, 340–363.

Phillips, M. (1985). *Aspects of Text Structure: An Investigation of the Lexical Structure of Text.* Amsterdam: North Holland.

Salmon, A. (2002). *Ethique et ordre économique. Une entreprise de séduction.* París: Editions du CNRS.

Seignour, A. (2011). Méthode d'analyse du discours. L'exemple de l'allocution d'un dirigeant d'une entreprise publique. *Revue française de gestion,* 211, 29–45.

Sinclair, J. (1996). Preliminary recommendations on corpus typology. *EAGLES Document TCWG-CTYP/P.* <www.ilc.pi.cnr.it/EAGLES/corpustyp/corpustyp.html>.

Swales, J. (1990). *Genre Analysis: English in Academic and Research Settings.* Cambridge: Cambridge University Press.

Topalian, A. (2003). Executive perspective: 1. Experienced reality. The Development of Corporate Identity in the Digital Era. *European Journal of Marketing,* 37, 1119–1132.

Williams, G. C. (1998). Colocational Networks: Interlocking Patterns of Lexis in a Corpus of Plant Biology Research Articles. *International Journal of Corpus Linguistics,* 3(1), pp. 151–171.

Williams, G. C. (1999). *Les réseaux collocationnels dans la construction et l'exploitation d'un corpus dans le cadre d'une communauté de discours scientifique.* Nantes: Université de Nantes.

Post-Tourism Online: Bridging the Cultural Gap between Describing a Galician City and Attracting Foreign Visitors

REBECA CRISTINA LÓPEZ GONZÁLEZ
Universidade de Vigo <rebecalopez@uvigo.es>

Tourism and translation have always had a parallel link insofar as the promotion of the tourist spot is affected by how well its written description has been translated. As stated by Durán Muñoz (2012), quite often complaints are made due to the scarce/lack of quality of this type of text stemming from diverse factors which are worth analysing. One of the most outstanding difficulties is the "translation across cultural difference […] where the translator demonstrates the greatest skill" (Tymoczko, 2007: 232) in translating segments which belong to the culture of the source language and need a profound analysis. Upon reading and analysing the web page (<www.turismodevigo.org>) on the city of Vigo, we were able to observe the somewhat unconventional translation strategies which might have been used and might be of interest to translators of this type of text. In accordance to Hurtado Albir's (2001) classification of difficulties and strategies for translating from Spanish to English, fragments from the abovementioned web page will be described in detail. Furthermore, the strategies followed by the translator of this web page will be included. Since the final aim of the translated text is to attract tourists, we will consider whether the English version of the web page follows the functionalist axiom "translational action is determined by its skopos" (Nord, 1997: 29). The final objective is to decide on whether the translation in English has accomplished its function, i.e., to describe unknown realities to a target audience and portray the city of Vigo as a desirable destination.

Keywords: Tourism online, translation, cultural gap, city promotion.

1. Introduction

Tourism and Translation have always had a parallel link insofar as the promotion of the tourist spot is affected by how well a written description has been translated. According to the data furnished by Marca España in 2012, tourism in Spain contributed 10.9 per cent to its total GDP, meaning 11.9 per cent of the country's occupancy. This institution has also stated that Spain is a pioneer in the implementation of tourist quality systems which ensures the continuity of this country's strength in this sector (nature, sports, facilities, cuisine, language, etc.). Precisely, two of these points have inspired this study, firstly, the language and secondly, the need to guarantee quality services. Spanish is the language with the second highest number of speakers in the world. According to the above mentioned institution, Spanish as a foreign language was a course taken by almost 20 million students in the 2011–2012 academic year.

Yet, tourists with no Spanish linguistic competence have visited this country relying on the information provided by leaflets with attractive pictures and appealing texts which had been translated into their mother tongues. At present and since the birth of the Internet era, professional communications have experienced a revolution which has led to a reduction of printed texts and an increase of electronic and cybernetic genres (Suau Jiménez, 2010: 118) among which the e-leaflet has flourished.

In addition, there is a need to consider from the point of view of the localization of these texts the degree of quality achieved by the professional or non-professional translator for a successful, positive, adequate understanding of these websites, especially by readers from other cultures. As Jorge Soto has stated, tourism as a source of income in Spain should be pampered and taken care of, expressing, thus, his concern about the quality of translated documents in this field. Yet:

> The reality is quite different, and in many cases tourist texts are so poorly translated that they negatively affect their objective. Moreover, the translation of tourist texts is underestimated as a specialized translation. In fact, most tourist translations carried out in our country (Spain) are incomprehensible to the reader, containing such linguistic errors that visitors are put off by Spanish culture. (2013: 236, my translation)

Based on this author's affirmation regarding the degree of quality and its consequences on the expansion of Spanish culture, how the official town hall web site for Vigo (<www.turismodevigo.org>) was translated into English, and most importantly, how it is understood by potential tourists is analyzed in this study.

1.1 Data Justifying How Tourism Constitutes a Key Factor in the Development of the Galician Economy

Before focusing attention on the city of Vigo, some data about tourism in Galicia must be mentioned to emphasize the relevance and impact of the translations offered to post-tourists in this Autonomous Community. In order to present this information two reports have been studied in depth. Both documents deal with the data concerning the occupancy of establishments such as hotels, tourist apartments, camping for tourists and rural tourism in 2013 and February 2014 respectively. Released by the Galician Institute for Touristic Studies (Instituto de Estudios Turísticos de Galicia), the following data was obtained from the INE (Spanish National Statistics Institute).

In 2013, almost 4 million tourists (3.8 million people) visited Galicia and stayed in one of its establishments. Out of this total figure, 80 per cent represents the domestic market – including Galician tourists (32 per cent) and other Spanish tourists (48 per cent). International tourism accounted for a total of 20 per cent, meaning 1.6 million visitors who have stayed in one of the mentioned establishments. With regard to February 2014's figures, a negative trend (14 per cent) has been recorded. Yet, it must be said that this month is considered within the low season period. The current economic situation also determines the fluctuation of these results.

Nevertheless, when referring to the city of Vigo and its figures in terms of tourism, the results seem to be more positive. According to the website <turismodevigo.org>, in 2011, more than 25,000 tourists from Spain visited Vigo. 19,000 of these came from Madrid, Andalusia, Castilla y Leon and Catalonia. As for international visitors, two of the most famous transatlantic cruises, *Independence of the Seas* and *Queen Mary II* brought to our shores more than 250,000 passengers, mainly from the UK. Also other foreign tourists, in order of importance according to figures, arrive from Portugal, France, Germany and Argentina, enjoying what the city has to offer in terms of nature, cuisine and lifestyle.

7,152 foreigners were attracted by this city in 2012. Out of 59 countries which are included in the list of foreign visitors, some of the highest tourist counts are tourists from Canada (44), Ireland (77), the UK (1,803), the US (451) and Australia (37), which shows how English is likely to be the language used in hotels, restaurants, shops, city transport, etcetera.

Many of these tourists might have heard about Vigo through travel agencies, documentaries, advertisements, friends and so on, but probably one of the easiest ways of finding out about a new destination is by doing a simple search online. And this is precisely the starting point of the study, but it is essential to briefly describe the developments which have led to this.

2. Post-Tourism Online

One of many different definitions which could be used to understand the concept of tourism is "the activity of traveling to a place for pleasure" and "the business of providing hotels, restaurants, entertainment, etc. for people who are travelling" (Tourism, 2014) are the pillars on which the concept of post-tourism has been described.

However, there is a lack of consensus about the definition of this new concept, in fact, Miguel Angel Acerenza (2010) has claimed that post-tourism has rarely been studied among academics and that a widely and accepted definition is still pending. However, these two possible definitions seem to co-exist.

Since the 1950s and for a period of 30 years, British tourists chose all-inclusive vacation packages to discover the Mediterranean countries. This situation changed and tourists became more demanding in the sense that these massive packages stopped attracting visitors. This was the beginning of a new type of tourism, customer-oriented and flexible; post-touristic. Urry (1990) in his book *The Tourist Gaze* suggests that there is a new cultural paradigm named 'Post-Tourism' which stems from the postmodernist approach of tourism. Tourists refuse to be treated all as a single unit, with same tastes and characteristics, the way mass tourism is perceived.

Acerenza also mentions M. Feifer as one of the first to draft the characteristics of post-tourism. According to the latter, a post-tourist can see, observe and contextualize any desirable destination thanks to a TV, videos or/and Internet. In other words, post-tourism is a contemporaneous form of tourism which is the result of cultural change and technological development (Acerenza, 2010). Post-tourism represents this possibility of virtually traveling. It is the touristic experience which allows any visitor the opportunity of discovering new places without physically leaving their hometown.

Stemming from this definition of online post-tourim, namely, visiting a website to broaden ones cultural knowledge, learn about a place or just plan a future visit to a city (here, Vigo, a city in the Northwest of Spain) is what has been studied in this paper concerned about the degree of success achieved in attracting post-tourists through the translated version of this site.

3. A Source Text Online

The studied tourist source text can be accessed through Internet. Four languages enable the reading of several links – English, Galician, Portuguese and Spanish – but potential visitors from other countries might find restrictions to understand these texts since French, Italian, Chinese or Russian are not available. This lack of language variety is probably based on tourism statistics of the city revealing the nationalities of those visitors who actually come to Vigo and also the use of English as *lingua franca*.

This website, <www.turismodevigo.org>, focuses on the strengths of the city, that is, its privileged geographical location and mild climate where mountains embrace the sea in a unique manner. This frame explains the content shown on this webpage where one can find useful information to organize a trip to Vigo, be it by plane, boat, train or even on horseback. Apart from how to arrive to this city, information about hotels, campsites, and hostels can also be found online. Nature tourism has been given great importance in this site since urban routes and nature trails can be followed by the post-tourist. Guided visits are offered and its sailing tradition has been highlighted, reasonably-so since it is the motor of the city's economy and leisure moments.

Among the different links to be discovered by the post-tourist, the "Imprescindibles" section immediately catches the reader's eye since its title whets the potential visitor's curiosity. Four links with ten suggestions each introduce the wonders of the traditional and modern town of Vigo in terms of its most important streets, gastronomy, landscapes and suggested outdoor activities. Precisely these four links in Spanish and their respective versions into English have been studied.

3.1 Ten Essentials and Their Translation

The translation of the so called "Imprescindibles" into their English versions "Essentials" explain the basic activities and experiences which can entertain Vigo's visitors. The texts have been divided into four topics: "10 actividades al aire libre imprescindibles" (10 Essential Outdoor Plans), "10 experiencias gastronómicas imprescindibles" (10 Essential Gastronomic Experiences), "10 calles imprescindibles" (10 Essential Streets) and "10 visitas imprescindibles" (10 Essential Visits). These four links share the communicative function and purpose of any tourist text:

> Touristic texts are designed to introduce the scenic spots to the viewers, and to convey the related information to them in order to enable the viewers to understand and enjoy the spots. They mainly offer the expressive, the informative and the vocative functions. (Sanning, 2010: 125)

With regard to the purpose of this type of text, Soto (2013: 237) has related their definition to the role they play or their purpose by using Kelly's (1997: 35) definition: "any text published by a public or private organization of any kind intended a) to give information to any kind of visitor or b) to advertise a destination (city, hotel, restaurant, etc.) and encourage visitors to go there".

Given a definition of tourist texts, their purpose and audience, there is a need to address the topic of the translation of these documents whether written on a leaflet or on a Website. But before proceeding there is one more key element which must be discussed regarding the producers of these texts. According to Durán Muñoz the quality of the translations in this field has not been achieved to the point that "these texts frequently contain many mistakes and blurred information" (2012: 336).

A possible explanation as to why these blurred translation options continue to be read has been depicted by this same author. As she explains the translation of tourist texts is underestimated to the point that "administrations, travel agencies and companies [...] continue ordering their translations to unskilled translators or people that have no experience in translation but have some knowledge of languages (*ibid.*)".

Another reason, which can justify this lack of value and quality, might also be found in how this type of discourse and textual conventions are treated at universities where these texts should be treated as a specialized discourse and independent module in the offered curricula.

As "The language of tourism is characterized by a peculiar variety, expressed at all linguistic levels, which is due to the distinctive lack of uniformity of an extended subject area such as tourism, whose borders with other disciplines [...] are less than clear-cut" (Agorni, 2012: 6), several fields interact in the creation of these texts: Geography, History, Economics, Gastronomy, etc. As a consequence of this variety of content, the translator deals with *realia* or cultural references which might become translation obstacles along the process. According to Terestyényi (2011: 13), the word *realia* means "the real things" or in other words, those objects of the material culture. But in translation studies these objects, also named *culturally-bound, culture specific,* are those concepts which belong to a specific culture. Translators need to be able to spot these culture-specific concepts in order to transfer the content from any source text, at least ideally, but the transference of realia might be subject to the strategies chosen by the person in charge of the target text.

To discover which have been the strategies implemented in the translation of the four "Imprescindibles" and more specifically the rendering of its cultural content into English, Hurtado Albir's classification of difficulties and strategies has allowed the identification of the translator's decisions.

Although so far the term strategies has been used to describe the decisions of the translator, it must be said that Hurtado Albir (2001: 642) uses the term translation technique to refer to a:

> A process, which is visible in the result of a translation, and is used for obtaining an equivalent translation to equivalent textual microunits. The techniques are catalogued in comparison to the original. The choice of techniques is always functional according to the type of text, the modality of the translation, the aim of the translation and the selected method. (My translation)

This author has defined 15 techniques: "Adaptation, linguistic extension vs. linguistic compression, extension vs. elision, calque, compensation, discursive creation, description, coining word equivalences, generalizing vs. specifying, modulation, borrowing, substitution, literal translation, transposition and variation" (Hurtado, 2001: 269, my translation)

Examples of how these techniques have been followed can be seen in these target texts. But this paper aims to discuss the unconventional usage of the mentioned translation techniques which have jeopardized the reception of the English version.

The first example belongs to the text "10 visitas imprescindibles" where the second suggested place to visit is "La calle de las ostras" or "Oyster Street" according to the English version. Both texts can be read as follows:

SOURCE TEXT	TARGET TEXT
Las Ostras de A pedra. La *calle de las ostras* es quizá el mayor reclamo turístico del Vigo urbano: decenas de metros destinados a la degustación de las famosas *ostras de la Ría de Vigo.* La tradición se sigue por instinto: los moluscos se compran directamente a las ostreras y se degustan al natural, en las mesas de los establecimientos que se reparten por la calle. El mejor maridaje para este bocado de mar es una copa de vino blanco con *denominación de origen Rías Baixas.*	*A Pedra Oysters.* The *Calle de las Ostras* (Oyster Street) is perhaps the biggest tourist attraction in urban Vigo: a whole street for tasting the famous *Vigo estuary oysters.* The tradition is instinctive: the molluscs are purchased directly from the oyster sellers and eaten right there on the tables provided by the establishments along the street. The best way to wash down this bite of the sea is a glass of white wine with *Rías Baixas Denomination of Origin.*

Comment: As can be seen several culture-specific elements can be spotted in the text. The name of the street, how and where these mollusks are eaten or the specificity regarding what type of wine is best to accompany this dish. The title of the text (A Pedra Oysters) confuses the reader to the point that the visitor might believe it is a variety of oysters and not a part of the city where they can be eaten. The literal translation could be avoided and modulation could be used instead: (Oysters from A Pedra Street), for example.

Since the geographical location (Ría) has been translated in the first part of the text as (Vigo Estuary), keeping (Rías Baixas) in Galician will not help the English reader understand the meaning of the segment and its relation with the rest of the clause. As a suggestion, Ría should be kept in English as a borrowed word from Galician, similar to what is done with the word fjord in Norwegian. As to the comment about the best wine to enjoy these oysters from the Ría, the verb chosen to persuade visitors to try this delicacy "to wash down" produces exactly the opposite effect on the Anglo-Saxon reader. "To wash down" in this context makes the reader think the taste of these oysters could be disgusting, demanding a glass of any type of drink to get rid of its taste. Thus, undermining the cited wine as well.

The second example to be mentioned belongs to the text "10 actividades al aire libre imprescindibles", "10 Essential Outdoor Plans".

SOURCE TEXT	TARGET TEXT
Bucear en la ría. ¿Te gusta el *submarinismo*? La *ría de Vigo* esconde tesoros de otros tiempos bajo sus aguas… y también un rico ecosistema. Si quieres conocer la cara sumergida de la ciudad, no pierdas la oportunidad de *bucear en Vigo:* déjate guiar por los fondos de la ría para conocer su fauna submarina, o bien en busca de los restos de naufragios, como los legendarios *galeones de Rande.*	*Diving in the estuary.* Do you like *diving*? The *Vigo estuary* hides treasures of the past in its waters… as well as a rich ecosystem. If you want to explore the submerged side of the city, don't miss the opportunity of *diving in Vigo:* be guided by the estuary's seabed and discover its underwater fauna, or search for shipwrecks, like the legendary *Rande galleons.*

Comment: Apart from some basic errors regarding the use of capital letters, the use of "like" instead of "such as", more formal, or the use of "estuary" commented in the previous example, the reader might find confusing or even exciting the fact that there is a part of the city which is underwater. The literal translation does not cope with the metaphor or image meant to enhance the style of the text. A suggested version could be "discover the underwater world of the city of Vigo". Also, a brief description of the Rande Galleon legend might be needed here.

Example number three describes one of Vigo's leisure streets as part of the "10 calles imprescindibles" link.

SOURCE TEXT	TARGET TEXT
Montero Ríos. Si buscas una calle en el centro en la que disfrutar del aperitivo, pasear junto al Puerto o tomar un cóctel en una noche de verano, visita *Montero Ríos.* Flanqueada por un agradable jardín junto al puerto, esta avenida repleta de terrazas une As Avenidas con la Praza da Estrela. Aprovecha el paseo para visitar el conjunto escultórico del *Nadador,* cuyas dos piezas se disponen muy cerca de esta calle, y la singular escultura de *Julio Verne en Vigo,* que imaginó a sus personajes en nuestra ciudad.	*Montero Ríos.* If you're looking for a street in the centre to enjoy an aperitif, stroll along the harbour or have a cocktail on a summer night, *Montero Ríos* is the Place. Flanked by a lovely garden next to the port, this avenue joins As Avenidas with Praza da Estrela and is full of terraces. While you're in the area, stop by the sculpture of the *Nadador,* whose two parts are very close to this street, and the unique sculpture of *Jules Verne in Vigo,* who placed some his characters in our city.

Comment: Style has been overlooked in this paragraph. An example of this can be found in the clause "full of terraces" which post-tourists would find more attractive and even exotic with a translation such as "dotted with cafes".

A literal translation imitates the source text "muy cerca de esta calle" which could be linguistically compressed by using "nearby" as a practical solution. As a paradox, the excerpt "Jules Verne in Vigo, who placed some his characters in our city" could have kept the same verb as in the source text, implying how Verne used his literary skills to create his masterpieces. The omission of the right preposition in this same clause proves that the translation needs to be proofread as well.

Example number four is meant to invite post-tourists to a typical Galician tavern. This extract has been retrieved from the link "10 experiencias gastronómicas imprescindibles".

SOURCE TEXT	TARGET TEXT
Ir a un "furancho". Si vienes a Vigo en temporada de *furanchos,* esa visita es *imprescindible*. No dejes de *ir a un furancho en Vigo* a probar el vino joven del año. Los propietarios suelen acompañarlo de fabulosas *tapas caseras,* las más tradicionales de productos de matanza y también empanadas. En los barrios de Vigo hay varios furanchos, donde te sentirás como en una auténtica taberna rural gallega, de ambiente familiar y distendido, por la que no ha pasado el tiempo.	*Going to a "furancho"*. If you come to Vigo during *furanchos* season, a visit to one of them is a real *must*. Be sure to go to a *furancho in Vigo* to sample the year's young wine. The owners usually accompany the wine with delicious *homemade tapas,* made with traditional pig slaughter products, as well as pies. Vigo's neighbourhoods have several *furanchos,* where you will feel like in a real Galician rural tavern, with a relaxed, timeless family atmospehere.

Comment: Unfortunately, the main functions of this tourist text (informative + appelative) have not been fulfilled since the English reader might only be able to guess what a "furancho" is at the very end of his/her reading. Also, some amplification and restructuring of the text would have eased its comprehension once space restrictions had been surmounted. In addition, the need to include correct article usage is added to the cultural reference "productos de matanza" "distastefully" translated as "pig slaughter products" with all its English negative connotations.

4. Conclusions

Four examples from each of the links dicussed in this paper reveal how cultural obstacles have been overlooked while carrying out the translation of this website. Furthermore, other difficulties limit the English reader's capacity to understand the information provided online. Several errors have been found which correspond to the categories defined by Durán Muñoz (2012: 339) ("Grammar and spelling, lexis and semantic, pragmatics and discourse, omissions, repetitions and additions") implying a lack of nativeness which would probably not arouse the post-tourist's curiosity and interest in visiting Vigo due to the difficulty to understand these Four Essentials.

Surprisingly, certain culture-specific elements which could be left untranslated to catch the attention of the post-tourist have been transferred into English, as for example: "Ría" > "estuary", "Casco Vello" > "Vigo's Old Town", "Pulpo a feira" > "Octopus" "á feira", something highly detrimental for identifying the places while going around the city or ordering this food should the post-tourist decide to come.

In the need to improve the English version of this web page, a letter has recently been sent to the Town Hall of Vigo which may allow further fluent communication between this institution and the Translation and Interpreting Department of the Universidade de Vigo favoring future collaboration in the production of a high quality tourist site.

For this reason, it seems that the skopos of this website – attracting tourists to Vigo – has not been accomplished, demanding a new version of this site into English in which the correct use of the language will reflect the commitment, responsibility and will to offer high quality services to tourists and post-tourists.

References

Acerenza, M. (2010). *Conceptos, tipos y modalidades de turismo VII. Posturismo*. Retrieved, 2014, April 14, from Portal de América. Periodismo de turismo en las tres Américas: <www.portaldeamerica.com/index.php/columnistas/miguel-angel-acerenza/item/2506-conceptos-tipos-y-modalidades-de-turismo-vii-posturismo>.

Agorni, M. (2012). Tourism communication: the translator's responsibility in the translation of cultural difference. *Pasos,* 10(4), 5–11. Retrieved from <www.redalyc.org/articulo.oa?id=88123115002>.

Durán, I. (2012). Analysing Common Mistakes in Translations of Tourist Texts (Spanish, English and German). *Onomázein,* 26, 335–349. Retrieved from <dialnet.unirioja.es/servlet/articulo?codigo=4419765>.

Fondo Europeo de Desarrollo Regional de la UE, Ministerio de Industria, Turismo y Comercio, Instituto de Turismo de España, Xunta de Galicia, Concello de Vigo. (n.d.). *Turismo de Vigo*. Retrieved from <www.turismodevigo.org>.

Fondo Europeo de Desarrollo Regional de la UE, Ministerio de Industria, Turismo y Comercio, Instituto de Turismo de España, Xunta de Galicia, Concello de Vigo. (n.d.). *Estadísticas de turismo en Vigo*. Retrieved from <www.turismodevigo.org>.

Hurtado, A. (2001). *Traducción y traductología. Introducción a la traductología.* Madrid: Cátedra.

Instituto de Estudios Turísticos de Galicia, Área de Estudos e Investigación. (2014, March 21). *Coxuntura Turística en Galicia. Ocupación en establecementos regrados ano 2013*. Retrieved from <www.ietgalicia.com/portal/docs/documentacion_vinculada/ir2083.pdf>.

Instituto de Estudios Turísticos de Galicia, Área de Estudos e Investigación. (2014, April 1). *Coxuntura Turística en Galicia. Ocupación en establecementos regrados febrero 2014*. Retrieved from <www.ietgalicia.com/portal/docs/documentacion_vinculada/ir2095.pdf>.

Kelly, D. (1997). The Translation of Texts from the Tourist Sector: Textual Conventions, Cultural Distance and Other Constraints. *Trans,* 2, 33–42. Retrieved from <www.trans.uma.es/Trans_2/t2_33_42_DKelly.pdf>.

Marca España. (n.d.). *España, potencia turística mundial.* Retrieved from <marcaespana.es/es/economia-empresa/turismo/destacados/94/espanya-potencia-turistica-mundial>.

Nord, C. (1997). *Translating as a Purposeful Activity. Functionalist Approaches Explained.* Manchester: St. Jerome.

Sanning, H. (2010). Lost and Found in Translation Tourist Texts. Domesticating, Foreignising or Neutralising Approach. *The Journal of Specialised Translation,* 13, 124–137. Retrieved from <www.jostrans.org/issue13/art_sanning.php>.

Soto, J. (2013). La traducción de términos culturales en el contexto turístico español-inglés: recepción real en usuarios anglófonos. *Quaderns,* 20, 235–250. Retrieved from <ddd.uab.cat/pub/quaderns/quaderns_a2013n20/quaderns_a2013n20p235.pdf>.

Suau, F. (2010). *La traducción especializada (en inglés y español en géneros de economía y empresa).* Madrid: Arco Libros.

Terestyényi, E. (2011). Translating Culture-specific Items in Tourism Brochures. *Skase Journal of Translation and Interpretation,* 5(2), 13–22. Retrieved from <www.skase.sk/Volumes/JTI06/pdf_doc/02.pdf>.

Tourism. (2014). In *Merriam-Webster.com.* Retrieved May 19, 2014, from <www.merriam-webster.com/dictionary/tourism>.

Tymoczko, M. (2007). *Enlarging Translation, Empowering Translators*. Manchester: St. Jerome.

Urry, J. (1990). The Tourist Gaze: Leisure and Travel in Contemporary Societies. London: Sage Publications.

La traducción/comercialización de la *chambre d'hôtes* y de la *table d'hôtes*: por una necesaria transparencia para que la oferta funcione

ÁNGELA FLORES GARCÍA
Universidad de Salamanca <angela@usal.es>

Accommodation is an essential component of trade in tourist services. From the sociological and communication point of view of tourism, we will focus on the difficulty of translating the term *chambre d'hôtes,* a traditional type of accommodation which is widely extended in France. A brief overview of different lexicographic and textual resources commonly used by translators will show the misunderstandings when translating *chambre d'hôtes* and *table d'hôtes* into Spanish. There can be a negative economic impact due to the lack of professionalism of translators: potential customers will not be able to correctly interpret translations and will hesitate whether or not to book the accommodation. This means that French products may not be sold in the Spanish speaking market. The aim of this paper is to show how translators can understand tourism texts and use documentation resources in order to translate tourism texts in general. We will also try to show how some basic principles of reflection can help produce a translation that meets the expectations of truth and transparency.

Keywords: tourism translation, chambre d'hôtes, table d'hôtes.

El alojamiento es un componente indispensable en la comercialización de servicios turísticos. Partiendo de un enfoque sociológico y comunicacional del fenómeno del turismo, nos centraremos en una dificultad de traducción muy concreta: *chambre d'hôtes,* un tipo de alojamiento de larga tradición en Francia, muy extendido en el territorio francés y de gran aceptación debido, entre otros motivos, a la tendencia actual a multiplicar y acortar los tiempos vacacionales. Un breve recorrido por diferentes fuentes lexicográficas y textuales, normalmente las más utilizadas por el traductor en formación, nos permitirá comprobar la confusión que existe a la hora de traducir al español *chambre d'hôtes* y *table d'hôtes,* oferta de restauración que puede ir asociado o no a la *chambre d'hôtes*. El impacto negativo que esta falta de rigor traductológico puede tener sobre el cliente potencial es fácilmente imaginable: el hipotético lector del texto, un turista cada vez más exigente, descontento porque no se le dan las claves para poder interpretar con su configuración lingüística y cultural el tipo de alojamiento del que se trata, dudará sobre su contratación, lo que nos lleva finalmente a un impacto económico negativo. La traducción habrá fracasado en su función frente al turista y también, por supuesto, frente al cliente que encargó la traducción, puesto que ésta no habrá contribuido a vender el producto en el mercado hispanohablante. Nuestro objetivo será, por consiguiente, establecer un itinerario de interpretación y unas vías de documentación adecuadas y generalizables para abordar la traducción en el ámbito del turismo. Intentaremos mostrar en última instancia cómo unos principios básicos de reflexión y de actuación ayudarán a producir una traducción que responda a las expectativas de veracidad y de transparencia, criterios de calidad en turismo, y que sin duda deben servir de referencia en la práctica de la traducción para el turismo.

Palabras clave: traducción, turismo, chambre d'hôtes, table d'hôtes.

1. Introducción

El presente trabajo se enmarca dentro de la formación de traductores para el ámbito del turismo. El objetivo último de este artículo será mostrar un marco de reflexión y un itinerario de actuación acorde a este contexto comunicativo concreto.

Nuestra propuesta de actividad consistiría en la traducción de textos-oferta de *chambre d'hôtes* en Internet para un público destinatario hispanohablante, y se justificaría por varias razones.

En primer lugar, la *chambre d'hôtes* representa una fórmula de alojamiento turístico muy asentada ya en Francia y que tendría posibilidades de ampliar cuota de mercado entre los turistas españoles que buscan un determinado tipo de turismo, más independiente, más lento, más en contacto con la naturaleza y la cultura locales.

En segundo lugar, *chambre d'hôtes* y *table d'hôtes,* servicio de restauración que puede ir asociado a la *chambre d'hôtes,* responde a una realidad cultural desconocida en España, por lo que se presenta como una dificultad de traducción que merece una atención particular porque no tiene una correspondencia paralela en la realidad española.

2. La oferta de *chambre d'hôtes* y su traducción

En Francia, se trata de un recurso de alojamiento muy arraigado y muy utilizado para vacaciones cortas; su oferta se canaliza a través de numerosos sitios web. En la selección de los textos podríamos acudir a fuentes distintas: una web oficial de turismo en Francia; una web de una marca como *Gîtes de France,* label oficial desde 1951 para alquileres vacacionales, una guía, un anuario, una oferta particular, etc. Uno u otro contexto no es indiferente porque serán más o menos largos, fijos o flexibles; original y traducción se apoyarán más o menos en un paratexto común, etc. Como estructura frecuente de contenidos, podemos, sin embargo, señalar los siguientes:

- Una presentación de la casa: la *maison d'hôte,* que acogería *les chambres d'hôtes,* puede ubicarse en *un domaine, un manoir, une ferme, un château, une gentilhommière,* etc., términos no exentos de dificultad traductológica, porque tampoco hay una correspondencia exacta en la representación de un *château* francés y un *castillo* español, por ejemplo.
- Una presentación del entorno: *« Avre » de paix au confluent de la Normandie et du Perche, ce charmant manoir anglo-normand du XIXème vous invite à savourer le calme de la campagne ou à découvrir les trésors du terroir. Christine et Thierry vous accueilleront en toute convivialité et partageront avec vous leur passion pour ce « pays des petites vacances toute l'année » – Le Pays d'Avre. Situées au deuxième étage, toutes nos chambres d'hôtes offrent une vue sur le parc boisé…* (<www.manoirlesperdrix.fr>).
- Una presentación, a menudo muy detallada, de cada una de las habitaciones: *D'inspiration mauresque, la chambre Zellige comblera votre désir d'évasion... Ses meubles en tadelakt crême, ses vasques habillées de mosaïque [...] sont autant de signes d'un art de vivre différent qui, nous l'espérons, vous séduira pleinement. Anciennes écuries du Domaine, la chambre Zellige est spacieuse et restaurée dans un esprit résolument original.* (<www.leclossaintsaourde.com/chambre-beaulieu>).
- Los servicios (complementarios): desayuno, *table d'hôtes. Les petits déjeuners, moment convivial, servis à base de produits locaux et de saison, et la table d'hôte (sur réservation) pour déguster les poissons, crustacés, légumes de saison, etc.* (<www.manoirlesperdrix.fr>).
- Actividades posibles en el lugar (*sur lieu*) y en la zona (*dans les alentours*).
- Las tarifas, condiciones de reserva y pago, indicaciones sobre cómo llegar y otras informaciones prácticas de interés.

Si seguimos al traductor en formación en sus procedimientos, probablemente acuda en primer lugar a fuentes lexicográficas con la intención de encontrar "una equivalencia aceptada" para *chambre d'hôtes.* El cuadro siguiente presenta las más consultadas por nuestros estudiantes ante una dificultad lexical y las opciones de traducción que éstas proponen para *chambre d'hôtes* y *table d'hôtes*:

Fuente	*Término*	*Equivalencias*
Reverso	chambre d'hôtes	habitación de huéspedes
	table d'hôtes	menú / plato del día
Larousse bilingüe	chambre d'hôtes	cuarto de huéspedes que se alquila
	table d'hôtes	no lo recoge
Sensagent	chambre d'hôtes	reenvía a la definición de Wikipedia
	table d'hôtes	menú fijo
Memorias de traducción Linguee	chambre d'hôtes	habitación de huéspedes B&B posada rural habitaciones de huéspedes hostería habitación de invitados habitaciones en casas rurales posada
	table d'hôtes	mesa de huésped mesa de hospedaje mesa redonda menú del día
Wordreference (Foro)	chambre d'hôtes El diccionario no da equivalencia y nos remite al foro. Un hilo iniciado con una consulta del 9/1/2007 pregunta por las equivalencias francés-español respecto a los alojamientos rurales, chambres d'hôtes, gîtes, etc.	Una de las respuestas dice: "parece claro que la equivalencia de *gîte* es casa rural, pero cuando hablamos de *chambre d'hôtes* la cosa se lía, porque *cuarto de huéspedes,* que sería una traducción correcta, no lo encuentras en las guías de agroturismo y a mí me suena a esas habitaciones que se alquilaban a estudiantes u otros para los que la patrona cocinaba y tal y olían a col… Si existe equivalencia de prestaciones, podrían ponerse de acuerdo en la nomenclatura los gurús de la EU, no?"
	table d'hôtes	Los diferentes usuarios reconocen la dificultad para responder a la consulta, pero resumiendo: lo que algún usuario propone con mayor claridad es *habitación de invitados* y *mesa para huéspedes* o *menú del día* para *table d'hôtes.*

Es seguro que también se preocupará por buscar textos paralelos en español con el fin de ver cómo se ha traducido realmente en el mercado. Se encontrará entonces con todas las variantes que acabamos de registrar y alguna más, con lo que la sensación de inseguridad se asentará aún más en el traductor aprendiz.

Como equivalencia más frecuente encontramos el calco *cuarto/habitación de huéspedes,* que planteará probablemente interrogantes al lector porque no le remite a una categoría de alojamiento turístico reconocida por él; o peor aún, le remite a una forma de alojamiento que no corresponde en absoluto a lo que él busca o necesita, como ocurre con la propuesta *hostales/pensiones* u *hoteles rurales,* que encontramos en algunas versiones españolas de Tripadvisor.

El cliente necesita la información para tomar una decisión de compra, pero si no percibe con claridad las características del producto, si no se le da lo necesario para interpretar correctamente la imagen que proyecta el producto, máxime tratándose de turismo, un mercado de productos intangibles (Mediano, 2004: 162), la traducción no será ni eficaz ni rentable.

Encontrar una traducción adecuada para la expresión *chambre d'hôtes* será importante porque actuará como buscador, como categoría identificadora del tipo de alojamiento y catalizará de alguna manera el sentido global del texto. Sin embargo, la traducción nunca es sólo cuestión de equivalencias, y más que un simple y mecánico proceso de transmisión de información entre dos polos es un proceso complejo de interacción, que incluye la continua interpretación de intenciones expresadas en el original y que han de ser recreadas teniendo en cuenta el contexto cognitivo y social de otro grupo cultural de lectores.

3. Un itinerario de reflexión

3.1 Turismo, turistas y comunicación

El turismo es un fenómeno económico y social basado en la comunicación. En este contexto la comunicación ha de estar presidida por la inquietud de conocer al público destinatario de la oferta turística y adaptarla en forma y contenidos. En el caso de que se trate de una traducción, forma particular de comunicación, tener en cuenta esta premisa será la mejor manera de responder a los intereses de quien encarga la traducción (cliente del traductor) y a las necesidades y expectativas del lector de su traducción: un texto que mantendrá la función principal del original (atraer, vender), pero que va a va a funcionar de forma independiente. En palabras de Ricoeur (2004), "traduire c'est servir deux maîtres: l'étranger dans son œuvre, le lecteur dans son désir d'appropriation".

En el sector turístico, se habla de *marketing relacional,* centrado en el valor-cliente, lo que éste percibe y desea. Es indiscutible que hay que establecer una relación de "empatía" con el perfil del turista-destinatario, anclado en un contexto lingüístico y cultural concreto. Hay que cautivarlo en su propio idioma para que tenga acceso a toda la información que necesite, para que, ya en destino, disfrute de su estancia y tenga ganas de repetir la experiencia. Ahora bien, los diferentes grupos (lingüísticos, sociales, profesionales, etc.) no tienen las mismas representaciones ni el mismo sistema de valores, las mismas expectativas e intereses a la hora de programar un viaje de placer, con lo que habrá que confiar en la capacidad de interpretación del traductor, su conocimiento de ambos sistemas (lingüísticos, culturales, ideológicos, etc.) y en su competencia para reconstruir en lo necesario los entornos a los que se hace referencia en el original.

En el ámbito del turismo, el discurso se mueve en dos esferas de significación: la esfera de la veracidad y la esfera de la creatividad. El texto promocional o texto-oferta suele presentar, por un lado, un componente de veracidad, como son los datos sobre los servicios, las condiciones de la reserva, tarifas, horarios, etc. que exigen un traslado riguroso, completo y preciso en la traducción; y, por otro lado, un componente "de ensueño", que busca desarrollar el valor emocional: dar a ver, a sentir, etc., y que requerirá creatividad tanto en la redacción del original como en la traducción. El lector espera también esa información que le ayudará a "ver", a "vivir de antemano" esa experiencia de futuro. El discurso interviene en el mundo y lo modifica.

Parece que lo que realmente mueve al consumidor, lo que hace que se decante por un destino y no por otro, por una modalidad de alojamiento y no por otra, es lo que espera encontrar en él o en ella, las vivencias que cree que va a tener dependiendo de la alternativa que elija. La experiencia placentera que todos relacionamos con el período de vacaciones, y que muchos autores identifican con el cambio, la ruptura con lo cotidiano (Urry, 2004), comienza realmente con su preparación, cuando acudimos a los diferentes soportes que nos presentan el destino para obtener información sobre el lugar, qué podremos hacer allí, de qué podremos disfrutar, etc. Es decir, el "sueño" del viaje comienza a fraguarse en el espacio textual. El texto turístico debe tener el poder de transportar al lector, conseguir que su lectura sea una experiencia previa del viaje. La comunicación no es un simple intercambio de información; implica también ser capaz de trasladar emociones.

En términos de marketing hablaríamos de dos tipos de información en un texto turístico: la información "necesaria" y la información "decisiva" (Ortega Martínez y Rodríguez Herráez, 2005). Aplicado a la traducción y al caso que nos ocupa, el traductor ha de encontrar, por una parte, una denominación de *chambre d'hôtes* que transmita con claridad de qué tipo de alojamiento se trata; el turista, un consumidor cada vez más conocedor, más autónomo y más exigente, quiere saber lo que compra. La información decisiva será esa otra información que ayudará a dar todo su sentido a *chambre d'hôtes,* a proyectar la imagen que el término contiene, factor clave en el comportamiento del turista (González Morante *et al.,* 2005).

Al traducir, damos forma, representamos algo. Ahora bien, para poder representar, debemos conocer en profundidad qué es y qué representa la *chambre d'hôtes* en la lengua y cultura francesas, puesto que el significado de una palabra está social y culturalmente construido a lo largo de la historia.

3.2 Interpretar la coherencia global

Antes de buscar una "equivalencia" que funcione para *chambre d'hôtes (table d'hôtes),* el traductor ha de adentrarse en la significación global para conocer realmente en qué consiste, cuáles son sus características, qué la distingue de otros tipos de alojamiento (su posicionamiento como producto) para poder restituir en la traducción la fuerza ilocutiva implícita en el texto original y toda la representación semántica.

Con ese fin, se pueden proponer cuatro vías de documentación, útiles y generalizables como fuentes de consulta en la traducción comercial, a la que sin duda pertenece también la traducción turística:

3.2.1 Vía temática o conceptual-nocional

Aquí se encontrarían textos que nos ofrecerán definiciones y otras informaciones explicativas. Es absolutamente necesario consultar un diccionario monolingüe que precise el contexto de uso y contenga ejemplos.

Wikipedia, muy utilizada como herramienta de consulta, y útil siempre que no se le conceda una confianza ciega, ofrece una definición clara y veraz en su versión en francés: "Les chambres d'hôtes sont des chambres meublées situées chez l'habitant en vue d'accueillir des touristes, à titre onéreux, pour une ou plusieurs nuitées, assorties de prestations". La versión en español de este artículo ofrece sin embargo la definición siguiente: "el *Bed and Breakfast* o en su forma abreviada, *B&B,* es un establecimiento hotelero que ofrece precios moderados". La expresión inglesa, traducida como *pensión con desayuno,* no se corresponde totalmente con la imagen y el sentido de *chambre d'hôtes,* como mostramos a continuación.

Por otra parte, y como complemento, acudir a la consulta de fotografías resulta en general de gran ayuda en la traducción del turismo para ayudarnos a ver lo que es para nosotros y comprender lo que "evoca" o suscita una palabra que no tiene correspondencia en la lengua de destino.

3.2.2 Vía legislativa o institucional

Los textos legislativos, cuya función es definir y hacer transparente toda actividad o producto comercial, serán fundamentales para la comprensión del concepto (*Decret n° 2007–1173 du 3 août 2007 relatif aux chambres d'hôtes et modifiant le code du tourisme).* Los documentos reglamentarios elaborados para este sector empresarial serán igualmente vías fiables y directas de acceso al conocimiento de la realidad que nos ocupa, como el que encontramos en <www.artisanat-commerce-tourisme.gouv.fr/files/tr-23122013-132524.pdf>. Su consulta nos permite calibrar mejor el producto, representarlo mentalmente, situarlo con respecto a sus características porque se habla de las condiciones que debe reunir para poder acogerse al régimen de las *chambre d'hôtes.*

3.2.3 Vía profesional

Las asociaciones, federaciones y redes oficiales de alquileres vacacionales (no hoteleros) nos van a guiar de manera más extensa y concreta en las características de esta forma de alojamiento. Existen cuatro labels oficiales de *chambres d'hôtes* reconocidos por el Ministerio de Turismo francés, a los que podemos acudir para documentarnos: Gîtes de France <es.gites-de-france.com>, Clévacance <www.clevacances.com/fr>, Accueil Paysan <www.accueil-paysan.com/fr> y Fleurs de Soleil <fleursdesoleil.fr>, que destaca tres rasgos para la *chambre d'hôtes*: "les bonnes conditions d'environnement et de confort; les hôtes habitent la maison, leurs chambres reflètent leur personnalité; l'accent est mis sur la chaleur de l'accueil et le temps consacré aux visiteurs".

Publicaciones del sector para profesionales, como *Accueillir Magazine* <www.accueillir-magazine.com>, dirigida a propietarios de *chambre d'hôtes* o que quieran iniciar esta andadura, aunque se presenta como "1er site international pour les passionnés des chambres d'hôtes", en general. Fuente muy precisa para profundizar en el conocimiento de la *chambre d'hôtes* como actividad profesional.

3.2.4 Las redes sociales

El turismo 2.0 se caracteriza por la participación del usuario a través de su opinión, sugerencias y comentarios de los productos y servicios turísticos, compartiendo esta información a través de foros, vídeos, fotos, blogs, hasta formar un contenido que puede influir en otros clientes potenciales a la hora de decidir destinos, actividades, etc. Así, Bernardo Caballero, vocal asesor de la Dirección General de Turespaña, afima que "antes, la opinión la generaban las marcas; ahora, los usuarios", (*Amadeus,* 30, mayo de 2014, p. 26). La consulta de las redes sociales, su estudio, es cada vez más concluyente para conocer tendencias y expectativas del turista consumidor, de forma que el análisis de estos contextos viene a ser determinante también para el traductor.

Viaje, fotografías y relato (oral o escrito) parecen indisociables. Las redes sociales son actualmente una plataforma extraordinaria para recordar y compartir la experiencia. Los contenidos volcados en la red dotan de corporeidad y cercanía al producto turístico. "Cada viajero recuerda las cosas simples pero significativas y diferenciadoras para él", declaraba M.ª Victoria Rodríguez, de Diarioviajero.com en el último Congreso Nacional de Turismo Rural (Ávila, 6 y 7 de julio de 2013). Los usuarios españoles que hablan de su experiencia en *chambres d'hôtes* suelen destacar la atención de los propietarios, la comida casera que se puede degustar en compañía de los clientes y el detalle en la decoración.

De esta forma, obtenemos una serie de características para este tipo de alojamiento, de las que podríamos destacar las siguientes:

- Se distingue del alojamiento hotelero. Se trata de alojamiento de alquiler o extrahotelero.
- Suele contextualizarse en medio rural. Inicialmente fue así, pero actualmente el mercado se diversifica y se habla de *chambre d'hôtes en ville,* lo cual crea una mayor confusión a la hora de comprender el concepto.
- Se distingue de *gîte* (casa rural) porque no se trata del alquiler de la casa completa o parcial; se trata de alquiler de habitaciones por noches en casas particulares (*chez l'habitant*), el propietario vive en la casa y se ocupa de atender al cliente (*hôte*). Se habla de posibilidad de *table d'hôtes* cuando el propietario complementa el servicio de alojamiento y desayuno con una comida o cena con productos de calidad, de la tierra. Así, son frecuentes colocaciones como *table d'hôtes gourmande/gastronomique*. Normalmente el cliente debe reservarlo con antelación.
- El espíritu que define este tipo de alojamiento queda significado por términos-clave, como *convivialité, authenticité, accueil, personnalisation,* valores reivindicados recurrentemente por este tipo de establecimientos y valor añadido que ofrecen; es decir, una atención personalizada, cercana, de los propietarios; la posibilidad de relacionarse con ellos, si se desea. De ahí la función determinante de *hôte,* que relacionamos con *acoger.* Una gran mayoría de textos-oferta de *chambre d'hôtes* se presenta bajo el nombre de pila de sus propietarios. Otro hecho reseñable en este mismo sentido es que las habitaciones suelen tener un nombre propio que suele ser evocador de olores, de sensaciones (*safran, marine, fushia, tournesol, violette,* etc.), en muchas ocasiones en ruptura con el entorno urbano, rutinario, del lugar de origen del visitante. A ese mismo efecto de arraigo emocional, diríamos, contribuyen las alusiones a una decoración diferenciadora de una atmósfera, que a menudo remite a otros espacios, a otro tiempo. Toda una representación que vehicula un cierto imaginario.

Estos valores, reconstruidos por el discurso, distinguen la *chambre d'hôtes* del *B&B* (cama y desayuno), de origen británico. En muchas traducciones se opta por este extranjerismo, indicativo de alojamiento barato, como equivalencia aceptada de *chambre d'hôtes.* Puede ser un apoyo a la comprensión, pero no designará el concepto francés en toda su extensión, en su particularidad; el precio no es lo determinante para la elección de la *chambre d'hôtes.*

4. Valoración de opciones de traducción. El traductor, creador de significados

Una vez obtenido el sentido global tejido entre los diferentes elementos textuales del original y de las diferentes fuentes y habiéndose observado una cierta relación con el turismo en entornos rurales, el traductor puede pensar en acudir a los textos que legislan el alojamiento del turismo rural en España. Pero esta búsqueda tampoco será determinante para resolver esta dificultad puntual; todo lo contrario.

En España, la normativa que regula el alojamiento rural no está centralizada ni armonizada. Hay una total confusión en las denominaciones del alojamiento. Tampoco hay un criterio unificado de estándares de clasificación por categorías, lo que confunde ya al turista español y perjudica la comercialización hacia el extranjero.

Asociaciones como la Asociación Española de Turismo Rural (Asetur) o la Red Andaluza de Alojamientos Rurales (RAAR), una de las pioneras y de mayor consolidación en la gestión y comercialización del turismo rural en España, ofrecen las diferentes tipologías en las distintas comunidades y no encontramos ninguna categoría oficial que se corresponda exactamente con la *chambre d'hôtes* porque no son exactamente *casas rurales* (compartidas) ni *hoteles rurales con encanto.*

Podemos entender el uso de denominaciones que conserven el término clave *huésped,* que parecen funcionar más o menos con el mismo efecto en español: *casa de huéspedes, habitaciones/cuartos de huéspedes* "parecen" tener menos que ver con lo mercantil y transmitir ese espíritu de *convivialité* y de *personnalisation;* diferentes contextos en español utilizan el término *anfitrión* para el *propietario.*

Sin embargo, parece pertinente optar por la formulación: *(alquiler de) habitaciones en casas particulares,* que encontramos en algunos textos y que algunos blogueros españoles utilizan. Ciertamente, *alquiler de habitaciones en casas particulares,* en principio, no opera por sí sólo como capital simbólico reconocible por el cliente español, pero sí funciona como categoría identificadora, clara, del tipo de alojamiento.

No obstante, sería necesario también dotar a estas denominaciones de una mayor transparencia, dándoles un apoyo descriptivo en el texto (la información decisiva), sobre todo para las menos cercanas culturalmente, como para *table d'hôtes*. Sería necesaria una reformulación adaptada que aportara información (si el texto original no lo hace) sobre el hecho de que es una comida compartida con otros huéspedes o con los propietarios alrededor de una única mesa; que se trata de productos regionales, frescos, etc., para distinguirla de la media pensión, de un menú fijo sin más. Esta sería la información decisiva de la que hablábamos anteriormente. La traducción literal de algunos contextos encontrados en diferentes textos fuente servirían: "(Astrid) vous propose ses spécialités [...] boissons incluses dans une ambiance conviviale et gaie. Les menus sont composés autant que possible de produits de saison et du terroir / L'espace d'une soirée, vous pourrez également goûter aux spécialités régionales cuisinées avec des produits locaux", y otros tantos contextos que pueden servirnos de apoyo para la redacción de contenidos adaptados.

5. Una última reflexión

A modo de conclusión, solamente lanzaremos una última reflexión. Está claro que la calidad de la traducción es de interés tanto para la industria del turismo como para los estudiantes que se vean profesionalmente involucrados en el sector. En este sentido, de algo servirá que desde este sector se empiece a constatar que los errores de traducción cuestan dinero. Recientemente *Le Quotidien du Tourisme* (7/05/20214), revista profesional, anunciaba que los errores de traducción cuestan 120 millones de euros cada año al e-turismo. Sin embargo, una traducción de calidad no es sólo una traducción sin errores.

Referencias

Brunet, Icart, I., & Alarcón, A. (2006). Calidad y autenticidad del turismo rural. *Estudios Turísticos,* 168, 99–122.

García Henche, B. (2005). Características diferenciales del producto turismo rural. *Cuadernos de Turismo,* 15, 113–133.

Gile, D. (2005). *La traduction. La comprendre. L'apprendre.* Paris: PUF.

González Morante, A.; Sánchez García, I., & Sanz Blas, S. (2005). La imagen como factor clave del comportamiento del turista. *Estudios Turísticos,* 165, 57–75.

Mediano, L. (2004). *La gestión del marketing en el turismo rural.* Madrid: Pearson.

Ortega Martínez, E., & Rodríguez Herráez, B. (2005). Importancia de la comunicación en los destinos turísticos internacionales: la percepción de los turistas extranjeros en los destinos españoles. *Cuadernos de Turismo,* 15, 169–188.

Reguero Oxinalde, M. (1994). *Ecoturismo. Nuevas formas de turismo.* Barcelona: Bosch turismo.

Ricoeur, P. (2004). *Sur la traduction.* Paris: Bayard.

Urry, J. (2004). *La mirada del turista.* Lima: Universidad de San Martín de Porres.

Aproximación a un análisis contrastivo de las estrategias persuasivas de implicación emocional en el lenguaje publicitario en prensa escrita en alemán y en español

Marta Panadés Guerrero
Universitat de Barcelona <martapanades@ub.edu>

Once the importance of the strategic use of emotionality in the formulation of advertising has been confirmed from different fields, such as Linguistics, Consumer Psychology and Advertising Communication, this study focuses on the way emotional aspects appear on a formal level in the verbal part of press advertisements both in German and Spanish. To that end, the categories resulting from a previous quantitative analysis of the German corpus have been used to study their presence in a qualitative analysis in German and Spanish advertising texts. These categories have been classified according to the existing attachment between the interlocutors (proximity or distance) or to the use of empathy. The politeness theory and its adaptation to the peculiarities of the German language (maxim of quality) have been considered in order to highlight the difficulties the translation into Spanish (maxim of deference) can involve. Likewise, a qualitative analysis of advertisements appeared in the Spanish press has been carried out using the same indicators in order to compare results in both corpora. These analysis conclusions have helped determine the role of emotional aspects in this type of communication, as well as their differences/concordances in their use in both cultural environments. Furthermore, since advertising makes up a meaningful resource to establish a relationship between language and persuasion, an analysis focused on persuasive/emotional strategies in the production and translation of advertising language not only can be transferred into a social level, but also emphasizes the emotional dimension in advertising, a key sector in the economy.

Keywords: advertising texts, contrastive analysis German-Spanish, emotionality, politeness theory, maxim of quality, maxim of deference.

Una vez comprobada la relevancia del uso estratégico de la emocionalidad en la formulación del mensaje publicitario desde diferentes disciplinas como la perspectiva lingüística, la psicología del consumo y la comunicación publicitaria, en la presente comunicación se analizan, en un nivel formal, sus recursos lingüísticos expresados en la parte verbal de anuncios publicitarios en prensa escrita, tanto en alemán como en español. Para ello, a partir de un primer análisis cualitativo del corpus en alemán, se han identificado y codificado una serie de indicadores, clasificados posteriormente según el vínculo existente entre los interlocutores (de proximidad o distancia) o el uso de la empatía. Entre otros, se ha considerado la teoría de la cortesía, ajustándola a las particularidades y características de las dos culturas a las que pertenecen los corpora analizados, donde impera la máxima de calidad en el caso del alemán y la máxima de deferencia hacia el interlocutor en el caso del español. Por tanto, este aspecto cobra especial relevancia puesto que su adaptación/traducción puede presentar dificultades. Asimismo, teniendo en cuenta los mismos indicadores, se ha realizado un segundo análisis cualitativo de los textos-anuncio, en este caso de los aparecidos en prensa escrita en español, para poder así contrastar si se utilizan los mismos recursos estilísticos en los dos tipos de prensa. Las conclusiones del análisis han ayudado a determinar el papel de los aspectos emocionales en este tipo de comunicación, así como las diferencias/coincidencias en su utilización en ambos entornos culturales. Además, puesto que los anuncios publicitarios constituyen un recurso significativo para establecer relaciones entre lenguaje y persuasión, los resultados no solo se pueden extrapolar en un nivel social, sino que también ponen de relieve la dimensión emocional en un sector clave de la economía como es la publicidad.

Palabras clave: textos publicitarios, análisis contrastivo alemán-español, emocionalidad, teoría de la cortesía, máxima de calidad, máxima de deferencia.

1. Introducción

Tradicionalmente, desde la perspectiva lingüística la imagen se ha considerado como portadora de evocación y emocionalidad, dejando para la parte verbal la función más racional o informativa (Sowinski, 1998; Ungerer, 2004: 308), esto es, donde se suelen especificar las atribuciones concretas de las características y apariencia de un producto. Sin embargo, cada vez más investigaciones están ofreciendo una visión diferente respecto al tratamiento opuesto entre los conceptos de información y emocionalidad, destacando el rol de los aspectos emocionales, manifestados tanto desde la imagen como desde la parte verbal, en la realización de anuncios publicitarios (Hennecke, 1999; Stöckl, 2004; Rentel, 2013).

Asimismo, desde otras disciplinas, como la psicología del consumo, se empezó a investigar a partir de los años 80 el papel de los sentimientos y las emociones en la efectividad de los anuncios publicitarios, confirmando la importancia y complejidad de la relación emoción-publicidad (Edell, 1990: XIV; Puig i Borràs, 2010: 34–39 y 199). Además, en el campo de la comunicación publicitaria también se ha seguido un enfoque similar. Autores como Dmoch (1997) y Kroeber-Riel (2000) han puesto de relevancia, por un lado, un cambio de valores en la presentación del mensaje publicitario, donde se ha incrementado el uso de estrategias más emocionales y empíricas ante mercados saturados con mayor oferta que demanda, y, por otro lado, la inclusión de los valores experienciales y contenidos desarrollados desde una perspectiva emocional con el fin de lograr una publicidad efectiva.

1.1 Hipótesis de trabajo y objetivos

Dejando a un lado la imagen, sobre la que tal y como se ha visto hay un consenso prácticamente unánime respecto a sus funciones relacionales y emocionales, se plantea el interrogante acerca de cómo se manifiesta la emocionalidad en un nivel formal, es decir, mediante sus recursos lingüísticos expresados en la parte verbal. Más concretamente, cabe preguntarse qué papel desempeña el uso estratégico de un aspecto emocional, como es la cortesía lingüística, en la formulación de textos publicitarios en el caso de comunidades de habla diferentes, como son la alemana y la española (Fernández-Villanueva, 2010: 1084). De este modo, el presente estudio se ha centrado en el análisis contrastivo de las referencias a los interlocutores y de las máximas de calidad y de deferencia que rigen ambas culturas respectivamente (House, 2005: 21).

1.2 Diseño metodológico

Para poder dar respuesta al objetivo anteriormente mencionado, se ha considerado fundamental desarrollar un modelo descriptivo que combine las unidades gramático-léxicas y discursivas en las que se apoya la estrategia persuasiva de los anuncios publicitarios, partiendo del marco teórico ofrecido por la lingüística textual y la pragmalingüística. En primer lugar, se han seleccionado los indicadores hallados en el análisis cualitativo del corpus en alemán. A continuación, se ha realizado el mismo tipo de análisis en el corpus en español, y se han comentado las categorías encontradas tanto en un nivel semántico-sintáctico como discursivo. Finalmente, se han destacado las diferencias y/o coincidencias en el uso del mismo recurso estilístico en ambos corpora.

1.3 Corpus

Para llevar a cabo la investigación se han creado dos corpora diferenciados de anuncios gráficos de prensa escrita en lengua alemana y española, procedentes ambos de revistas de actualidad e información general. Para garantizar un mínimo de homogeneidad y representatividad se ha optado por seleccionar los anuncios acotados por un periodo temporal, publicados entre enero de 2000 y diciembre de 2003. En el caso del alemán, los anuncios proceden en su mayoría del semanario *Stern,* y en el caso del español, de la revista *Cambio 16*. Además, para la creación del corpus lingüístico se han adoptado dos restricciones iniciales: una, de tipo temático, determinada por la selección de los anuncios de entre la denominada publicidad comercial; y otra, según el tipo de producto publicitado, con escasas referencias emocionales que puedan propiciar un distanciamiento del evaluador y evitar así asociaciones que distorsionen el análisis.

2. Categorías de análisis de los aspectos emocionales

En primer lugar, es necesario determinar las formas lingüísticas que servirán de indicadores en el presente análisis. En esta línea, cabe mencionar las estrategias de cortesía positiva recogidas por Brown y Levinson (1987: 101ss) y revisadas por Eelen (2001), House (2005) y Fernández-Villanueva (2010), que inciden en aquellos aspectos que acentúan el vínculo entre los interlocutores con el fin de acercar la intención del enunciador a las expectativas del destinatario. Según su función se han clasificado en dos tipos, que tienen en común el objetivo de implicar emocionalmente al destinatario, pero con estrategias diferenciadas: el primer tipo hace referencia a la creación de vínculo entre los interlocutores, que ratifica la identidad social del destinatario; y el segundo, a las estrategias de empatía, que evocan la identidad social deseada.

2.1 Estrategias de creación de vínculo

Este tipo de estrategias estrechan el vínculo entre los interlocutores tanto acercando la intención del enunciador a las expectativas del destinatario e implicándolo emocionalmente (Brown y Levinson 1987: 103ss) como confirmando su identidad social. Dentro de este grupo, se han seleccionado y adaptado a las particularidades de la lengua alemana y española indicadores gramático-léxicos que hacen referencia a las diferentes formas de presentación de los interlocutores (*use of (non)-honorific pronouns*); e indicadores discursivos como el registro (*disglosia, jargon or slang, the inclusive we form, gossip, small talk*).

2.2 Estrategias de empatía

En cuanto a la empatía, también desde la teoría de la cortesía se han seleccionado aquellas categorías que permitan, o bien evocar la identidad social deseada por el destinatario, entendida desde una perspectiva que incluye la experiencia personal, sensaciones o emociones, o bien realizar asociaciones que evoquen directamente esquemas emocionales o comporten una carga connotativa relevante. En este punto cabe recordar de nuevo que es necesario adaptar el modelo universal propuesto por Brown y Levinson (1987) al caso concreto de la lengua y cultura alemana y española, las cuales poseen manifestaciones y características propias. Dentro de esta categoría se han utilizado indicadores de juicios de valor y evaluaciones (subjetiva o moral) con función emotiva tanto por parte del enunciador real como del escenificado, quienes exponen subjetivamente tanto el producto (contenido semántico-referencial) como sus asociaciones. En un nivel gramático-léxico se han destacado indicadores como el tipo de predicado, las partículas modales (*Modalpartikeln,* de Helbig, 1990b) en el caso del alemán y los operadores emotivos, evaluativos e hipotéticos (*intensifying modifiers*) en el sentido de Calsamiglia y Tuson (2004: 181) y en su equivalente en alemán (*Modalwörter,* de Helbig, 1990a), así como la presencia de una narración (*story telling*) que implique directamente al destinatario (sujeto vivencial o *Wahrnehmungsträger*).

En el plano semántico-proposicional, para la clasificación de los *topoi* que hacen referencia a aspectos emocionales y que apelen al imaginario emocional del destinatario, se han tenido en cuenta tanto las escenas conceptuales propuestas por Kroeber-Riel (2000: 27), como las imágenes-modelo (*Schema-Bilder,* de Tepe y Zur Nieden, 2001) basadas en el concepto de experiencia utilizado normalmente en publicidad. También ha sido de utilidad la tipología de lugares comunes de Dmoch (1997): los universales o éticos, independientes de experiencias individuales; los culturales y los específicamente locales o grupales.

3. Análisis cualitativo y presentación de resultados

A continuación, se comentan ejemplos de textos-anuncio seleccionados de ambos corpora con el fin de observar las divergencias o coincidencias en el uso de los mismos recursos estilísticos en el ámbito alemán y español, principalmente los relativos a la orientación referencial y a la densidad informativa.

3.1 Estrategias de creación de vínculo

Cabe recordar que bajo esta categoría se han identificado y clasificado aquellos recursos que utiliza el enunciador con la intención de acercarse al destinatario y simular una interacción con él, mientras que la intención de transmitir y despertar emociones no relacionadas directamente con el enunciador se ha codificado dentro de las estrategias de empatía en el subapartado siguiente.

Para poder determinar la relación existente entre las formas de tratamiento de las dos culturas estudiadas y la lengua de producción, se han considerado recursos gramático-léxicos con referencia directa a los interlocutores, manifestados mediante pronombres comunicativos con función deíctica (pronombres personales y posesivos de primera persona del singular y/o del plural) y mediante el uso de las comillas como marca de enunciación directa o monólogo interior. Igualmente, para el caso del español en el ejemplo 2 se ha tenido en cuenta la clasificación semántica del verbo (*entre, benefíciese, tiene*). En cuanto a las múltiples figuras del enunciador, se ha diferenciado entre el enunciador explícito en el texto referente al anunciante o creativo publicitario del producto (ver ejemplos 1 y 2) y el enunciador escenificado, entendido como sujeto vivencial y tratado dentro de las estrategias de empatía. A continuación se muestra un ejemplo de cada una de las dos lenguas en referencia a esta categoría, donde los pronombres *wir/unseren* y *nuestra* hacen referencia a la empresa productora, aunque sin perder de vista que la formulación ha sido realizada por la agencia publicitaria:

(1) Weihenstephan. Frischer Joghurt mild
Heute verraten *wir Ihnen* das Rezept für *unseren* unnachahmlich cremigen, frischen Joghurt. (*Stern* 10/2003. Anunciante: Weihenstephan).

(2) *Entre* en la corriente de Internet de la mano de *Unicaja* y *benefíciese* de las ventajas más interesantes para realizar *sus* operaciones financieras a través de *Univía* y descubrir un mundo de información y posibilidades. Sólo *tiene* que poner rumbo a *nuestra* página web o a cualquiera de las oficinas de *Unicaja*. (*Cambio 16* 2/2001 (1.524). Anunciante: Unicaja).

En cuanto a la presencia explícita del destinatario, la creación de distancia se manifiesta mediante el uso de los pronombres y los posesivos de cortesía *Ihnen-se/sus,* que, por una parte, ponen de relieve las diferencias sociales relativas al rol de enunciador y destinatario, concretándose así la identidad social de este último, y, por otra parte, crean un vínculo de reconocimiento al expresar respeto.

Respecto a la figura del destinatario en la creación de proximidad, se han buscado indicadores como los pronombres *du/ihr-tú/vosotros* y sus correspondientes pronombres posesivos. En contraposición al entorno cultural alemán, donde el uso del tuteo está menos extendido, en el ejemplo 3 se escenifica la concepción intercultural de las relaciones mediterráneas, caracterizadas por la calidez social, el uso del tuteo y un entorno relajado, donde los interlocutores del texto se sitúan en el contexto mencionado utilizando las normas de comunicación pertinentes (*dich, deine*):

(3) Auf uralten Wegen wandern oder an einem Glas Morellino di scansano nippen, alles in den Terme die Saturnia ist bereit, *dich* zu neuem Leben zu erwecken. Eine Reise ins Herz der Toskanischen Maremma, in ein nie gekanntes Wohlbefinden, das *deine* Sinne belebt. (*Vogue* 7/2002. Anunciante: Terme di Saturnia).

En cuanto al español, se ha seleccionado el ejemplo 4, donde se pone de manifiesto la intención del enunciador de acercarse al destinatario estrechando el vínculo existente entre ellos, en este caso mediante el uso de pronombres que manifiestan confianza y cercanía y del predicado en segunda persona del singular:

(4) Ellos han estudiado Formación Profesional. La enseñanza que *te* ofrece los medios y la experiencia que *necesitas* para aprender de verdad y conseguir rápidamente los empleos más demandados. *Infórmate*. *Tienes* 136 titulaciones para triunfar en la práctica. (*Cambio 16* 1/2001 (1.517). Anunciante: Fondo Social Europeo y Ministerio de Educación, Cultura y Deporte).

Por otro lado, el registro se puede utilizar para simular un diálogo determinado, donde el enunciador adquiere un rol concreto para interpelar al destinatario con la intención de que este sea más proclive al producto o servicio. Se han marcado registros propios del lenguaje coloquial (ejemplos 5 y 6), que posibilita la evocación de asociaciones y actitudes compartidas entre los interlocutores. Como puede observarse, en ambas lenguas se ha hecho un uso similar:

(5) Genau genommen: verdammt viele Kunden. (*Stern* 6/2003. Anunciante: JET Tankstellen).

(6) Prepárate. Ya está en la calle la revista oficial de PlayStation 2. Maldita revista. (*Cambio 16* 1/2001 (1.522). Anunciante: PlayStation2).

Por otra parte, la utilización de cultismos (lenguaje científico y académico) se ha entendido como una estrategia de autoridad/distancia en oposición a los recursos de proximidad. En este caso solamente se han encontrado ejemplos en alemán (7) en la descripción de los productos, fenómeno que se relaciona con la máxima de calidad que le es propia, y por tanto con una mayor densidad informativa:

(7) Mittags Currywurst – abends Bier und dann die eine oder andere Zigarette. Dann stauen sich die *Stoffwechselgifte* im Körper und die *Leberwerte* gehen hoch. HepaBesch fördert die *Regeneration* belasteter *Leberzellen* und unterstützt den *Leberstoffwechsel*. (*Stern* 6/2003. Anunciante: HepaBesch).

3.2 Estrategias de empatía

Dentro de este grupo se han incluido indicadores que transfieren o despiertan emociones o sensaciones en el destinatario, predisponiéndolo a que se identifique con el consumidor del producto anunciado. Dentro de la valoración subjetiva a nivel gramático-léxico, en el caso del alemán se han destacado categorías como las partículas modales (*Modalpartikeln,* de Helbig, 1990b), que operan bajo las expectativas de los interlocutores y se utilizan asimismo para suavizar un mandato o exhortación:

(8) Da stimmt *doch* was nicht. Ich will lieber mit den Fischen schwimmen. (*Stern* 10/2003. Anunciante: Hypovereinsbank).

En cuanto al tipo de predicado, para el que se han seleccionado verbos que expresan vivencias, emociones y sensaciones relacionadas con los objetos o acontecimientos referenciados, en el ejemplo 9 puede observarse que la máxima de deferencia se rompe aparentemente implicando directamente al destinatario mediante un modo imperativo (*rellénalo*), con el fin de transmitir con mayor fuerza la intención de la empresa anunciante, es decir, contribuir económicamente con el Banco de Alimentos. Para ello, se hace uso del predicado *deseo,* que en español cobra mayor intensidad que el *möchte* alemán y no se corresponde en su totalidad con el *wünsche:*

(9) *Deseo* colaborar con el banco de alimentos.
Nombre _ _ _
Apellidos _ _ _
Dirección _ _ _
Ciudad _ _ _ Teléfono _ _ _
Entidad financiera _ _ _
N°Cuenta _ _ _
Donación _ _ _ Ptas.
Rellénalo. (*Cambio 16* 1/2001 (1.522). Anunciante: Banco de Alimentos).

También se ha identificado el sujeto vivencial (*Wahrnehmungsträger*) por referirse a la valoración de la subjetividad en su vertiente relacionada con la experiencia. Para ello, se han tenido en cuenta, por un lado, las *Modalwörter* en alemán (Helbig 1990a) y su correspondencia en español (operadores expresivo-valorativos, de Calsamiglia y Tuson, 2004: 181ss), que incluyen en este caso sintagmas y construcciones verbales; y, por otro lado, la clasificación semántica del verbo y la voz activa y pasiva en referencia a la primera persona, expresada tanto por pronombres personales como por pronombres posesivos explícitos, tal y como se muestra a continuación:

(10) Wenn *wir* zusammen wohnen *würden, könnten wir uns* eine grössere Wohnung leisten, eine mit Badewanne. *Wir könnten* zusammen baden. Was passiert, wenn *wir uns trennen*? Wie *würde ich* die Miete bezahlen? (*Stern* 7/2003. Anunciante: Hypovereinsbank).

En el ejemplo 10 se presenta el monólogo interior de un enunciador escenificado (*wir/uns*) con las mismas inquietudes y preocupaciones que el potencial consumidor, quien puede acabar empatizando con el producto anunciado (hipotecas bancarias) a través de su identificación. Por otro lado, en el ejemplo en español (11), donde las inquietudes no tienen por qué ser compartidas por ambos interlocutores, el uso de la primera persona se utiliza para otorgar veracidad y credibilidad a la experiencia que implica ser una persona ciega, con el fin de que el destinatario empatice con la causa expuesta:

(11) *Hemos* conseguido que los libros nos cuenten lo que no *podemos* ver. Hasta ahora las *personas ciegas* sólo *podíamos* leer en braille o en cintas de casette [...] Pero *necesitaremos* más. *Nos* queda mucho por hacer. (*Cambio 16* 4/2001 (1.531). Anunciante: ONCE).

Dentro de las imágenes-modelo, se ha codificado la apelación a necesidades reales, estrategia mediante la que se activan presupuestos en relación con el producto o servicio que son relevantes para el destinatario, y no en relación con el rol social imaginario de un supuesto consumidor evocado, considerándose así una estrategia de cortesía donde se reconocen las necesidades del destinatario y se actúa según sus intereses.

En el ejemplo 12 en alemán, relativo al marco conceptual "derecho al placer y al tiempo libre" y por tanto contrapuesto al "derecho al trabajo" (ejemplo 13), se plantea la necesidad real de descanso y de momentos de ocio, mientras que en el ejemplo en español los argumentos expuestos se construyen a partir de referencias constantes al destinatario:

(12) Ich brauche Urlaub. Morgen fange ich an zu sparen. Kann ich dann nicht mehr so oft essen gehen? (*Stern* 5/2003. Anunciante: Hypovereinsbank).

(13) Por estar sola, por un proyecto, por las ojeras, por valiente, por lo que serás, POR SER TÚ. Microcréditos. Por tantas razones, aquí tienes una oportunidad. (*Cambio 16* 4/2001 (1.531). Anunciante: Ministerio de Economía).

4. Discusión y conclusiones

Para finalizar, los resultados del análisis en ambos tipos de prensa han evidenciado divergencias en el uso de recursos estilísticos emocionales, como es el caso del lenguaje científico y el tipo de predicado, mientras que existen coincidencias en el uso del sujeto vivencial.

Por último, cabe mencionar la utilidad de este tipo de estudios en la disciplina del lenguaje con finalidades específicas, puesto que pueden ser explotados didácticamente como material docente en el aula. Cabe señalar además que con este estudio se ha pretendido hacer una contribución al estudio del lenguaje publicitario y de la presencia de la emocionalidad en el ámbito económico, lugar donde se enmarcan tanto el marketing como la publicidad.

Referencias

Agres, S. J., Edell, J. A., & Dubitsky, T. M. (1990). *Emotion in Advertising: theoretical and practical Explorations*. New York: Quorum Books.

Brown, P., & Levinson, S. C. (1987). *Politeness. Some Universals in Language Usage*. Cambridge: Cambridge University Press.

Calsamiglia, H., & Tuson, A. (2004). *Las cosas del decir. Manual de análisis del discurso*. Barcelona: Ariel Lingüística.

Cook, G. (1992). *The discourse of advertising*. London/New York: Routledge.

Dmoch, T. (1997). *Interkulturelle Werbung: Verhaltenswissenschaftliche Grundlagen für die Standardisierung erlebnisbetonter Werbung*. Aachen: Shaker.

Eelen, G. (2001). *A Critique of Politeness Theories*. Manchester: Saint Jerome Publishing.

Fernández-Villanueva, M. (2010). ¿Con o frente al interlocutor? La referencia a los interlocutores en la cortesía oral en L1 y LE. Un análisis desde la perspectiva de la cortesía lingüística. En M. Hummel *et al.* (eds.), *Formas y fórmulas de tratamiento en el mundo hispánico* (pp. 1081–1107). México DF: El Colegio de México, Centro de Estudios Lingüísticos y Literarios; Graz: Karl-Franzens-Universität.

Helbig, G. (1990a). *Lexikon deutscher Modalwörter*. Leipzig: Verlag Enziklopädie.

Helbig, G. (1990b). *Lexikon deutscher Partikeln*. Leipzig: Verlag Enziklopädie.

Hennecke, A. (1999). *Im Osten nichts neues? Eine pragmalinguistisch-semiotische Analyse ausgewählter Werbeanzeigen für Ostprodukte für den Zeitraum 1993 bis 1998*. Frankfurt/Main: Peter Lang.

House, J. (2005). Politeness in Germany: Politeness in Germany? En L. Hyckey y M. Stewart (eds.), *Politeness in Europe* (pp. 13–28). Clevedon/Buffalo/Toronto: Multilingual Matters 127.

Jiménez Morales, M. (2006). *De l'estereotip publicitari adult a la realitat preadolescent. Influència de la publicitat en els trastorns del comportament alimentari en nens i nenes de 8 a 12 anys*. Tesis doctoral. Director:

Dr. Xavier Ruiz Collantes. Barcelona: Universitat Pompeu Fabra. Departament de Periodisme i de Comunicació Audiovisual. Disponible en <www.tdx.cat/handle/10803/7521>.

Kroeber-Riel, W. (2000). *Strategie und Technik der Werbung: Verhaltenswissenschaftliche Ansätze*. Stuttgart: Kohlhammer.

Puig i Borràs, N. (2010). *Emocions i publicitat. El lligam emocional entre l'emissor i el receptor de la publicitat.* Tesis doctoral. Directores: Dra. Carme Echazarreta y Dr. Jaume Guia. Girona: Universitat de Girona. Departament de Filologia i Comunicació. Disponible en <www.tdx.cat/handle/10803/31846>.

Rentel, N. (2011). Die Didaktisierung von Phraseologismen im DaF-Unterricht anhand mulimodaler Texte. *Linguistik online* [en línea]. 47, 3/2011 [Consulta 9 de enero 2013]. Disponible en <www.linguistik-online.de/47_11rentel.html>.

Sowinski, B. (1998). *Werbung*. Tübingen: Niemeyer.

Stöckl, H. (2004). *Die Sprache im Bild – Das Bild in der Sprache*. Berlin: Walter de Gruyter.

Tepe, P., & Zur Nieden, B. (2001). *Mythos & Literatur*. Würzburg: Königshausen & Neumann.

Ungerer, F. (2004). Ads as news stories, news stories as ads: The interaction of advertisements and editorial texts in newspapers. *Text,* 24(3), 307–328.

Metodología de trabajo para el estudio de las múltiples imágenes de la crisis económica en la prensa escrita

IOLANDA GALANES SANTOS
Universidade de Vigo
<iolag@uvigo.es>

IEDA MARIA ALVES
Universidade de São Paulo
<iemalves@usp.br>

The translator and interpreter of specialised texts needs proper terminologies to produce quality texts in the target language. Its adequacy must be both conceptual and practical. In order to carry out economic texts' mediation, it is also necessary to master neological techniques and to know the context in which word variants are produced. The study of the terms in context, for instance through the press, also reveals the cultural references, the ideological constraints and imagery (metaphors, similes, comparisons, etc.) that have contributed in each country to explain the economic crisis. This imagery is not necessarily identical in each language nor in two or more countries with the same language. Last year we started a university cooperation project with the University of São Paulo (Observatório de neologismos do português brasileiro contemporâneo) in order to study the imagery of the crisis through the terms used in the press to describe "new" economic concepts (bad bank, Troika, green shoots, subprime, etc.) The objectives are, first, to lay the foundations for a future multilingual dictionary of the economic crisis and, second, to develop a multicultural imagery catalogue of the economy in the period 2007–2013. This will allow us to include variations in our study and to draw a contrast on the teaching of the crisis in countries with divergent economic situation, as well as to establish a repertoire in chronological order to provide, beyond the information contained in dictionaries, practical information of interest to translators, interpreters and cultural mediators, among others. In this paper we present this project (funded by the Ministry of Education in both countries) and explain the objectives, methodologies and tools used in our research, as well as its initial results.

Keywords: economic translation, terminology in context, metaphor, newspaper.

El traductor e intérprete de textos especializados necesita de terminologías adecuadas para generar textos de calidad en lengua meta. Su adecuación debe ser tanto conceptual como pragmática. Para realizar la mediación de textos económicos es necesario, además, dominar las técnicas neológicas y conocer el contexto en que se generan la o las variantes denominativas que correspondan. El estudio de los términos en contexto, por ejemplo a través de la prensa, revela también los referentes culturales, los condicionantes ideológicos y las imágenes (metáforas, símiles, comparaciones, etc.) que han servido en cada país para explicar la crisis económica. Estas imágenes no son necesariamente idénticas en cada una de las lenguas y tampoco en dos o más países con la misma lengua. El pasado 2013 hemos iniciado un proyecto de cooperación interuniversitaria con la Universidad de São Paulo (sede del Observatório de neologismos do português brasileiro contemporâneo) con el objeto de estudiar las imágenes de la crisis económica internacional a través de los términos utilizados en prensa para denominar los "nuevos" conceptos económicos (*bad bank, troika, green shoots, subprime,* etc.). Los objetivos son, por un lado, sentar las bases para un futuro diccionario multilingüe de la crisis económica y, por otro, elaborar un catálogo multicultural de imágenes de la economía en el período 2007–2013. Ello nos permitirá incluir en nuestro estudio las variantes, establecer un contraste sobre la didáctica de la crisis en países con una situación económica divergente y establecer un repertorio ordenado cronológicamente que, más allá de la información diccionarística, proporcione información pragmática de interés para traductores, intérpretes y mediadores culturales, entre otros. En este capítulo presentamos nuestro proyecto (financiado por el Ministerio de Educación de ambos países) y explicamos los objetivos, metodologías y herramientas utilizadas en nuestra investigación, así como sus primeros resultados.

Palabras clave: traducción económica, terminología en contexto, metáfora, prensa escrita.

1. Introducción

El ejercicio de la traducción especializada exige, entre otras competencias, que el profesional conozca en profundidad las lenguas y culturas de trabajo, así como que sea capaz de adquirir los conocimientos temáticos necesarios para comprender y reexpresar el texto original. Entre sus herramientas de consulta figuran los repertorios terminográficos (diccionarios, glosarios, léxicos, etc.) pero también las fuentes de documentación fácticas (corpus, consulta de especialistas, etc.) de modo que el traductor pueda abordar los valores pragmáticos y semánticos asociados a las propuestas terminológicas que, además de correctas, tienen que ser adecuadas en lengua meta.

Así, cuando el encargo de traducción trata sobre un tema de actualidad global, como la crisis económica y financiera internacional, ha de tener en cuenta otros factores externos (por ejemplo, la regulación nacional de las instituciones financieras, las crisis económicas previas, etc.) y también los usos y significado de todas las variantes denominativas que designan los "nuevos" conceptos que ese evento (la crisis) genera en un espacio dado.

2. Proyecto: *Valores culturales y didácticos en la metáfora de especialidad: las múltiples imágenes de la crisis económica mundial en la prensa escrita*

Las hipótesis de partida que guían nuestro estudio[1] sobre la terminología de la crisis en Brasil y España, a través del análisis de la prensa, son las siguientes: ¿Cuáles son los "nuevos conceptos", cuáles son las denominaciones neológicas y variantes denominativas? ¿Qué elementos culturales subyacen en esas imágenes? ¿Qué elementos culturales contribuyen a la explicación de la crisis? ¿Qué estrategias se utilizan para explicarla en países/culturas más o menos afectadas por ella? ¿Qué imágenes triunfan en cada una de ellas? ¿Cuáles perduran, cuáles perecen?

Por ello nuestros objetivos son el estudio morfológico, conceptual y semántico comparado, desde una perspectiva multilingüe y multicultural, de la crisis a través de los neologismos que se han utilizado en prensa para explicarla, así como el estudio de las imágenes (metáforas, analogías, comparaciones, etc.) presentes en esa terminología.

Los resultados previstos son, por un lado, sentar las bases para un futuro diccionario de la crisis económica mundial (inmobiliaria, financiera, social y laboral) y, por el otro, elaborar un catálogo de imágenes y metáforas de la crisis económica en las culturas estudiadas (Brasil y España, por el momento).

2.1 Metodología

Para abordar los objetivos que nos hemos propuesto se hace necesario estudiar la terminología en contexto. Así, de entre la múltiple documentación existente sobre la crisis (artículos de investigación,[2] ensayos, páginas web, diccionarios, etc.), hemos decidido realizar la extracción terminológica desde la prensa

1 Proyecto de investigación HBP-2012-0121-PC: *Valores culturales y didácticos en la metáfora de especialidad: las múltiples imágenes de la crisis económica mundial en la prensa escrita* (CAPES-DGU, Programa hispano-brasileño de cooperación interuniversitaria) en que participan dos equipos de investigadores/as de la Universidade de Vigo, Universidade de São Paulo, Universidade Estadual de Maringá y Universidade Estadual Paulista (campus de Araraquara). Este proyecto ha sido renovado por Resolución de 12 de marzo de 2015, de la Secretaría de Estado de Educación, Formación Profesional y Universidades por la que se conceden subvenciones para proyectos de cooperación interuniversitaria con Brasil [BOE 25 de marzo de 2015].

2 A este respecto, es posible mencionar la existencia de diferentes trabajos previos sobre crisis económicas y metáfora en diferentes idiomas, como los de White (1996), Charteris-Black & Ennis (2001), Negro Alousque (2009), O'mara Shimek (2011) o Gallego-Hernández (2012). Sobre las metáforas culturales en el área de economía se puede consultar Alves (2008).

escrita. El trabajo con prensa nos permite constituir córpora[3] comparables en ambos países y, lo que es más importante, fechar la emergencia de variantes denominativas.

A partir de los córpora configuramos una lista de candidatos a término, constituida por las variantes denominativas que designan los conceptos de las crisis más frecuentes en prensa, con la ayuda de un programa de concordancias (WordSmith 6.0). Este programa nos permite, además, acceder a contextos y estadísticas. La información sobre su frecuencia y los cotextos nos proporcionan elementos de juicio imprescindibles para que fijemos la lista de términos de la crisis, constituida tanto por los conceptos como por sus múltiples denominaciones. Este análisis se complementa con el realizado a partir del mismo corpus con el programa Hyperbase, que nos proporciona, información sobre la distancia entre los lemas identificados.

Con el objeto de almacenar la información hemos creado una base de datos relacional que vincula cada concepto con las denominaciones que recibe en ambas lenguas. El diseño de esta última herramienta responde al objetivo de estudiar en profundidad las denominaciones desde el punto de vista lingüístico (morfología, procedimiento de formación y variación), semántico (variación conceptual), así como las imágenes asociadas a cada una de ellas. Otra de las ventajas de la base de datos es que hace posible recuperar la información tanto desde el concepto como desde la denominación o de la imagen, lo que facilita la elaboración de un diccionario y también de un repertorio conceptual, como el del catálogo de imágenes.

2.2 Herramientas

2.2.1 Córpora

El estudio exhaustivo de la crisis y su presencia desigual en las dos culturas de estudio nos ha exigido armonizar las fuentes de documentación para hacerlas comparables. La constitución de los córpora de estudio se realiza de modo paralelo en ambos países en lo que se refiere a los procedimientos. Dado que uno de los objetivos es la comparación de incidencia y frecuencia de los conceptos de crisis, constituimos un primer corpus según los parámetros que indicamos a continuación:

3 Una primera versión del corpus español ha sido elaborada por alumnado del Máster de Comunicación Internacional de la Universidade de Vigo (2013–2014). Esta primera versión tuvo que ser ampliamente revisada y completada, lo que también nos ha servido para constatar la percepción parcial que sobre el evento crisis económica tiene cada lector/a.

- Fuentes: 2 periódicos de circulación estatal de información general (*El País, El Mundo/Folha de S. Paulo, O Globo*) y 1 periódico especializado (*Expansión/Valor econômico*)
- Frecuencia: 1 ejemplar por semana (viernes_sexta feira)
- Período: agosto de 2007 a diciembre de 2013
- Totales: se examinan un total de 332 ejemplares de cada uno de los (3) medios. Para cada cultura el corpus se constituye a través del vaciado de 996 ejemplares periodísticos.

A partir de este primer corpus podemos medir cuánto espacio dedica cada uno de los medios/culturas al evento "crisis económica" de media con respecto a un ejemplar tipo (por contraste con la ficha descriptiva de cada medio con volumen de palabras/páginas/secciones). Pero además, nos sirve para identificar los candidatos a término y obtener datos sobre el canal y fecha de documentación en contexto de cada variante. De modo que podemos discriminar las variantes por frecuencia, pero también por fecha, medio general o semiespecializado e incluso autoría, para el caso de que nos interese determinar si existe autovariación o heterovariación (Freixa, 2013: 40). Este primer corpus español cuenta con más de 20 millones de palabras, volumen que juzgamos suficientemente representativo.

Con las informaciones obtenidas decidimos constituir un segundo corpus compuesto por los textos que contienen una serie de conceptos (y términos) seleccionados previamente. Los criterios de búsqueda en este caso son temáticos y tomamos como campo todo el período de búsqueda (agosto de 2007 a diciembre 2013 y no sólo uno de los días de la semana). El objetivo de este corpus es acceder a toda la información conceptual y pragmática de cada término. Los términos (y conceptos) que se buscan no son los mismos en ambas sociedades, dadas las diferencias culturales y situacionales.

Esta relación de conceptos (con sus variantes) y la información nocional recuperada nos permite ponerlos en relación entre sí. Para ello, nos hemos servido también de la ontología de la crisis (Gresser, 2010: 165) que nos facilita establecer, por ejemplo, la fase de la crisis a la que pertenece cada concepto, más allá de su cronología de aparición.[4]

2.2.2 Base de datos relacional

Para manejar el elevado volumen de datos obtenidos, así como para responder a nuestras necesidades de análisis lingüístico, sintáctico, semántico y

4 Por ejemplo, el término *brotes verdes de la recuperación económica* pertenece conceptualmente a la fase de *Salida de la crisis* a pesar de que contemos con documentación sobre él entre los años 2009 a 2013.

pragmático, hemos diseñado una base de datos relacional que contiene dos tipos de ficha.

La ficha principal (ficha 1) o ficha de concepto en que figura una descripción del concepto, una definición y la fecha en que se documenta por primera y última vez. A continuación, la ficha se divide en doble columna, una para cada lengua. En el apartado *columna* se consigna la variante denominativa principal, esto es, aquella que resulte más frecuente. Asociados a este campo aparecen otros, como *categoría gramatical, estructura morfosintáctica* y *categoría semántica.* También se accede a través de un botón a las múltiples variantes que ese concepto recibe en cada lengua. Este campo conduce a todas las fichas de variantes denominativas relacionadas (ficha 2). Se ofrece a modo de ejemplo una ficha cubierta.

CONCEPTO	producto bancario desencadenante de la crisis económica mundial
FASE	Todas
COLUMNA ESP	
FECHA 1	agosto 2007
FECHA2	diciembre de 2013
DEFINICIÓN	Hipoteca concedida en el mercado estadounidense a clientes con un pobre historial crediticio (IATE)
DENOMINACIÓN	hipoteca basura
CATEGORÍA GRAMATICAL	SN (sintagma nominal)
ESTRUCTURA MORFOSINTÁCTICA	NA (sustantivo+adjetivo)
SEMÁNTICA	objeto
VARIANTES	hipoteca subprime, hipoteca de alto riesgo, hipoteca burbuja, hipoteca de mala calidad, hipoteca tóxica, hipoteca problemática, hipoteca loca, crédito hipotecario de alto riesgo, crédito subprime, crédito subestándar, crédito dudoso
OBSERVACIONES	crédito hipotecario de alto riesgo (privilegiada en IATE)

Figura 1. Ficha de concepto (ficha 1) BD relacional.

La presentación de los datos en doble columna para cada una de las lenguas nos lleva a detectar anisomorfismos entre ambas culturas que se plasman en la ausencia de documentación de un concepto en alguna de ellas o bien en un menor volumen de variantes que lo designen.

Como ya hemos indicado, en el campo *variantes* figuran todas las denominaciones que se utilizan para designar ese concepto. Este es un campo relacional con forma de botón a partir del cual se accede a la ficha de cada una de las variantes documentadas.

La ficha de variante (ficha 2) se ha diseñado de modo paralelo a la ficha conceptual, aunque hemos profundizado en mayor medida en los datos que nos conducen al análisis morfológico, sintáctico, semántico y pragmático que se pretende.

PT/ESP	español
VARIANTE	hipoteca tóxica
FECHA 1	03/10/2008
FECHA 2	08/01/2013
PERIÓDICO	EX (Expansión)/EM (El Mundo)/ EP (El País)
CONTEXTO	Bank of America ha adelantado que dedicará 18.000 millones de dólares a pagar indemnizaciones prejudiciales a quienes les vendieron las hipotecas tóxicas como si fueran sanas y a quienes fueron desahuciados de sus casas improcedentemente
REFERENCIA CONTEXTO	EX_08/01/2013_GONZALO TOCA
SECCIÓN	POR (portada)
CATEGORÍA GRAMATICAL	SN (sintagma nominal)
ESTRUCTURA SINTÁCTICA	NA (sustantivo+adjetivo)
TIPO DE VARIANTE	variante léxica
CAUSAS DE VARIACIÓN	estilísticas
REQUISITOS	causas cognitivas
PROCEDIMIENTO DE FORMACIÓN	composición sintagmática
PROCEDIMIENTO SEMÁNTICO	uso figurado
IMAGEN	sí
TÓPICO	hipotecas subprime estadounidenses
IMAGEN	basura
ÁREA DE CONOCIMIENTO	Ciencias de la Tierra. Ecología
FIGURA ESTILÍSTICA	metáfora
ORIENTACIÓN	negativa (-)

Figura 2. Ficha de variante (ficha 2) BD relacional.

Así pues, consignamos en ella varios tipos de información que podemos agrupar en bloques. En primer lugar, figura la variante y la lengua con la que se registra, junto con los datos de localización. Se consigna en qué medios se documenta y cuáles son las fechas de la primera y última referencia en corpus. Se incluyen, además, tantos contextos como sean necesarios para atestar su uso, debidamente referenciados.

En segundo lugar se consignan datos de tipo lingüístico, como son la categoría gramatical o la estructura sintáctica. Estos campos se han diseñado de modo paralelo a los campos homónimos de la ficha de concepto y las posibilidades para completarlos son:

- para la categoría gramatical: nombre (N), verbo (V), adjetivo (A), adverbio (AV), sintagma nominal (SN), sintagma verbal (SV), sintagma preposicional (SP) u otra.
- para la estructura sintáctica de las unidades polilexemáticas seguimos las indicaciones de Cabré (2002), que ofrecemos a continuación con ejemplos de nuestro corpus español.
  - NA: crédito subprime
  - NN: tasa Tobin, efecto tupper, bono chatarra
  - AN: nuevo capitalismo
  - NSP: crisis del euro
  - NA(A): bancos globales "sistémicos"
  - NN(N): binomio austeridad-reformas
  - N(A)SP: brotes tiernos de la recuperación económica
  - NSPA: crisis de las hipotecas subprime

En lo que respecta al tratamiento de la variación terminológica, al tratarse de una estrategia principal en los procesos de neologización decidimos partir de las aportaciones de referencia de Faulstich (2003), Desmet (2007) y Freixa (2002 y 2013). Y de acuerdo con Pelletier (2012: 4), distinguimos tres tipos de variación que pueden intervenir en los procesos de denominación de nuevos conceptos y que han sido objeto de nuestro interés:

- Casos de variación denominativa en que dos o más denominaciones se corresponden con un mismo concepto y referente. La variación se produce por procedimientos ortográficos (*subprime* y *SubPrime,* por ejemplo), morfosintácticos (*endeudamiento de las familias* y *endeudamiento familiar*), léxicos (*créditos subprime* e *hipotecas subprime*) o por reducción (*pinchazo de la burbuja inmobiliaria* y *pinchazo inmobiliario*).
- Variación conceptual en que un concepto reviste diferentes valores según la concepción o el uso (destino, punto de vista, objetivo, etc.) que de él hagan los hablantes. Los procedimientos de formación de los nuevos términos proceden de un cambio de significado, de que se añada una nueva acepción al término o de que exista un trasvase semántico entre lenguas de especialidad o entre la lengua general y la lengua de especialidad. Un ejemplo paradigmático es el nuevo sentido adquirido por algunos términos

como *indignados* o *austeridad* que, en Europa, se ha hecho sinónimo de *recorte*.[5]

- Variación polisémica en que una denominación se corresponde con varios significados y distintos referentes. El procedimiento de formación de una variante polisémica se produce a través del uso de un término de otro campo semántico para designar una realidad especializada. Normalmente el uso de una imagen de otro campo semántico se produce a través de figuras, de entre las que la metáfora resulta ser la más frecuente. Sería el caso, por ejemplo, de *burbuja* que de su significado físico ha pasado a ser un término económico de gran productividad en esta crisis (*burbuja inmobiliaria, burbuja de las subprime, burbuja tecnológica, burbuja universitaria,* etc.).

Los dos últimos tipos responden a la variación de tipo conceptual o semántico y están menos explorados desde el punto de vista teórico. Dado que nuestro objetivo es aprehender los aspectos culturales y trabajar con las imágenes (entendidas estas como hiperónimo frente a otros hipónimos, como metáfora, metonimia, comparación, etc.), decidimos marcar en la ficha aquellos términos en los que subyace una imagen y también determinar a qué tópico (sujeto/objeto) se atribuye, así como indicar en qué campo semántico (de especialidad o general) tiene su origen. Y de modo discriminado consignamos a través de qué figura se expresa (metáfora, metonimia, comparación, etc.).

Exponemos a continuación algunos ejemplos de nuestros córpora que pueden ser ilustrativos de las concepciones teóricas en que nos apoyamos.

IMAGEN	ÁREA	DENOMINACIONES
basura	medio ambiente	hipoteca basura, activo contaminado, activo tóxico, banco tóxico, banco saneado, bono chatarra
enfermedad	medicina	activo dañado, aliviar la deuda, banco sano, contagio de la crisis, convulsión, síntomas de recuperación, agravamiento, colapso inmobiliario, ataque al corazón financiero, sangría del paro, balón de oxígeno, asfixia económica / (port.) colapso, fraqueza econômica e política
acción bélica/armas	general: guerra	amenaza de los especuladores, ataque a los mercados, batalla, bomba nuclear, combatir, artillería pesada / (port.) guerra cambial
seguridad/riesgo	general	hipoteca de alto riesgo / (port.) refúgio, porto seguro, taxas de risco, risco de moratória, incertezas de médio prazo

Figura 3. Clasificación de imágenes y área de conocimiento.

5 En ese sentido son esclarecedoras las palabras del anterior presidente de Uruguay José Mujica que, en entrevista a Jordi Évole, y sobre su humilde modo de vida afirma: "No quiero usar la palabra *austeridad* porque la prostituyeron en Europa. Vivo con poco, con sobriedad, para ocuparme de lo importante" (José Mújica, 2014).

En cuanto a las figuras, acudimos al repertorio clásico de figuras literarias para profundizar en su clasificación. De modo que percibimos metáfora en caso de comparaciones implícitas, como *hipoteca basura, fondos buitre, capital golondrina, (port) cenário, cenário adverso, aperto fiscal.* Pero clasificamos como analogía siempre que exista una secuencia de metáforas relacionadas temáticamente. Sería el caso, por ejemplo, de las metáforas relacionadas con la medicina (*síntomas de recuperación, colapso financiero, alivio de la crisis, agravamiento de la crisis,* etc., o, en portugués, *colapso, capacidade de recuperação, agravamento da crise*). También están presentes otras figuras como oxímoron (*crecimiento negativo*), eufemismos (*ralentización de la economía*), metonimia (*crisis del ladrillo*), hipérboles (*barra libre de crédito*), personificaciones (*viviendas morosas*) etc.

Somos conscientes de que deconstruir el concepto de metáfora y articularlo en varios campos (tópico, imagen, ámbito y figura) supone una mayor complejidad en nuestro trabajo. Item más, cuando para cubrir algunos de esos campos tenemos que recurrir a repertorios léxicos abiertos (como en el caso de imagen) pero consensuados entre ambos equipos. Este esfuerzo de clasificación responde a nuestra idea de que las imágenes se construyen necesariamente a través del uso en textos y por tanto no preexisten en la mente (como tampoco lo hacen los conceptos desde el punto de vista de la Teoría Comunicativa de la Terminología, Cabré 1999) y de que la clasificación de valores culturales, enraizados en las respectivas culturas, no siempre responde al mismo paradigma creativo. Es precisamente nuestro objetivo descriptivo y de contraste el que nos lleva a analizar esos valores con parámetros de espectro amplio. Los resultados de las primeras pruebas piloto realizadas para testar la clasificación (en 100 términos con imagen) avalan la validez del sistema y será objeto de próximas publicaciones.

3. A modo de conclusiones

La investigación que presentamos está aún en fase de desarrollo, por tanto, sólo podemos avanzar algunos resultados provisionales sobre nuestra metodología y herramientas de trabajo.

A partir de la constitución de los corpus somos capaces de determinar el mayor volumen de información sobre la crisis en España en comparación con la prensa brasileña. Para ello, identificamos como nuevos conceptos aquellos que provienen del sistema bancario estadounidense y que han saltado a los titulares de la prensa de otros países sin que existiese previamente un conocimiento al respecto (por ejemplo, *subprime loan mortgage* o *hipoteca subprime*). También consideramos nuevos conceptos aquellos preexistentes, pero que hacían parte de la terminología de especialistas (como la prima de riesgo) o aquellos que a través de un cambio semántico (como indignados o austeridad) han ganado nuevas acepciones. De entre ellos reviste especial importancia los que recogen imágenes que analizamos a través de nuestra base de datos relacional.

Las herramientas diseñadas *ad hoc,* como los corpus o la base de datos relacional, nos permitirán dar cuenta del contenido especializado "crisis económica global" que se expresa a través de unidades de conocimiento especializado que van desde el sufijo (*austericidio*) a la oración (*titulizar créditos*). Además, la enorme inestabilidad terminológica de algunos conceptos se plasma en la productiva creación de variantes denominativas (por ejemplo, para *hipoteca subprime* recogemos más de una docena de denominaciones) que presentamos en nuestra base vinculadas al concepto. Poder, además, documentar en prensa y con fecha la primera y última documentación de cada una de ellas nos lleva a detectar su vigencia en el marco temporal que estudiamos, así como para conocer las variantes que han o no triunfado o que se han fijado en el uso, más allá de las propuestas de los repertorios terminográficos, elaborados en ocasiones con un afán prescriptivo como demostramos en Fernández y Galanes (2015).

El trabajo con imágenes que articulamos en varios campos nos permite identificar si hay conceptos específicos de un país o de un actante (*el tigre báltico, los PIIGS, el corralito chipriota,* etc.), cuáles son los campos de conocimiento a que se vinculan, a qué campo semántico pertenecen y los valores semánticos presentes en ellos (hipérboles, eufemismos, etc). Toda esta información resulta pertinente para la selección de la mejor denominación para traducciones e interpretaciones de calidad.

Referencias

Alves, I. (2008). A terminologia da economia e as relações de poder: uma comparação entre um corpus de divulgação e um corpus especializado. In Cabré, M.T., C. Bach y C. Tebé, (Dirs.), *Literalidad y dinamicidad en el discurso económico* (pp. 267–272). Barcelona: Institut Universitari de Lingüística Aplicada.

Cabré, Mª.T. (1999). *La terminología: representación y comunicación*. Barcelona: Institut Universitari de Linguística Aplicada.

Cabré, M. T. (2002). Análisis textual y terminología, factores de activación de la competencia cognitiva en la traducción. In Alcina Caudet, A. y S.

Gamero Pérez (Eds.), *La traducción científico-técnica y la terminología en al sociedad de la información* (pp. 87–105). Castellón: Publicacions de la Universitat Jaume I.

Charteris-Black, J., & Ennis, T. (2001). A comparative study of metaphor in Spanish and English financial reporting. *English for specific purposes,* 20(3), 246–266.

Desmet, I. (2007). Terminologie, culture et société. Éléments pour une théorie variationniste de la terminologie et des langues de spécialité. *Cahiers du Rifal,* 26, 11–13.

Faulstich, J. (2002). Variação em terminología. Aspectos de Socioterminologia. In Guerrero Ramos, G. y Pérez Lagos, M.F. (Eds.), *Panorama actual de la terminología* (pp. 65–91). Granada: Comares.

Fernández, Á., & Galanes, I. (2015). La crise hypothécaire et ses dénominations. *Babel,* 69(3), (aceptado para publicación en junio de 2015).

Freixa, J. (2002). *La variació terminològica. Anàlisi de la variació denominativa en textos de diferent grau d'especialització de l'àrea de medi ambient.* Tesis de doctorado. Barcelona: Universitat Pompeu Fabra.

Freixa, J. (2013). Otra vez sobre las causas de la variación denominativa. *Debate Terminológico,* 9, 38–46. Accesible desde <seer.ufrgs.br/index.php/riterm/article/view/37170/24032>.

Gallego-Hernández, D. (2012). Traducir en tiempos de crisis: estudio comparativo de la traducción francés-español de colocaciones en el lenguaje de los negocios. *Paremia,* 21, 151–162.

Gresser, J.-Y. (2010). Ontologies des risques financiers-Continuité d'activité, gestion de crise, protection des infraestructures critiques financières. In Roche, C. (Ed.), *Terminologie & Ontologie: Théories et applications. Actes de la conférence TOTh 2010* (pp. 155–175). Annecy: Institut Porphyre. Savoir et Connaissance.

Negro Alousque, I. (2009). La metáfora en el discurso económico en lengua francesa. En Pérez-Llantada, C., & M. Watson (Eds.), *Languages For Business: A Global Approach* (pp. 187–192). Ávila.

O'mara Shimek, M. (2011). *Metaphor and digital finance reporting of the stock market crash of 2008: Organicist vs. mechanicist visions.* Tesis, Universidad Católica de Valencia.

Pelletier, J. (2012). *La variation terminologique: un modèle à trois composantes.* Thèse présentée à la Faculté des études supérieures et postdoctorales de l'Université de Laval. Quebec: Département de langues, linguistique et traduction. Faculté des lettres.

White, M. (1996). *La metáfora en el tratamiento de la crisis monetaria en la prensa británica.* Tesis, Universidad Complutense de Madrid.

Institutional Translation: Economic Metaphors in European Central Bank Documents. A Case Study

LUCIANA SABINA TCACIUC
Aston University <sabina.luciana@gmail.com>

The European Union institutions represent a complex setting and a specific case of institutional translation. They each have a complex translation service, which is different in every institution. The European Central Bank is a particular context as the documents translated belong to the field of economics – a highly specialised domain with many culture-specific terms, technical terms and neologisms that pose challenges to translators. These texts, despite their specialised nature, contain numerous metaphors as metaphors are pervasive elements of thought and speech (see Lakoff & Johnson, 1980). The aim of this paper is to investigate the translation practices at the European Central Bank, particularly focusing on the strategies for translating metaphorical expressions belonging to the conceptual metaphors INSTITUTIONS/ECONOMIES ARE PHYSICAL STRUCTURES and THE ECONOMY IS A MACHINE, and to analyse their effects on the textual profiles of the translations. The corpus used comprises economic documents translated at the European Central Bank from English into Romanian (specialised documents such as monthly bulletins, annual reports, and information materials for the general public, amounting to 1,000,000 words for each language version). Using corpus analysis (the WordSmith software), the most frequent metaphorical expressions were identified in the source and target languages. The main translation strategies were identified and discussed. These are: retaining the metaphor, image shift and demetaphorisation. In Romanian, the conceptual framework is rather similar to the one in English. It has been noticed that sometimes, in Romanian there is a tendency to demetaphorise the English economic metaphors, to add explanations or to replace them with other metaphors due to their novelty and cultural implications as well as the lack of a well-established economic vocabulary in Romanian. Moreover, as translation is an institutional process, translators have to follow certain guidelines and previously established practices, which can influence the translation.

Keywords: economic metaphors, metaphor translation, European Central Bank, institutional translation, agency.

1. Institutional translation

Several scholars have identified a gap in the research on institutional translation, stating that institutional translation is still rather unexplored and explanations and empirical details are lacking. Mossop (1988: 65) argued that translating institutions is an "important participant missing in existing models of translation". Much later, Koskinen (2008) stated that there are still rather few studies in this field.

According to Koskinen (2008: 22), "*institutional translation* takes place in those cases when an official body (government agency, multinational organization or a private company, etc.; also an individual person acting in an official status) uses translation as a means of 'speaking' to a particular audience". She argues that the voice of the particular institution is to be heard and institutions place stringent constraints on translators, often limiting their freedom when it comes to translation choices.

2. The institutional setting of the European Central Bank. Translators' agency

Most of the studies analysing the institutional context of the EU institutions focus on the European Commission (Koskinen, 2008; Wagner *et al.*, 2002).

The European Central Bank (ECB), located in Frankfurt, Germany, is one of the European Union (EU) institutions. Its main responsibility is related to the monetary policy of the Eurozone and thus, most of its business areas concern economics. It employs a small number of translators (usually two per Member State), terminologists and English editors. The translators are in charge of translating the ECB's official publications (Monthly Bulletin, Annual Report, Annual Accounts), as well as press releases and information for the website (including brochures for the general public and educational materials).

As in all institutional settings, at the ECB there are specific procedures in place. Translators have to follow certain steps, especially when translating official documents. Since documents such as the Weekly Financial Statement, the Other Decisions and the Editorial are often repetitive, generally the terminology has to be consistent. This is why translators work with a translation memory, and a terminology database has also been established and is constantly being updated.

At the ECB, there is a close collaboration between a variety of actors, such as translators, revisers, experts, lawyer linguists, and translators from the National bank. Sometimes documents are revised by the translators at the national bank or by economists. Every document is revised by a translator of the same mother tongue.

3. Corpus and Methodology

The corpus used consists of English and Romanian language versions of forty-five texts, produced and translated at the European Central Bank. The texts are available online (<www.ecb.int/pub>) and comprise both specialised texts (monthly bulletins, annual reports), as well as informational materials for the general public. The main purpose of the study was to analyse the way metaphors are translated in a specific institution (the European Central Bank) from English into Romanian and to investigate how institutional settings influence translation. Each sub-corpus has approximately 1 million tokens.

Metaphors were chosen for analysis because it was noticed that economic texts contain a large number of metaphors and scholars (e.g. Cristofoli, 1996; Dyrberg, 1996; Fuertes-Olivera, 1998; Gallego-Hernández, 2010; Serón-Ordóñez, 2005) and translators often speak of the challenges posed by translating metaphors, especially when they are novel. Since the conceptual metaphor theory was successfully used by numerous scholars (e.g. Lakoff & Johnson, 1980; Musolff, 2004; Schäffner, 2004, etc.), it was also decided to employ it in the present study.

Previous research (Tcaciuc, 2012) has focused on the most prevalent metaphors encountered in documents produced and translated at the ECB. It was found that the most frequently used translation strategies when it comes to metaphorical expressions are metaphor into same metaphor, image shift and demetaphorisation. However, less frequently occurring metaphors were not analysed in detail. The aim of this paper is to shed light on these types of metaphors and explore the strategies used for rendering them into Romanian

The methodology used in the study combines corpus analysis and qualitative examination of parallel concordances. A corpus of source and target texts produced and translated at the ECB was compiled, and the WordSmith software was used to identify occurrences of certain metaphorical expressions and their concordances and collocations. Translation strategies were analysed comparing the source texts and target texts. Since the software cannot identify metaphors (also pointed out by Deignan, 2005), automatic searches were combined with manual ones.

4. Metaphors. A case study

Mossop (1988: 65) states that "the goals of a translating institution are what determines the general approach taken in the translations it produces: whether they are relatively literal or free, whether the language is conventional or innovative, whether metaphors are eliminated or retained, and so forth". The conventions and procedures used in the translating institution, the translation memories and the collaboration between various actors can have an impact on translations.

Previous research analysing the way economic metaphors are translated into Romanian in ECB documents (Tcaciuc, 2012) identified several translation strategies: retaining the metaphor, demetaphorisation, using a different conceptual metaphor. Some inconsistencies were also noticed over time and among different texts, partly because of the evolving terminology. Some examples of demetaphorisation and image shift for the HEALTH metaphor are presented below:

> Health – soliditate ('solidity'), fitness – calitate ('quality'), injection – furnizare ('delivery'), absorb – steriliza ('sterilise', 'clean'), health check – evaluare ('evaluation')

Since Tcaciuc (2014) analysed the most prevalent conceptual metaphors MONEY IS A LIQUID and ECONOMY IS A LIVING ORGANISM in Romanian translations of European Central Bank documents, in this study it was decided to focus on the less frequent conceptual metaphors INSTITUTIONS/ECONOMIES ARE PHYSICAL STRUCTURES and THE ECONOMY IS A MACHINE. The subsections below contain examples of these conceptual metaphors and the strategies for translating the corresponding metaphorical expressions will be analysed.

4.1 Institutions/economies are physical structures

THE ECONOMY IS A BUILDING, INSTITUTIONS ARE BUILDINGS is generally a conceptual metaphor frequently encountered in economic texts, and the ECB documents are no exception. Any abstract system can be viewed as a construction, with clearly defined parts: a foundation, pillars, roof, etc. Some of the metaphorical expressions most commonly found in the corpus are: *building blocks, pillars, building upon, consolidation, foundations, the build-up of debt.*

The source domain *building* implies a solid structure. If the metaphorical building is founded upon well-established policies, it will be a firm, solid structure. Processes such as policy-making, which happen step by step and are meant to last, can be better understood when compared to constructions, which are also built gradually.

(1) The positive flow of loans in the second half of the year may have enabled firms to *rebuild their liquidity buffers* towards the end of the year. (*Annual Report 2010*)

Fluxul pozitiv al împrumuturilor din semestrul II 2010 a permis probabil firmelor să îşi *reînnoiască rezervele de lichiditate cu rol de tampon* spre sfârşitul anului.

Back translation: The positive flow of loans of semester II 2010 probably allowed firms to *renew their liquidity reserves with a buffer role* towards the end of the year.

In this excerpt it can be noticed that the metaphorical expression 'rebuild' has been demetaphorised in the target text (*reînnoiască* – 'renew'). An explicitation can also be noticed: *liquidity buffers* – *rezervele de lichiditate cu rol de tampon* ('liquidity reserves with a buffer role'), because in Romanian the word 'tampon' used on its own is understood to mean an item of female hygiene. Therefore, an explanation was necessary for the target audience.

(2) On 23 September the European Commission published legislative proposals on the *setting up* of a new institutional supervisory *framework* in the EU, *composed of* the following two *pillars*. (*Annual Report 2009*)

Pe 23 septembrie 2009, Comisia Europeană a publicat o serie de propuneri legislative cu privire la *crearea* unui nou *cadru* instituţional de supraveghere în UE, care *se bazează pe* următorii doi *piloni*.

Back translation: On 23 September 2009, the European Commission published a series of legislative proposals regarding the *creation* of a new institutional supervisory *framework* in the EU, which is *based on* the following two *pillars*.

On the whole, in this excerpt the BUILDING conceptual metaphor is retained. In general, this example contains the same conceptual metaphor and equivalent linguistic expression. *Pillar* is a prevalent term used in the EU discourse and it has been translated literally into Romanian – *pilon*. The BUILDING conceptual metaphor is illustrated by *setting up, framework, pillars*. It can be noticed that *setting up* is translated as *crearea* ('creating'), which is a different conceptual metaphor (or may also be seen as a different level of the same metaphor, since building can be viewed as creating), but later in the sentence the metaphor is compensated for, as *composed of* is translated *se bazează pe* ('is based on'), which also reflects the BUILDING conceptual framework. Thus, in such a small excerpt, there is a variety of translation strategies used: retaining the metaphor, different conceptual metaphors/different levels, compensation.

(3) The new framework will comprise the following *building blocks*. (*Annual Report 2010*)

Noul cadru va cuprinde următoarele *secţiuni*.

Back translation: The new framework will comprise the following *sections*.

(4) notably a reform of IMF quotas and governance, as well as key *building blocks* for transforming the financial system by addressing the root causes of the crisis (*Annual Report 2010*)

în special cu privire la reforma guvernanţei şi a cotelor FMI, precum şi la principalele *elemente de bază* destinate transformării sistemului financiar prin abordarea cauzelor profunde ale crizei

Back translation: especially regarding the reform of governance and IMF quotas, as well as the main *basic elements* destined to transform the financial system by addressing the deep causes of the crisis

(5) The institutional framework for banking supervision established by Community legislation relies on two *building blocks*. (*ECB – History, Role and Functions*)

Cadrul instituţional al supravegherii bancare, instituit de legislaţia comunitară, se întemeiază pe două *aspecte fundamentale.*

Back translation: The institutional framework of banking supervision, established by Community legislation, is based on two *fundamental aspects*.

(6) This programme, which constituted a *building block* of the ECB's enhanced credit support approach, was launched with the aim of contributing to the revival of the covered bond market. (*Annual Report 2009*)

Acest program, care a constituit *fundamentul* pentru abordarea conduitei susţinute de sprijinire a BCE, a fost lansat în vederea contribuirii la revigorarea pieţei de obligaţiuni garantate.

Back translation: This programme, which constituted the *foundation* for dealing with the enhanced behaviour of supporting the ECB, was launched in order to contribute to the revival of the covered bond market.

The examples 3, 4, 5 and 6 above reflect various translations of *building block* into Romanian. As it can be noticed, its translation is only partially metaphoric: *secţiuni* ('sections'), *elemente de bază* ('basic elements'), *aspecte fundamentale* ('fundamental aspects'). Sometimes, the metaphoric nature is retained: *fundament* ('foundation'). *Building blocks* imply the presence of many elements grouped together to form a whole. When this metaphorical expression is translated as *secţiuni* ('sections'), *elemente* ('elements'), *aspecte* ('aspects') in the target text, the semantic association (parts of a whole) is retained, but the metaphoricity and the concept (an explicit reference to building) are not retained, leading to partial demetaphorisation. However, at textual level, the conceptual metaphor is partially retained. The *building blocks* become fundamental (basic) parts that form a whole. The expressions *basic* and *fundamental* belong to the BUILDING conceptual metaphor.

(7) During 2010 banking regulation followed the agenda set by the G20 at the London and Pittsburgh summits in 2009 with the final objective of *building* a more resilient financial system that supports strong and stable economic growth. (*Annual Report 2010*)

În anul 2010 reglementarea bancară a respectat agenda stabilită de Grupul celor douăzeci (G20) la summit-urile de la Londra şi Pittsburgh din anul 2009, având ca obiectiv final *crearea* unui sistem financiar mai rezistent, care să susţină o creştere economică robustă şi stabilă.

Back translation: In 2010, banking regulation followed the agenda set by the G20 at the summits of London and Pittsburgh of 2009, having as final objective the *creation* of a more resilient financial system that would support a robust and stable economic growth.

In this example, the BUILDING (INSTITUTIONS ARE BUILDINGS) metaphor is rendered by another similar conceptual metaphor: INSTITUTIONS ARE WORKS OF ART. In this case, the financial system is a building, a structure (*building*) in the ST and a work of art in the TT (*crearea* – 'creating'). This metaphor can also be viewed from a different perspective: these can be considered different levels of the metaphor (*building – creating*).

(8) The introduction of the SCT and SDD schemes *has laid foundations on which further innovations can be built,* e.g. pan European online payment solutions, mobile payments and e-invoicing. (*Annual Report 2010*)

Introducerea schemelor de transfer credit şi debitare directă *a pus bazele inovaţiilor viitoare,* şi anume soluţii de plată online aplicabile la nivel european, modalităţi de plată mobile şi facturarea electronică (e-invoicing).

Back translation: The introduction of the credit transfer and direct debiting schemes *has laid the basis for future innovations,* i.e. online payment solutions applicable at European level, mobile payment methods and electronic invoicing (e-invoicing).

Here the metaphorical expression is partially retained: *a pus bazele inovaţiilor viitoare* ('laid the basis for future innovations'); it can be noticed that the second part ('on which further innovations can be built') has not been retained in the target text. However, the conceptual framework is the same in the two language versions.

(9) Concerns about labour market developments and the financial turbulence are likely to have heightened households' uncertainty about the economic outlook and led them to reduce spending and *build up* savings as a buffer against possible fluctuations in future incomes. (*Monthly Bulletin March 2009*)

Preocupările privind evoluţiile pe piaţa forţei de muncă şi criza financiară pot conduce la creşterea incertitudinilor gospodăriilor populaţiei privind perspectivele economice şi le-a determinat pe acestea să îşi diminueze cheltuielile şi să *economisească* pentru a se proteja împotriva posibilelor fluctuaţii la nivelul veniturilor viitoare.

Back translation: The concerns regarding the evolutions on the labour market and the financial crisis may lead to increased uncertainties for households regarding the economic outlook and determined them to reduce their spending and *save* in order to protect themselves against possible fluctuations at the level of future income.

In this example, the BUILDING metaphor is not retained, being rendered by a different expression in the target text: *build up savings – să economisească* ('save').

(10) An appropriate *restructuring and consolidation of the banking sector* should also play an important role. Sound balance sheets, sound risk management, and transparent as well as robust business models are key to strengthening the financial soundness of banks and their resilience to shocks, thereby *laying the foundations* for sustainable economic growth and financial stability. (*Monthly Bulletin October 2009*)

De asemenea, procesul de *restructurare şi consolidare adecvată a sectorului bancar* ar trebui să deţină un rol important. Poziţii bilanţiere solide, un sistem funcţional de management al riscurilor şi modele de afaceri transparente şi viabile sunt esenţiale pentru consolidarea sănătăţii financiare a sistemului bancar şi a rezistenţei acestuia la şocuri, *punând astfel bazele* stabilităţii financiare şi ale expansiunii economice sustenabile.

Back translation: The appropriate *restructuring and consolidation process of the banking sector* should also play an important role. Solid balance sheets, a functional risk management system and transparent and viable business models are essential for the consolidation of the financial health of the banking system and its resilience to shocks, *laying thus the basis* for financial stability and sustainable economic growth.

Example 10 is an example of retaining the conceptual metaphors and the linguistic expressions. The prevailing conceptual framework in the two language versions is INSTITUTIONS ARE BUILDINGS/PHYSICAL STRUCTURES as demonstrated by the expressions in the extract.

4.2 The economy is a machine

Another prevalent conceptual metaphor in economic discourse is that of ECONOMY IS A MACHINE, also identified by Nicolae (2008), who explored machines and tools in economic metaphors from a business database. The following examples illustrate different translations into Romanian of the linguistic expression 'repair balance sheets'.

(11) Household consumption remained constrained by high unemployment, low confidence and continuing efforts to *repair stretched balance sheets*. (*Annual Report 2010*)

Consumul populaţiei a fost în continuare limitat de şomajul ridicat, încrederea scăzută şi eforturile constante de *redimensionare a situaţiei bilanţiere tensionate*.

Back translation: Household consumption continued to be limited by high unemployment, low confidence and constant efforts to *resize* the tense situation of balance sheets.

(12) Growth is expected to remain on a weaker path than before the recession, owing to the need for *balance sheet repair* in various sectors. (*ECB Staff Macroeconomic Projections for the Euro Area March 2010*)

Se anticipează că ritmurile de creştere vor fi în continuare inferioare celor înregistrate anterior perioadei de recesiune, datorită necesităţii de *ajustare a bilanţurilor* în diverse sectoare.

Back translation: Growth levels are expected to remain lower than the ones recorded before the recession period, because of the need to *adjust the balance sheets* in various sectors.

(13) The need to correct previous imbalances and *repair* balance sheets is likely to come about through further deleveraging by financial institutions and the reduction of households' debt burden to more such as limited access to trade credit or the emergence of global production chains that could intensify the synchronous decline in trade across the globe. (*Monthly Bulletin March 2009*)

În urma reducerii suplimentare a gradului de îndatorare de către instituţiile financiare şi a diminuării poverii datoriei populaţiei la niveluri mai sustenabile, este posibil să apară nevoia de a corecta dezechilibrele anterioare şi de a *remedia* bilanţurile.

Back translation: After further decreasing the debt level by financial institutions and reducing the burden of household debt to more sustainable levels, it may be necessary to correct previous imbalances and *remedy* balance sheets.

Examples 11, 12 and 13 above contain examples of the metaphorical expression 'repair balance sheets', which is translated in three different ways in Romanian: *redimensionare* ('resizing'), *ajustare* ('adjustment') and *a remedia* ('to repair, to remedy'). Generally, the conceptual framework is retained, although to various degrees, and the expressions translated later are less metaphorical.

(14) Larger capital inflows, particularly in the last quarter of 2010, *fuelled* a rapid increase in foreign exchange reserves, which reached USD 2.85 trillion by the end of 2010. (*Annual Report 2010*)

Creşterea intrărilor de capital, în special în trimestrul IV 2010, *a stimulat* creşterea rapidă a rezervelor valutare, care au ajuns la 2,85 mii de miliarde USD până la finele anului 2010.

Back translation: The increase in capital inflows, especially in quarter IV 2010, *stimulated* a rapid increase in foreign exchange reserves, which reached 2.85 thousand billion USD by the end of 2010.

(15) The lack of confidence, in turn, *fuelled* an extensive reallocation of funds to AAA-rated euro area or US government bonds that eventually culminated in the large-scale flight-to-safety behaviour of investors on 6 and 7 May. (*Annual Report 2010*)

Lipsa de încredere *a alimentat* ulterior o amplă realocare de fonduri către obligaţiunile guvernamentale cotate AAA din Statele Unite sau din zona euro, culminând cu reorientarea masivă a investitorilor către active cu un grad de siguranţă superior în perioada 6–7 mai 2010.

Back translation: The lack of confidence subsequently *fuelled* an extensive reallocation of funds to AAA-rated euro area or US government bonds, culminating in the massive reorientation of investors towards assets with a higher safety level on 6 and 7 May 2010.

(16) On the supply side, with higher energy prices, transport and (energy-intensive) fertiliser costs have risen, thus increasing the marginal costs of all crop producers and *fuelling food prices*. (*Monthly Bulletin June 2008*)

Pe partea ofertei, datorită preţurilor majorate ale energiei, transportul şi îngrăşămintele (energointensive) au devenit mai costisitoare, contribuind la sporirea costurilor marginale ale tuturor producătorilor agricoli şi la *scumpirea alimentelor*.

Back translation: On the supply side, because of increased energy prices, transport and (energy-intensive) fertilisers have become more costly, contributing to the increase in the marginal costs of all agricultural producers and the *increase in food prices*.

(17) For example, in countries with clear signs of *overheating*, postponing the implementation of EU-financed projects with considerable demand effects until

the economy has *cooled down* may help to avoid further *fuelling macroeconomic imbalances.* (*Monthly Bulletin March 2008*)

De exemplu, în ţările în care există indicii clare de *supraîncălzire a economiei,* amânarea implementării proiectelor finanţate prin fonduri UE, cu efecte considerabile asupra cererii, până la *răcirea economiei,* poate contribui la evitarea *alimentării* în continuare *a dezechilibrelor macroeconomice.*

Back translation: For example, in countries where there are clear signs of *overheating of the economy,* postponing the implementation of projects financed by EU funds, with considerable effects on the demand, until the economy has *cooled down,* may contribute to avoiding further *fuelling macroeconomic imbalances.*

Examples 14–17 above contain metaphorical expressions related to 'fuel'. Generally, the metaphor is retained in the target text, although the level of the metaphor can be considered somewhat different (*a alimenta* – 'to feed'). In Example 14 'fuel' becomes 'stimulate' and Example 16 is also an example of not retaining the MACHINE conceptual framework (*fuelling food prices – scumpirea alimentelor,* 'food prices go up'). Example 17 contains a variety of metaphorical expressions whereby the economy is subject to processes of 'heating' and 'cooling', just like the engine of a vehicle. These metaphors are retained in the source text.

(18) The decision to launch the euro was based on the firm belief that the euro area countries were ready for it and that the new single currency would *set in motion benign processes* bringing those countries closer together. (*Monthly Bulletin May 2008*)

Decizia de a introduce euro s-a bazat pe convingerea fermă că ţările din zona euro erau pregătite pentru aceasta şi că noua monedă unică urma să *determine demararea unor procese pozitive* care să conducă la apropierea ţărilor respective.

Back translation: The decision to introduce the euro was based on the firm conviction that euro area countries were prepared for it and that the new single currency would determine the *start-up of positive processes* that may lead to bringing those countries closer together.

(19) This contributed to a sharp and broad based worsening of fiscal positions across euro area countries, also because many euro area governments *set large fiscal stimulus packages in motion* to counter the fall in economic activity. (*Annual Report 2010*)

[...] contribuind la deteriorarea accentuată şi generalizată a poziţiilor fiscale, aceasta şi datorită faptului că multe dintre guvernele zonei euro *au implementat ample pachete de stimulente fiscale* în vederea contracarării declinului economiei.

Back translation: [...] contributing to the sharp and generalised deterioration in fiscal positions, also because of the fact that many euro area governments *implemented large fiscal stimulus packages* in order to counter the decline of the economy.

In Examples 18–19 above it can be noticed that there are two translation strategies for the metaphorical expression 'set in motion': retaining the metaphor (in Example 18, *demararea* – 'start-up') and demetaphorisation (in Example 19, *implementarea* – 'implementation'). As can be seen, the expression translated later is more conservative.

(20) However, the use of a *common settlement engine* would make it easier for market participants and investors to determine where they wish to hold a given security. (*Monthly Bulletin May 2008*)

Cu toate acestea, utilizarea unei *platforme comune de decontare* ar permite participanţilor pe piaţă şi investitorilor o mai mare libertate de a se hotărî asupra sistemului în care doresc să îşi păstreze anumite titluri.

Back translation: Nevertheless, the use of a *common settlement platform* would grant market participants and investors greater freedom to decide on the system where they wish to hold certain securities.

(21) With T2S, it will be possible to settle almost all traded securities in Europe in a *single settlement engine* according to a harmonised timetable, using a common IT interface and a harmonised message format. (*Annual Report 2009*)

T2S va asigura posibilitatea decontării cvasitotalităţii operaţiunilor cu instrumente financiare de pe piaţa europeană prin intermediul unui *unic motor de decontare,* conform unui orar armonizat, utilizând o interfaţă tehnică unică şi un format de mesaje armonizat.

Back translation: T2T will give the possibility to settle almost all operations with financial instruments on the European market using a *single settlement engine,* according to a harmonised schedule, using a unique technical interface and a harmonised message format.

As it can be seen from the examples above, translation strategies can be different even when it comes to the same conceptual metaphor and metaphorical expression. In Example 20 it is demetaphorised (*engine – platformă,* 'platform') and in Example 21 it is retained (*engine – motor*). There can be several explanations for this. One is linked to the use of the translation memory in the institution, which is prescribed and translators often use previous translations. Another reason may be that there is an attempt to transpose metaphors in Romanian, but it is not always considered the best option, as sometimes it can sound inappropriate to the audience. Therefore, sometimes English metaphors are "cooled down" (as it was also noticed by Dobrotă & Maftei, 2002: 313).

5. Conclusions

Translation, as a socially-situated practice, takes place in specific institutions. According to Koskinen (2008) institutional translation occurs when a certain translating institution speaks with one voice – and the institution's voice is to be heard in the translations. Institutional translation in the EU institutions is collective, anonymous and standardised. Translators have to follow specific procedures, work with a translation memory and use previously translated terms. Thus, translators' agency is limited.

Regarding the translation of metaphors, our results show that in many instances the conceptual metaphor is retained in the target text. Sometimes, the metaphorical expression is only partially retained (for instance, in case of *building blocks,* which are rendered as *fundamental parts* or *basic elements*). In other cases there are different levels of metaphor: *building – creation, rebuilding – remaking.* Other examples show that there is a different conceptual metaphor or the metaphor is not retained. On the whole, it can be concluded that in the majority of cases the conceptual framework is mainly the same in the source and target texts; however, in the TT the conceptual metaphor might be at a different level, attenuated or there may be an image shift, a paraphrase, or an addition.

Institutional translation is a complex process governed by specific procedures. It is difficult to establish a one-to-one association between a specific translation strategy and a specific institutional procedure (as pointed out by Tcaciuc, 2012). According to Koskinen (2011), translation memories regulate translators' agency, CAT tools being part of the institutional memory. At the ECB translators make extensive use of CAT tools, in order to ensure the consistency of the terminology and because it is a requirement to keep to previous versions. Their agency is limited by the constraints of the institutional setting. The way metaphors are translated is influenced by institutional procedures, because when the metaphor is well-established it is usually translated as in previous texts; however, translators can be more creative when it comes to new ones. English is the international language of finance, while the Romanian economic vocabulary is in the process of being developed and it is not as well-established as the English one.

Since various agents are involved in the translation process (translators, editors, revisers, experts), and the nature of the translated documents is often confidential, it is very difficult to have access to all stages of the translation process and to analyse exactly what is being done. Further research using other methods such as think-aloud protocols and eye-tracking would be useful in order to establish direct connections between a certain institutional procedure and certain textual phenomena. Since there is a gap in institutional translation, further research could explore other institutions, analyse other textual phenomena and other language combinations, and can thus contribute to enhancing the knowledge of the discipline of Translation Studies.

References

Cristofoli, M. (1996). La traduzione delle metafore nel linguaggio economico. In *Actes du XIIIème Congrès des Romanistes Scandinaves, Jyväskyla, 12–15 août 1996* (pp. 703–714).

Deignan, A. (2005). *Metaphor and Corpus Linguistics*. Amsterdam/Philadelphia: John Benjamins.

Dobrotă, I., & C. Maftei (2002). The metaphoric dimension of economic text: The translation of economic metaphors. *Annales Universitatis Apulensis*. Series Philologica, 3(2), (pp. 313–320).

Dyrberg, G. (1996). La traduction de la métaphore en langage économique. In *Actes du XIIIème Congrès des Romanistes Scandinaves, Jyväskyla, 12–15 août 1996* (pp. 691–702).

Fuertes-Olivera, P. A. (1998). Metaphor and Translation: A Case Study in the Field of Economics. In P. Fernández Nistal & J. M.ª Bravo Gozalo (Eds.), *La traducción: orientaciones lingüísticas y culturales* (pp. 79–95). Valladolid: Universidad de Valladolid.

Gallego-Hernández, D. (2010). Estudio comparativo trilingüe de la traducción de la metáfora náutica en el lenguaje económico-financiero. En P. Mogorrón Huerta & S. Mejri, *Opacité, idiomaticité, traduction* (pp. 99–128). Alicante: Universidad de Alicante.

Koskinen, K. (2008). *Translating Institutions. An Ethnographic Study of EU Translation*. Manchester: St Jerome Publishing.

Koskinen, K. (2011). Institutional translation. In Y. Gambier & L. van Doorslaer (Eds.), *Handbook of Translation Studies 2* (pp. 54–60). Amsterdam/Philadelphia: John Benjamins.

Lakoff, G., & Johnson, M. (1980). *Metaphors We Live By*. Chicago: University of Chicago Press.

Mossop, B. (1988). Translating institutions: a missing factor in translation theory. *TTR*, 1(2), (pp. 65–71).

Musolff, Andreas (2004). *Metaphor and Political Discourse.* Basingstoke/ New York: Palgrave MacMillan.

Nicolae, A. (2008). Machine and Tools in Economic Metaphors. In H. Pârlog & D. Craciun (Eds.), *British and American Studies,* vol. XIV (pp. 305–313). Timişoara: Editura Universităţii de Vest.

Schäffner, C. (2004). Metaphor and Translation: Some Implications of a Cognitive Approach, *Journal of Pragmatics,* 36(7), (pp. 1253–1269).

Serón-Ordóñez, I. (2005). La traducción de la metáfora en los textos financieros: estudio de caso. In M. Gracia Torres (Ed.), *Traducción y cultura. El referente cultural en la comunicación especializada* (pp. 205–250). Málaga: Encasa.

Tcaciuc, L. S. M. (2012). *Translation Practices at the European Central Bank with Reference to Metaphors.* PhD thesis, Birmingham: Aston University.

Tcaciuc, L. S. M. (2014). The conceptual metaphors MONEY IS A LIQUID and ECONOMY IS A LIVING ORGANISM in Romanian translations of European Central Bank documents. In Donna R. Miller; Enrico Monti (Eds.), *Tradurre Figure / Translating Figurative Language,* Quaderni del Centro di Studi Linguistico-Culturali, Atti di Convegni CeSLiC – 3 (pp. 99–112). Bologna: AMSActa.

Wagner, E., Svend, B., & Martínez, J. (2002). *Translating for the European Union Institutions.* Manchester: St. Jerome Publishing.

Las metáforas en los textos periodísticos franceses sobre la Bolsa: estudio a partir de un corpus electrónico

TANAGUA BARCELÓ MARTÍNEZ
Universidad de Málaga
<tbmartinez@uma.es>

IVÁN DELGADO PUGÉS
Universidad de Málaga
<idelgado@uma.es>

Far from being a rigid and confined language – as it is frequently and mistakenly thought to be –, the economic discourse, in general, and the stock-market discourse, in particular, stand out because of their poetic character and the use of sentences full of metaphorical expressions, cultural elements, wordplays, and other figures of speech. In short, they have a lexical and stylistic richness that other specialized languages seemingly lack. The use of such elements not only meets a purely aesthetic goal, but it also serves as a transmitter of economic concepts since, owing to their frequency of use, some expressions have fossilized and become intrinsic units belonging to the economic discourse, even losing partly the ornamental touch they initially had. This study is aimed at analyzing the use of metaphors by stock-market language in journalistic texts. To this end, we shall start from the compilation of a text corpus consisting of economic articles written in French from the specialized press. Metaphors contained in such articles will be extracted, classified and analyzed in order to conduct a translatory approach into Spanish.

Keywords: economic translation, metaphor, stock-market language, French, Spanish.

Lejos de ser un lenguaje rígido y encorsetado, como frecuente y erróneamente se suele pensar, el lenguaje económico, en general, y el bursátil, en particular, destacan por su carácter poético y por la utilización de frases cargadas de expresiones metafóricas, elementos culturales, juegos de palabras y otros recursos retóricos. En definitiva, poseen una riqueza léxica y estilística de la que parecen carecer otros lenguajes especializados. La utilización de estos elementos no responde únicamente a un objetivo puramente estético sino que sirve como vehículo transmisor de conceptos económicos debido a que, por su uso recurrente, algunas expresiones se han fosilizado y han llegado a convertirse en unidades propias del lenguaje económico, llegando incluso a perder parte del matiz ornamental que tenían inicialmente. En este trabajo pretendemos analizar el uso que el lenguaje bursátil hace de las metáforas en los textos periodísticos. Para ello, partimos de la compilación de un corpus textual electrónico en francés, compuesto por artículos sobre economía procedentes de la prensa especializada. En este estudio se extraerán, clasificarán y analizarán algunas de las metáforas presentes en dichos artículos con vistas a realizar un breve acercamiento traductológico hacia el español.

Palabras clave: traducción económica, metáfora, lenguaje bursátil, francés, español.

1. Introducción y objetivos

El uso de las metáforas es una característica destacable del lenguaje económico y, por ello, su estudio es indispensable en lo referente a la traducción. De hecho, son ya numerosos los autores que han investigado sobre el tema (Nida y Taber, 1969; Vázquez-Ayora, 1977; Newmark, 1988; Snell-Hornby, 1988; Rabadán, 1991; Samaniego Fernández, 1996; entre otros). En este caso, nuestro estudio no pretende incidir en los aspectos ya abordados por dichos especialistas (especialmente los teóricos), sino que busca comprobar hasta qué punto las categorías "fijas" tradicionalmente consideradas para la clasificación de las metáforas económicas están presentes en nuestro corpus. También pretendemos verificar si han surgido nuevas metáforas como consecuencia de la coyuntura económica de los últimos años (la crisis) y si esta situación acentúa el uso de metáforas con valor negativo.

2. Corpus textual y metodología empleada

El corpus textual empleado para la elaboración del presente estudio está compuesto por 31 artículos, de diversa extensión, publicados en el mes de enero de 2014 en la sección "Bourse" del periódico francés *Les Échos,* en su versión digital. La gran mayoría de los artículos analizados versan sobre la cotización del índice bursátil francés CAC 40. Los pasos que hemos seguido para la realización del presente estudio han sido los siguientes:

- Compilación del corpus textual electrónico, una vez definido el (sub)ámbito de especialidad;
- Extracción de las metáforas presentes en dicho corpus;
- Clasificación de las metáforas en diversas categorías nocionales;
- Análisis de las metáforas atendiendo a las categorías nocionales no incluidas en otros estudios;
- Extracción de conclusiones.

3. Aspectos teóricos

Aunque, como ya se ha anunciado, nuestro objetivo no es teorizar sobre las metáforas en el lenguaje económico, sí nos parece pertinente, en primer lugar, dar unas breves pinceladas sobre las principales características del (sub)lenguaje económico presente en nuestro corpus textual, el bursátil, para, a renglón seguido, analizar someramente el concepto de metáfora y su relación con la traducción.

3.1 El lenguaje bursátil

Actualmente, el término *Bolsa* se utiliza en el ámbito económico para indicar el punto de encuentro o lugar institucionalizado donde se realizan transacciones públicas de compra y venta de valores, así como otras operaciones análogas. En el caso que nos ocupa, la mayoría de los textos de nuestro corpus hacen referencia a noticias asociadas al CAC 40 (*Cotation Assistée en Continu*), que es el índice bursátil francés de referencia para el Euronext París.[1]

Dentro de los lenguajes especializados encontramos las llamadas *jergas,* que se definen como un conjunto de características lingüísticas propias de un grupo de hablantes dedicados a una actividad determinada. En el caso que nos ocupa nos hallamos ante una jerga propia del lenguaje económico y, como tal, compartirá una serie de características generales de dicho lenguaje de especialidad a la que añadirá algunos usos lingüísticos propios.

Yépez Peñalver (2002: 26), citando a Hoffmann (1976), indica que el lenguaje de la jerga bursátil no posee un alto grado de abstracción, ya que, salvando las dificultades impuestas por el contexto, es un tipo de lenguaje sustancialmente accesible a los no iniciados (máxime en nuestro corpus textual, compuesto por textos procedentes de la prensa). Este utiliza la lengua común, ya que modula sus vocablos a la labor específica y hace un considerable uso de léxico especializado, casi siempre fruto de la traducción y adaptación de términos procedentes de la lengua inglesa. Asimismo, el autor señala que la expresión se realiza mediante una sintaxis libre, próxima a la de la conversación cotidiana.

La denominación *jerga bursátil* engloba, a nuestro entender, hasta tres tipos de textos: en primer lugar, los textos orales, que son aquellos producidos por los profesionales que trabajan en los parqués financieros (corredores de bolsa, analistas, intermediarios, inversores, etc.); en segundo lugar, los textos escritos de carácter técnico; y, en tercer lugar, los textos escritos de carácter informativo. Los primeros[2] destacan por su carácter informal (en ellos predominan los usos encaminados a la obtención de resultados: convencer, enfatizar, etc.), así

1 Según Pérez Fernández-Tenllado (2010: 18), se trata de "la principal bolsa transaccional de Europa por volumen de operaciones anotadas en su libro de órdenes", creada en 2000 a partir de la fusión de las bolsas de Ámsterdam, Bruselas y París.

2 Sobre este tema, remitimos a la tesis doctoral de Yépez Peñalver (2002), titulada *El lenguaje hablado en la bolsa: aproximación a la jerga bursátil.*

como por su carácter de inmediatez, ya que la rapidez a la hora de ejecutar las acciones es fundamental y ello determina el uso de frases más cortas, menos técnicas y palabras clave. Los segundos se caracterizan por la utilización de una terminología, una sintaxis y una estructuración del contenido muy complejas, destinadas exclusivamente a especialistas (por ejemplo, un informe financiero). En los terceros se incluyen los textos que, aunque sean portadores de la terminología propia del (sub)ámbito en cuestión, están orientados a un público más amplio. Nos referimos, concretamente, a los textos sobre la Bolsa que se encuentran en la prensa y que, al pertenecer al género periodístico, poseen una serie de características léxicas y sintácticas que los acercan a la lengua común. Entre ellas, destacamos el uso de metáforas, que es el que nos interesa en el presente estudio.

3.2 La metáfora en el lenguaje económico

De acuerdo con la definición que ofrece el *Diccionario de la Real Academia Española* (*DRAE*), la metáfora es una figura retórica que "consiste en trasladar el sentido recto de las voces a otro figurado, en virtud de una comparación tácita". A pesar de esta definición, no debemos entender que las metáforas son una figura retórica exclusiva de los lenguajes literario y humanístico —y por lo tanto, no accesible para todos los hablantes de una lengua—, puesto que, como acertadamente señalan Lakoff y Johnson (1986: 39), "la metáfora impregna la vida cotidiana, no solamente el lenguaje, sino también el pensamiento y la acción. Nuestro sistema conceptual ordinario, en términos del cual pensamos y actuamos, es fundamentalmente de naturaleza metafórica". Para Rodríguez y Van de Winkel (2005: 42), las metáforas "permettent de relier un savoir nouveau à un savoir déjà intégré par la projection des qualités d'un objet sur un autre". En el ámbito de los lenguajes especializados, el uso de las metáforas es más frecuente de lo que de antemano cabría pensar, siendo muy frecuente su uso en disciplinas de las ciencias sociales, como la economía.

El filósofo del lenguaje Gibbs (1994: 172) distingue la existencia de dos tipos de metáforas: la metáfora pedagógica y la metáfora que constituye una teoría. Según Lakoff y Johnson (1986), existen tres tipos de metáforas: las estructurales, las espaciales o de orientación y las ontológicas.

Las metáforas que componen nuestro corpus pertenecen al primer tipo de Gibbbs, es decir, se utilizan con un fin didáctico que pretende facilitar la comunicación y la transmisión del conocimiento, así como la comprensión de conceptos abstractos, acercándolos a destinatarios no expertos. En cuanto a la clasificación propuesta por Lakoff y Johnson (1986), las metáforas de nuestro estudio abarcan las tres categorías.

El inicio de las investigaciones en torno a la metáfora se remonta al mundo griego; sin embargo, no es hasta el siglo XX cuando deja de considerarse esta figura como un mero ornamento perteneciente al lenguaje poético y pasa a constituir un objeto de estudio portador de significado.

Con respecto a los estudios que relacionan las metáforas con el lenguaje económico, las primeras investigaciones sobre este tema son bastante tardías desde un punto de vista histórico y se remontan a los años 30 del pasado siglo XX. Como señala Serón Ordóñez (2005: 210), "son estudios que se centran en metáforas concretas, tales como la de la circulación del dinero, que asocia los movimientos de los flujos monetarios a la circulación de la sangre". A partir de los años 80 comienzan a surgir estudios más exhaustivos y en la actualidad este tema suscita el interés de numerosos investigadores. Así, son cada vez más numerosos los trabajos (menos teóricos y más prácticos) basados en el estudio de corpus textuales acerca de las metáforas y su relación con la lengua común, en general, y con el lenguaje económico, en particular. Entre los estudios que versan sobre este aspecto y que incluyen la lengua francesa como lengua de estudio, destacamos los de Rodríguez y Van de Winkel (2005), Rollo (2007), Zonana (2008), Negro Alousque (2009), Gallego-Hernández (2010), Burbea (2011) y Truong (2012), entre otros. Las propias Rodríguez y Van de Winkel (2005: 42) afirman que "L'étude des métaphores et des expressions métaphoriques des textes boursiers pourra donc nous amener à tirer des conclusions intéressantes sur la façon dont est présentée la Bourse dans les textes journalistiques".

3.3 Traducir la metáfora

En lo que concierne a la traducción de la metáfora, Samaniego Fernández (1996) hace un recorrido exhaustivo por los estudios de múltiples autores que han dedicado trabajos a ello. Respecto a la traducibilidad/intraducibilidad de las metáforas, somos partidarios de la postura ecléctica defendida por Snell-Hornby (1988), para quien esta figura retórica no es ni traducible ni intraducible, sino que su posibilidad de trasvase a la lengua meta dependerá de las características propias del texto original.

Independientemente del enfoque que se adopte, la metáfora suele considerarse un problema de traducción. Pese a las diferencias existentes entre las propuestas formuladas por diversos estudiosos de la traducción, prácticamente todos los investigadores coinciden en las tres posibilidades entre las que, según Dobrzyńska (1995: 599), puede elegir un traductor:

- Usar un equivalente exacto de la metáfora original (M → M).
- Buscar otra expresión metafórica con un sentido similar (M1 → M2).
- Sustituir una metáfora intraducible del original por su paráfrasis literal aproximada (M → P).

4. Análisis del corpus textual

A partir de nuestro corpus textual, conformado por 31 artículos, hemos extraído un total de 125 metáforas diferentes, que hemos clasificado en 18 categorías distintas, a saber: *(aero)náutica, agricultura, alimentación, ámbito militar, arte, cambio de estado, colores, deporte, física, informática, mecánica/ingeniería, medicina/salud, meteorología, movimiento/desplazamiento, pesos/medidas, relaciones/sentimientos* y *velocidad,* así como un apartado denominado *otros.* Como se puede comprobar, estas categorías se refieren a ámbitos y disciplinas muy diversos, que no se encuentran forzosamente relacionados entre sí.

Teniendo en cuenta que este estudio pretende, entre otras cosas, averiguar si la coyuntura política y económica puede ser un factor que determine el uso de unas metáforas concretas en detrimento de otras (por ejemplo, mediante el uso mayoritario de expresiones negativas que reflejen el estado de ánimo de los mercados bursátiles), debemos indicar que, para la realización de nuestro trabajo, hemos decidido compilar un corpus compuesto por artículos publicados en un mes muy concreto: enero de 2014. En ese sentido, cabe señalar que partimos de una situación económica de crisis, que comenzó en EE.UU. a lo largo del año 2007 y que pronto se convirtió en mundial (Stiglitz, 2010: 11), afectando a todas las naciones europeas, entre ellas a Francia, país del que proceden los textos que conforman nuestro corpus.

Si partimos de este hecho, podemos afirmar que la situación es, *a priori* y en general, negativa. Por ello, una parte de nuestro análisis se ha basado en clasificar las metáforas extraídas en tres grandes bloques (positivo, negativo y neutro),[3] independientemente de la categoría a la que pertenezcan. A continuación se muestran las metáforas clasificadas tanto por categorías nocionales como por su carácter positivo, negativo o neutro:

3 La inclusión de las metáforas en uno u otro bloque se ha realizado atendiendo al contexto en que aparecen en el corpus textual. Por motivos de espacio, no reproducimos las frases completas en las que las metáforas se actualizan, sino únicamente la(s) palabra(s) que dan pie a la imagen metafórica.

VELOCIDAD

Positivo: s'accélérer, accélérer

Negativo: freiner, décélérer, ralentir, ralentissement

DEPORTE

Positivo: poids lourd

Negativo: plonger

MILITAR/GUERRA

Positivo: se remettre en ordre de marche, rescapé, entourer, (monnaie) refuge, avance

Negativo: repli, contrecarrer, (crainte de) explosion, céder du terrain, plier, plomber, fuite, (être) en repli, faire long feu, (course au) refuge, emboîter le pas, lutter, garder un œil sur

Neutro: lancer les hostilités, (valeur) défensive, marquer le pas, (être) à la manœuvre, déploiement

ARTE

Positivo: (indice) vedette

Neutro: nouvelle vague, toile de fond

MECANICA/INGENIERIA

Positivo: machine, locomotive, moteur, amortir un choc, conduire, poids lourd

Negativo: passage à vide, stopper

Neutro: allègement, alléger

MEDICINA/SALUD

Positivo: doper, injection, (sursaut) épidermique, injecter, reprendre des couleurs

Negativo: contagion, prendre dans la panique, panique, propager, accuser le coup, tension, se contracter, raviver (les craintes), contraction, s'essouffler

Neutro: stérilisation

METEOROLOGIA

Positivo: accalmie, avoir le vent en poupe

Negativo: turbulences, tourmente

Neutro: climat

FÍSICA

Positivo: catalyseur, écouler, booster, amortir un choc

Negativo: sillage, propager, credit crunch, se contracter, (être) sous pression, pression à la baisse, contraction

Neutro: spectre, absorption, cyclique

PESOS/MEDIDAS

Positivo: contrebalancer

Negativo: alourdir

Neutro: peser

AGRICULTURA

Positivo: grappiller, engranger

RELACIONES/FAMILIA/SENTIMIENTOS

Positivo: s'enhardir
Negativo: frayeur, prendre dans la panique, tension
Neutro: famille

ALIMENTACIÓN

Positivo: alimenter, grignoter
Negativo: trinquer

MOVIMIENTO/DESPLAZAMIENTO

Positivo: repartir de l'avant, prendre la tête, s'envoler, rebond, rebondir, remontée, montée, monter, reprendre de la hauteur
Negativo: glisser, assouplissement, tapering, glissement, glissade, reculer, recul, tomber, chuter, chute, rechute, retomber

CAMBIO DE ESTADO

Negativo: étoffer

INFORMÁTICA

Negativo: proxy (de la peur)

(AERO)NAUTICA

Positivo: avoir le vent en poupe, maintenir le cap
Negativo: réduire la voilure, s'enfoncer
Neutro: allègement, alléger

COLORES

Positivo: reprendre des couleurs
Negativo: être dans le rouge

OTROS

Positivo: en patron

Del total de metáforas extraídas, un 36% se utiliza para expresar un hecho positivo, un 49,6% para un hecho negativo y un 14,4% posee un carácter neutro.

Como se puede comprobar, las clasificaciones que cuentan con un mayor índice de metáforas son *movimiento/desplazamiento, ámbito militar, medicina/salud* y *física*. De las dieciocho categorías anteriormente mencionadas, once aparecen recogidas en los estudios de Rodríguez & Van de Winkel (2005) y Truong (2012).[4] Las siete categorías encontradas en nuestro corpus que no están

4 Hemos elegido dichos trabajos con fines comparativos porque ambos se basan en corpus periodísticos económicos y analizan metáforas en lengua francesa. Cabe mencionar, asimismo, que la denominación de las categorías no siempre coincide al cien por cien con nuestra nomenclatura (por ejemplo, Rodríguez & Van de Winkel emplean la denominación *métaphores relatives*

contenidas en dichos estudios son *alimentación, cambio de estado, colores, informática, pesos/medidas, velocidad* y *otros*.

A modo de ejemplo, vamos a comentar algunas metáforas que pertenecen a tres de estas categorías.[5]

ALIMENTACION/AGRICULTURA:

Ejemplo 1: *Repli limité à Paris, Pernod Ricard et Rémy Cointreau* trinquent.

La frase corresponde al titular de una noticia. La elección del verbo *trinquer* se justifica por varios motivos. Su principal acepción[6] (choquer légèrement son verre contre celui de quelqu'un avant de boire à la santé de quelqu'un, au succès de quelque chose, LAR) está estrechamente vinculada con las dos empresas de bebidas alcohólicas mencionadas (Ricard y Cointreau). En este sentido, el destinatario del texto podría pensar que se trata de un hecho positivo ya que, en general, se brinda para celebrar algo y cabría pensar que dichas empresas han obtenido algún tipo de beneficio. Sólo la lectura completa del texto, es decir, una vez que se tiene todo el contexto, muestra que el verbo *trinquer* se emplea atendiendo a otra de sus acepciones[7] (subir un préjudice, une sanction, une épreuve, des critiques, TILF), que es negativa. De cara a la traducción al español, esta metáfora plantea la dificultad de que el equivalente que se utilizaría para mantener el vínculo con las empresas de bebidas (*brindar*) sólo es positiva y no recoge el matiz negativo de la segunda acepción francesa. Por lo tanto, las opciones de traducción pasan por tener que sacrificar la asociación "brindar-empresas de bebidas alcohólicas" en aras del sentido real del texto, que es negativo, o encontrar tal vez una metáfora, perteneciente o no a la misma categoría, o efectuar algún tipo de paráfrasis que recoja las dos connotaciones del verbo *trinquer*.

Ejemplo 2: *Vers 11h40, le Cac 40* grignote *0,11% à 4.189,33 points*.

El verbo *grignoter* tiene diferentes acepciones. Aquellas que deben tenerse en cuenta para interpretar correctamente el texto son "manger quelque chose en le croquant, en le rongeant petit à petit, du bout des dents" (TILF), "gagner peu à

---

au conflit et à la guerre, a la que nosotros hemos llamado *metáforas del ámbito militar*). Igualmente, estos autores han detectado algunas categorías que no aparecen reflejadas en nuestro corpus (por ejemplo, las referidas al campo de la seducción).

5 Las definiciones incluidas en el análisis de las metáforas se han extraído de las siguientes obras lexicográficas: *Le Trésor informatisé de la langue française* (TILF), *Diccionario LAROUSSE* (LAR), *L'internaute. Dictionnaire de la langue française* (LINT) y el *Diccionario de la Real Academia Española* (DRAE).

6 Cuyo equivalente en español sería *brindar*.

7 Cuyo equivalente en español sería *sufrir las consecuencias, pagar el pato*.

peu sur quelqu'un son avance" (LAR) y "s'approprier quelque chose" (LAR). En francés, se trata de obtener algo de beneficio y de forma gradual, creando una imagen partiendo del ámbito de la alimentación, en el sentido de *roer:* gastar o quitar superficialmente, poco a poco y por partes menudas (DRAE). De cara a la traducción, en el ámbito bursátil español se abandonaría el ámbito de la alimentación para expresar esta idea y se sustituiría por verbos como *arañar* (recoger con mucho afán, de varias partes y en pequeñas porciones, lo necesario para algún fin, DRAE) o, en un sentido menos formal, *rascar* (de hecho, una de las acepciones de este verbo dadas por el *DRAE* remite a *arañar*).

Ejemplos 3 y 4: *A 9h05, le Cac 40* grappille *0,01% 4.180,54 points. / ST Microelectronics* grappille *0,11% à 5,657 euros après avoir cédé jusqu'à 2,6%.*

Con la misma idea expresada mediante *grignoter,* y en un contexto idéntico, el francés también utiliza el verbo *grappiller* (réaliser de petits gains, LINT), que pertenece a un ámbito próximo (la agricultura) y cuyos equivalentes en español podrían ser los mismos que para *grignoter*. No obstante, los verbos *arañar* y *rascar* no dan la imagen metafórica de obtener ganancias elemento a elemento, como sí hace la metáfora construida en torno a la recolección de la uva del verbo *grappiller* en francés (cueillir les grappes de raisin laissées dans une vigne par les vendangeurs, TILF).

COLORES:

Ejemplos 5 y 6: *Automobile et banque en tête, tous les secteurs d'activité* sont dans le rouge, *à l'exception du luxe. / Le Cac 40* dans le rouge, *craintes sur l'inflation.*

La expresión *être dans le rouge* tiene en francés connotaciones negativas. Tradicionalmente, y de manera casi universal, el color rojo se asocia a acontecimientos negativos. Dentro del lenguaje económico –y del bursátil, en particular–, este color "désigne une période d'alarme, de difficultés" (TILF).[8] Con vistas a su traducción al español, existe un uso equivalente del color rojo en todas sus facetas, incluida la económica ("Así, tras abrir en rojo, el Ibex 35 se ha dado la vuelta a media mañana y, a pocos minutos de las 11.00, ha avanzado un 0,16%", *El País*). Esto no ocurre con todas las expresiones lingüísticas que incluyen algún color; cuanto más lejanas sean dos culturas, mayor será la diferencia en el tratamiento lingüístico que éstas harán de los colores (por ejemplo, al contrario de lo que sucede en Francia o en España, donde el negro es el color asociado al

8 En otros ámbitos, como el deporte, también se emplea el rojo con un matiz negativo, en expresiones como *ser el farolillo rojo* (*lanterne rouge,* en francés).

luto, en Japón, India y en la mayor parte de los países islámicos, el blanco es el color que se asocia a la muerte y, por extensión, al luto).

5. Conclusiones

Del estudio completo llevado a cabo, del que este artículo supone únicamente una mínima parte, hemos extraído, *grosso modo,* las siguientes conclusiones:

- La mayoría de las metáforas bursátiles emplean vocablos no especializados, lo que hace que sean accesibles al grueso de la población. Ello se debe a su carácter didáctico y al uso de imágenes que ayudan a la comprensión de los conceptos, frente a lo que ocurre en otros textos especializados, como los jurídicos, donde predomina la opacidad y el oscurantismo.
- Al contrario de lo que podría pensarse, la diferencia de porcentaje entre las metáforas positivas y las negativas es inferior a lo que cabría suponer en el actual contexto económico a escala internacional. Este hecho nos parece relevante por dos razones: en primer lugar, por el (cuasi)equilibrio entre el número de metáforas positivas y negativas en un período cuajado de acontecimientos negativos en la Bolsa francesa; y, en segundo lugar, porque muchas de las categorías nocionales tradicionalmente empleadas para el uso de metáforas remiten a aspectos negativos (guerra, catástrofes naturales, enfermedades, etc.).
- Se observa que, pese al actual contexto económico, han surgido pocas metáforas nuevas. Se constata que muchas de las metáforas (que aparecen en múltiples ocasiones en los distintos textos) se han fosilizado y han pasado a formar parte del acervo propio del lenguaje bursátil.
- Resulta significativa la utilización de metáforas para dar importancia a un aumento o beneficio débil o paulatino en una situación de crisis (*grignoter, grappiller, engranger*).
- El estado de la cuestión sobre la relación entre metáfora y traducción demuestra que existe un gran número de estudios de corte teórico (los más numerosos) y, en los últimos tiempos, cada vez más de corte práctico. No obstante, son pocos los trabajos enfocados a la explotación didáctica (en el aula de traducción especializada) de este tipo de figura retórica.

Por último, nos gustaría señalar que este trabajo forma parte de un proyecto más amplio con el que, en futuras publicaciones, se pretende dotar a los estudios sobre metáfora y traducción especializada de una vertiente didáctica y de aplicación en el aula, involucrando a los discentes en el proceso mediante la realización de actividades de clasificación, análisis y traducción de metáforas del ámbito económico.

Referencias

Burbea, G. (2011). Traduire les métaphores du discours de vulgarisation économique. *Studii de gramatică contrastivă,* 16, 84–92.

Diccionario de la Real Academia Española (DRAE). Disponible en <www.rae.es> [Consulta: 15/04/2014].

Dictionnaire Larousse. Disponible en <www.larousse.com/es/diccionarios/frances> [Consulta: 15/04/2014].

Dobrzyńska, T. (1995). Translating metaphor: Problems of meaning. *Journal of Pragmatics,* 24(6), 595–604.

Gallego-Hernández, D. (2010). Estudio comparativo trilingüe de la traducción de la metáfora náutica en el lenguaje económico-financiero. En P. Mogorrón Huerta & S. Mejri (Eds.), *Opacité, idiomaticité, traduction* (pp. 99–128). Alicante: Universidad de Alicante.

Gibbs, R. W. (1994). *The poetics of Mind: Figurative Thought, Language and Understanding*. Cambridge: Cambridge University Press.

Les Échos. Disponible en <www.lesechos.fr> [Consulta: 15/04/2014].

Lakoff, G., & Johnson M. (1986). *Metáforas de la vida cotidiana*. Madrid: Cátedra [traducción de José Antonio Millán y Susana Narotzky].

Linternaute. Dictionnaire de la langue française. Disponible en <www.linternaute.com/dictionnaire/fr/definition> [Consulta: 15/04/2014].

Negro Alousque, I. (2009). La metáfora en el discurso económico en lengua francesa. En Pérez-Llantada, C., & M. Watson (Eds.), *Languages For Business: A Global Approach* (pp. 187–192). Ávila.

Newmark, P. (1988). *A Textbook of Translation*. Londres: Prentice Hall International.

Nida, E., & Taber, Ch. R. (1969). *The Theory and Practice of Translation*. Leiden: E. J. Brill.

Pérez Fernández-Tenllado, R. (2010). *Teoría y práctica de la bolsa*. Madrid: Ediciones Díaz de Santos.

Rabadán Álvarez, R. (1991). *Equivalencia y traducción. Problemática de la translémica inglés-español*. León: Universidad de León.

Rodríguez, S., & Van de Winkel, A. (2005). Les métaphores dans les textes boursiers. *Recherches en communication,* 23, 41–51.

Rollo, A. (2005). Les métaphores dans le lexique économique : modèles culturels en oeuvre. Disponible en <www.dea.univr.it/documenti/Avviso/all/all252956.doc>.

Samaniego Fernández, E. (1996). *La traducción de la metáfora*. Valladolid: Secretariado de Publicaciones e Intercambio Científico de la Universidad de Valladolid.

Serón Ordóñez, I. (2005). La traducción de la metáfora en los textos financieros: estudio de caso. In M. Gracia Torres & M. A. Bugnot (Coords.), *Traducción y cultura: el referente cultural en la comunicación especializada* (pp. 205–250). Málaga: Encasa.

Snell-Hornby, M. (1988). *Translation Studies: An Integrated Approach*. Amsterdam: John Benjamins Publishing Co.

Stiglitz, J. E. (2010). *Caída libre. El libre mercado y el hundimiento de la economía mundial*. Madrid: Editorial Taurus [traducción de Nuria Petit Fontsere y Alejandro Pradera Sánchez].

Trésor informatisée de la langue française. Disponible en <www.atilf.atilf.fr> [Consulta: 15/04/2014].

Truong, H. L. (2012). Les métaphores conceptuelles de l'économie dans les presses françaises et vietnamienne. *Synergies,* 3, 33–45.

Van der Yeught, M. (2012). Diversité et unité des discours sur les crises boursières. In L. Gautier (Ed.), *Les discours de la bourse et de la finance* (pp. 29–46). Berlin: Frank & Timme.

Vázquez-Ayora, G. (1977). *Introducción a la Traductología: curso básico de traducción*. Georgetown: Georgetown University Press.

Yépez Peñalver, A. G. (2002). *El lenguaje hablado en la bolsa: aproximación a la jerga bursátil*. Tesis doctoral, Universidad Complutense de Madrid.

Zonana, V. G. (2008). Les métaphores du discours économique. Analyse linguistique des tribunes médiatiques argentines lors de la crise de 2001. *La nouvelle revue argentine,* 2, 65–75.

El lenguaje del sector inmobiliario en español y francés

Marie-Évelyne Le Poder
Universidad de Granada <lepoder@ugr.es>

After five years of uninterrupted growth, in 2007 the world economy was shaken by the subprime crisis which was the first stage of a financial crisis without precedent since the Second World War. Since then, the media has been playing an important role in echoing the crisis and journalists have been using not only terms related to the economy and financial turbulences but also terms related to the real state sector. We have been studying this sector for several months and have published a book entitled *La crise immobilière en Espagne. Lexique pratique* which contains a French-Spanish/ Spanish-French glossary. The aim of this paper is to present our research which was focused on two generalist newspapers: *El País* and *Le Monde* (2007–2010).

Keywords: subprime crisis, real estate sector, specialized vocabulary, results of the research.

Al inicio del año 2007, tras cinco años de crecimiento ininterrumpido, la economía mundial se vio sacudida por la crisis de las subprimes, el primer eslabón de una crisis económica sin precedentes desde la Segunda Guerra Mundial. Desde entonces, los medios de comunicación se hicieron eco de la crisis utilizando un vocabulario económico-financiero propio de las últimas turbulencias financieras, así como un vocabulario relacionado con el sector inmobiliario, que se encuentra en el corazón de la crisis. Dicho vocabulario ha sido nuestro objeto de estudio durante varios meses y ha dado lugar a la publicación de la monografía titulada *La crise immobilière en Espagne. Lexique pratique,* cuyo objetivo general consistió en la elaboración de un glosario español-francés/francés-español. El presente trabajo consiste en exponer los resultados de esta investigación, que se fundamentó en la versión electrónica de dos diarios de la prensa generalista: *El País* y *Le Monde* (2007–2010).

Palabras clave: crisis de las subprimes, sector inmobiliario, vocabulario especializado, resultados de la investigación.

1. Contextualización de la investigación

1.1 Clasificación convencional de la traducción

A lo largo de su vida profesional, es probable que el traductor tenga que enfrentarse a un amplio abanico de textos que la clasificación convencional de la traducción, muy extendida entre los formadores de traductores, divide en tres ejes principales: la traducción general, la traducción literaria y la traducción especializada (Hurtado Albir, 2001: 47–49). Snell-Hornby (1988), gran defensora de dicha clasificación, se manifiesta claramente a favor de una noción integradora de los estudios de traducción. Esta teórica propone un modelo sintetizado en la tabla siguiente:

<table>
<tr><td>A</td><td colspan="4">TRADUCCIÓN LITERARIA</td></tr>
<tr><td>B</td><td>biblia</td><td>teatro, cine</td><td>poesía, lírica</td><td>literatura moderna</td></tr>
</table>

<table>
<tr><td>A</td><td colspan="2">TRADUCCIÓN GENERAL</td></tr>
<tr><td>B</td><td>prensa, textos informativos de carácter general</td><td>lenguaje publicitario</td></tr>
</table>

<table>
<tr><td>A</td><td colspan="4">TRADUCCIÓN ESPECIALIZADA</td></tr>
<tr><td>B</td><td>lenguaje jurídico</td><td>lenguaje económico</td><td>medicina</td><td>ciencia, tecnología</td></tr>
</table>

Tabla 1. Tipología textual y criterios que cabe considerar para la traducción (Traducción adaptación de Snell-Hornby: 1988).

1.2 ¿Qué se entiende por textos especializados?

Los lenguajes de especialidad constituyen subconjuntos del lenguaje general que se caracterizan por tres variables: la temática, los usuarios y las situaciones comunicativas. Según Cabré (1993: 139), cualquier comunicación que se realice en el marco de los lenguajes de especialidad constituye un texto especializado. Los temas son especializados puesto que son objeto de un aprendizaje especializado, los usuarios son especialistas y las situaciones comunicativas son de tipo formal, reguladas por criterios profesionales o científicos. También, estos lenguajes presentan características de índole lingüística y textual. El grado de especialización de los lenguajes de especialidad puede ser alto (campos de la física o la estadística), más cercano al lenguaje general (la banca, el derecho, etc.) o muy cercano al del lenguaje común (el deporte, etc.). La tabla siguiente resume las características de la traducción de textos especializados:

CARACTERÍSTICAS DEL FUNCIONAMIENTO TEXTUAL	COMPETENCIAS DEL TRADUCTOR	
relevancia del campo temático	conocimientos temáticos	CAPACIDAD PARA DOCUMENTARSE
terminología específica	conocimientos terminológicos	
géneros característicos	conocimientos de los géneros	

Tabla 2. Características de la traducción de textos especializados (Gamero, 1998: 100).

1.3 ¿Qué se entiende por *textos no especializados?*

Existe una gran heterogeneidad de textos que se traducen y no pertenecen a los lenguajes de especialidad. Nos referimos a los textos literarios y a los que se pueden calificar de textos no literarios: textos publicitarios, periodísticos, etc. Cada uno de ellos tiene sus especificidades: el léxico, la sintaxis, las características intratextuales, los géneros y los subgéneros, etc. Nuestra investigación está a caballo entre la traducción general y la traducción especializada, ya que nos interesamos por los textos periodísticos que tratan del sector inmobiliario.

2. Marco teórico

2.1 Lingüística teórica y lingüística aplicada

Hasta hace poco, la palabra lingüística se empleaba para referirse estrictamente a la lingüística teórica. Más allá de la teoría, no había lingüistas, solo había profesores de lenguas, traductores, correctores, lexicógrafos, etc. (Cabré, 1993: 75–76). Solo una minoría de profesionales del lenguaje poseía un sólido bagaje de conocimientos acerca de los principios de la lingüística y de las reglas relativas a la estructura del lenguaje. Su interés hacia la lingüística era casi exclusivamente de índole práctica. Consideraban que la teoría era de poca utilidad para resolver cuestiones propias de su campo. Pero, para comprender el lenguaje en su totalidad, hay que analizarlo desde una perspectiva social y no limitarse a un estudio formal y semántico. Describir el lenguaje no es solo dar cuenta de la competencia lingüística de los individuos sino también del uso que hacen del lenguaje en determinadas situaciones comunicativas. La lingüística aplicada concibe el lenguaje en su dimensión social y estructural como un instrumento de comunicación, un sistema y una materia que dan respuesta a las necesidades comunicativas e informativas de la sociedad. La nueva mentalidad social que caracteriza nuestros tiempos ha contribuido al desarrollo de diversas ramas y enfoques de la lingüística aplicada: la enseñanza de lenguas, la terapéutica del lenguaje, la lexicografía, la terminología, etc., y la lingüística de corpus.

2.2 Lingüística de corpus

Esta disciplina que se interesa por el estudio de la lengua en contexto (Williams, 2005), se ocupa de identificar las decisiones lingüísticas que han sido adoptadas por determinados interlocutores en situaciones comunicativas y contextuales reales. Se integra dentro de la lingüística aplicada, que intenta comprender de qué modo funciona la comunicación y proporcionar soluciones para resolver cuestiones de tipo práctico. Debido a estas características, sirve a los intereses de disciplinas tales como la enseñanza de lenguas, la lexicografía, la traducción, la terminología, etc. En su seno coexisten dos aproximaciones principales (Tognini-Bonelli, 2002): una de tipo deductivo (*corpus-based*), que utiliza los corpus para validar o rebatir una hipótesis, y otra de tipo inductivo (*corpus-driven*), que se dedica al análisis de datos. Ambas aproximaciones se complementan y hacen uso de corpus electrónicos.

La lingüística de corpus se interesa por textos reales producidos en situaciones comunicativas reales. Los corpus configuran conjuntos de textos que han sido seleccionados y clasificados en función de criterios específicos (Biber, 1993; Sinclair, 1996).

La lingüística de corpus define el corpus "comme un ensemble raisonné de textes, qui peut-être éventuellement de grand volume [...] et qui est traversé par une cohérence interne, nécessitant parfois une representativité externe" (Ballard & Pineira-Tresmontant, 2007: 7).

3. Objetivos

El objetivo principal es elaborar un léxico en el sector inmobiliario en la combinación lingüística español-francés y francés-español, concebido, por un lado, como un instrumento de ayuda a la traducción periodística y, por otro, como una introducción a la metodología de la investigación terminológica. Nos marcamos como objetivos específicos los siguientes:

- analizar los procesos de creación neológica del léxico del sector inmobiliario;
- presentar los términos españoles en contexto que proceden del análisis del corpus textual;

- desvelar las dificultades planteadas por la traducción al francés de términos españoles en contexto;
- presentar los términos españoles en contexto acompañados de una propuesta de traducción en francés (algunos ejemplos);
- elaborar un léxico español-francés y francés-español.

4. Metodología

4.1 Constitución del corpus

La metodología se articula en torno a los enfoques comunicativos de dos ramas de la lingüística aplicada: la terminología y la lingüística de corpus. Concretamente, se fundamenta en la terminología aplicada, que utiliza los corpus textuales. Este enfoque surgió del acercamiento entre la terminografía y la lexicografía en un contexto de renovación de las teorías que defienden que los términos deben observarse, analizarse y describirse en el contexto situacional y social en el que se insertan. Por lo tanto, la observación, el análisis y la descripción se llevan a cabo a partir de textos reales producidos en situaciones productivas y transmisoras de conocimiento heterogéneas. Así, la terminología descriptiva de corte comunicativo se une a la lingüística de corpus y hace suya su metodología de análisis de los corpus informatizados que, gracias al desarrollo de Internet y las publicaciones electrónicas, se han convertido en una herramienta imprescindible.

4.2 Parámetros de constitución

Se han tenido en cuenta las siguientes variables para la elaboración del corpus: el tema, el grado de especialización, el tipo de fuentes, el género textual, el tipo de texto y las lenguas. La aplicación de cada una de estas variables ha dado los siguientes resultados:

- tema: corpus monodisciplinar;
- grado de especialización: textos de divulgación que pertenecen a un único grado de especialización;
- fuentes: textos escritos;
- género textual: textos heterogéneos que responden a distintos géneros (noticias, crónicas y artículos de opinión);

- tipo de texto: según la estrategia discursiva, los textos del corpus son heterogéneos o homogéneos (textos argumentativos, narrativos, etc.);
- lenguas: textos en español y en francés que abordan la misma temática.

4.3 Tamaño del corpus

La finalidad es un parámetro muy importante. Si el corpus tiene como finalidad la extracción de datos que sean representativos del uso que se hace de una lengua en su conjunto, conviene elaborar un corpus de referencia que incluya una muestra representativa de la lengua en cuestión, teniendo en cuenta su variación tanto interna como externa. Si se trata de elaborar un corpus para realizar una investigación a partir de una o varias problemáticas, el tamaño del corpus debe estar en adecuación con la resolución de la finalidad que se busca. El corpus que hemos elaborado se confecciona a partir de la versión electrónica de dos diarios de la prensa generalista: *El País* y *Le Monde.*

4.4 Herramienta de análisis

Para analizar nuestro corpus, hemos utilizado Wordsmith Tools (WST), que proporciona un conjunto de programas de análisis textual. Antes de pasar al análisis textual, hemos convertido los textos a formato *txt* y, luego, hemos eliminado fotos, figuras, gráficas, etc. WST comprende herramientas y utilidades. Cada herramienta contiene instrumentos de análisis y funciones que permiten elaborar listas de palabras formadas por una o varias unidades léxicas, agrupaciones léxicas (*clusters*) y palabras clave. Los instrumentos son *Wordlist, Keywords* y *Concord.*

5. Proceso de creación neológica (léxico del sector inmobiliario)

5.1 Préstamos y calcos lingüísticos

Cuando se hace referencia a las unidades que provienen de códigos lingüísticos extranjeros, conviene distinguir entre préstamos y calcos lingüísticos.

Los préstamos comprenden los cultismos, por un lado, y los préstamos de las lenguas vivas, por otro. Los cultismos son préstamos que provienen del fondo grecolatino. Los préstamos de las lenguas, por su parte, se incorporan a una lengua, de modo consciente o inconsciente, sin sufrir modificación alguna (préstamos puros) o mediante adaptaciones de índole gráfica o fonética (préstamos adaptados).

En cuanto a los calcos lingüísticos, abarcan los calcos semánticos y los calcos puros. Los calcos semánticos consisten en la extensión del significado de una unidad léxica con el fin de incluir la acepción que tiene en otra lengua. Generalmente, este proceso se realiza por medio de cognados y parónimos. Los calcos puros tienen la fisionomía de la lengua receptora y sufren modificaciones formales.

En el marco de las relaciones económicas, políticas y culturales entre comunidades, existe siempre una lengua que influye sobre las demás. Hoy en día, en la época de la globalización, el dominio del inglés es incontestable, debido al número de hablantes y al enorme potencial económico de los países anglosajones. La terminología en lengua inglesa se introduce en otras culturas pese a las políticas de planificación lingüística que tratan de defender la lengua autóctona. La lengua española no escapa al fenómeno y los préstamos puros o adaptados se incorporan a los distintos ámbitos de la actividad humana y, por tanto, al ámbito de la economía. Los más numerosos son los préstamos adaptados. Por ejemplo: *banco de inversión* (*banque d'investissement*), que proviene del vocablo inglés *investment bank, fondos de inversión* (*fonds d'investissement*) de *hedge funds, burbuja inmobiliaria* (*bulle immobilière*) de *property bubble*. Respecto a los préstamos puros: *boom, crash, hedge fund, stock, subprime* y el cultismo *ratio*.

5.2 Creación morfológica

5.2.1 Sufijación

El sufijo que con más frecuencia apareció fue *-ción*. Entre otros, identificamos los vocablos *adquisición* (*acquisition*), *ampliación* (*augmentation*), *conservación* (*conservation*), *depreciación* (*dépréciation*), *desgravación* (*dégrèvement*). En segundo lugar, el sufijo *-miento: abaratamiento* (*baisse*), *arrendamiento* (*location*), *endeudamiento* (*endettement*), *hundimiento* (*effondrement*). También destacaron los sufijos *-mento: aumento* (*augmentation*), *fomento* (*encouragement*), *incremento* (*augmentation*); *-ización: capitalización* (*capitalisation*), *comercialización* (*commercialisation*), *cotización* (*cotisation*), *estabilización* (*stabilisation*); *-dad: entidad* (*entité*), *morosidad* (*morosité*), *propiedad* (*propriété*), *volatilidad* (*volatilité*); *-al: adicional* (*supplémentaire*), *capital* (*capital*), *internacional* (*international*), así como *-ista: alcista (à la hausse), bajista (à la baisse)*, etc.

5.2.2 Prefijación

El prefijo *des-*, que permite definir una acción que es contraria a la palabra base, apareció en los vocablos: *desgravación* (*dégrèvement*) y *desplome* (*effondrement*). El prefijo *re-*, que expresa la repetición, el reinicio: *reactivación* (*relance*), *reactivar* (*relancer*), *rebajar* (*baisser, diminuer, réduire*), *reestructuración* (*restructuration*), *renegociar* (*renégocier*), *reunificación* (*réunification*). El prefijo *inter-*, que se refiere a las relaciones entre diversos objetos o entidades, en *interanual* (*interannuel*), *interbancario* (*interbancaire*). El prefijo *sobre-*, que marca un exceso o un grado extremo, en *sobrevaloración* (*surestimation*), *sobreoferta* (*offre excessive*).

5.2.3 Composición

Los procedimientos de composición suelen encontrar su origen en la composición sintagmática, que resulta ser muy productiva en la formación de vocabularios especializados (Arntz y Picht, 1994; Gómez de Enterría, 1992) y cuya estructura es muy variada. Generalmente, los compuestos son endocéntricos. La mayor parte de los compuestos son nominales y presentan estructuras sintácticas características como, por ejemplo:

- sustantivo + adjetivo: *burbuja hipotecaria* (*bulle immobilière*);
- sustantivo + adjetivo + adjetivo: *Banco Central Europeo* (*Banque centrale européenne*);
- sustantivo + a + sustantivo: *empujón a las ventas* (*poussée des ventes*);
- sustantivo + de + adjetivo: *agencias de calificación* (*agences de notation*);
- sustantivo + de + adjetivo + sustantivo: *activos de alto riesgo* (*actifs à haut risque*);
- sustantivo + de + sustantivo: *primas de riesgo* (*primes de risque*);
- sustantivo + de + sustantivo + adjetivo: *fondos de inversión libre* (*fonds d'investissement*);
- sustantivo + de + sustantivo + de + adjetivo + sustantivo: *crisis de las hipotecas de alto riesgo* (*crise des crédits hypothécaires à risque*);
- sustantivo + en + sustantivo: *inversión en construcción* (*investissement dans le secteur de la construction*);
- verbo + sustantivo: *acceder a una vivienda* (*accéder à un logement*)

5.2.4 Siglas

Las siglas constituyen un procedimiento muy frecuente en el léxico del sector inmobiliario. Las siglas encontradas fueron AFI (*Analistas Financieros Internacionales*), AHE (*Asociación Hipotecaria Española*), APCI (Asociación de

Promotores y Constructores Inmobiliarios), BCE (*Banco Central Europeo*), CNMV (*Comisión Nacional del Mercado de Valores*), ECLU (*Entidad Colaboradora en la Gestión de Licencias Urbanísticas*), INE (*Instituto Nacional de* Estadística), IPC (*Índice de Precios al Consumo*), IVA (*Impuesto sobre el Valor Añadido*), LRAU (*Ley Reguladora de la Actividad Urbanística*), VPO (*Vivienda de Protección Oficial*).

5.2.5 Metáforas

El discurso económico, al que pertenece el léxico del sector inmobiliario, está repleto de metáforas hasta tal punto que, retomando las palabras de Gutiérrez Rodilla (1998: 394), se puede afirmar que la narración económica se apoya en esta retórica. Las metáforas responden a la necesidad de designar nuevas realidades y nociones para las que no existen términos precisos. Por lo general, provienen de campos semánticos diversos tales como el movimiento, los estados físicos de la materia, la salud, la guerra, el clima, el teatro, la personificación, etc.

Su presencia es masiva en el corpus español. Por ejemplo: *batacazo inmobiliario* (*chute des prix de l'immobilier*), *burbuja inmobiliaria* (*bulle immobilière*), *colapso inmobiliario* (*effondrement immobilier*), *contención de precios* (*encadrement des prix*), *crecimiento de la deuda* (*croissance de la dette*), *declive de la construcción* (*déclin de la construction*), *desplome de la Bolsa* (*effondrement boursier*), *empujón a las ventas* (*poussée des ventes*), *parón en la construcción* (*coup de frein sur la construction*), *pinchazo inmobiliario/reventón inmobiliario* (*éclatement de la bulle immobilière*), *presión alcista* (*pression à la hausse*), *presión bajista* (*pression à la baisse*), *tormentas financieras* (*tourmentes financières*).

5.3 Fenómeno de la variación denominativa

Uno de los principios más criticado por las nuevas teorías comunicativas terminológicas es la relación unívoca entre el concepto y el término: el concepto es el significado de un término único y un término único denomina un solo concepto. Por tanto, los casos de denominación ambigua, la homonimia, la polisemia y la sinonimia no existen.

Sin embargo, la realidad es muy distinta y, como afirman las nuevas corrientes, la variación es inherente a cualquier acto comunicativo. La denominación de un concepto por medio de diferentes formas lingüísticas responde a necesidades de índole expresiva y cognitiva que tiene el emisor en el acto comunicativo. La variación puede justificarse por causas estilísticas, dialectales, funcionales, sociolingüísticas y cognitivas (Freixa, 2002: 111–114; Tercedor Sánchez, 2002: 199–214, Gallego-Hernández, 2013: 237–241).

Nuestra investigación desveló una cantidad importante de sinónimos tanto en lengua española como en lengua francesa. Por ejemplo, en español: *activos hipotecarios/activos inmobiliarios, adaptación de precios/ajuste de precios, deuda de los hogares/endeudamiento de las familias/endeudamiento de los hogares/endeudamiento familiar, reventón inmobiliario/pinchazo inmobiliario/pinchazo de la burbuja inmobiliaria.* En francés: *acheteurs de logements/chasseurs de logements, agences de notation/agences de rating, boom du logement/boom immobilier, effondrement immobilier/krach immobilier.*

6. Ejemplos de términos españoles en contexto acompañados de una propuesta de traducción en francés

Acceder a una vivienda

España cuenta con más de un millón de viviendas nuevas sin vender y, sin embargo, muchos ciudadanos tienen todavía dificultades para *acceder a una vivienda* (<www.elpais.com>: "El tope de ingresos para recibir ayudas a la compra de VPO sube a 48.900 euros". 19 de diciembre de 2009).

L'Espagne dispose d'un stock de plus d'un million de logements neufs invendus et, pourtant, de nombreux citoyens éprouvent encore des difficultés pour *accéder à un logement (obtenir un logement).*

Activos de alto riesgo

La banca pública alemana es un ejemplo de la "tendencia a invertir en *activos de alto riesgo* con los que se carece de experiencia", según recoge el último informe del FMI. (<www.elpais.com>: "Pésima gestión en las entidades germanas". 20 de junio de 2010).

Selon le dernier rapport du FMI (Fonds monétaire international), la banque publique allemande illustre la tendance à investir en *actifs à haut risque,* qui est généralement peu pratiquée.

Burbuja inmobiliaria

En 2007, con la *burbuja inmobiliaria* a punto de estallar, el sector generaba 2,7 millones de empleos más que Alemania, Francia, Reino Unido e Italia. (<www.elpais.com>: "Una lista con cuatro millones de nombres". 27 de diciembre de 2009).

En 2007, avec la *bulle immobilière (bulle hypothécaire)* sur le point d'éclater, le secteur tertiaire employait 2,7 millions de personnes de plus qu'en Allemagne, en France, au Royaume-Uni et en Italie.

Crisis de las hipotecas de alto riesgo

Hecho: entre el segundo trimestre de 2007 —el anterior a que comenzase la *crisis de las hipotecas de alto riesgo*— y el segundo semestre de 2009 se han perdido 2,28 millones de puestos de trabajo. (<www.elpais.com>: "¿La normalidad? Recuperación sin empleo". 27 de diciembre de 2009).

Entre le deuxième trimestre de 2007, antérieur au début de la *crise des subprime (crise des crédits hypothécaires à risque)* et le deuxième semestre de 2009, 2,28 millions de personnes ont perdu leur emploi.

Fondos de inversión

Estos productos han dejado de ser interesantes para las entidades financieras, que en estos días se vuelcan antes en captar el ahorro (depósitos, planes de pensiones y *fondos de inversión*) de los clientes, mientras miran de soslayo a las hipotecas. (<www.elpais.com>: "Hipotecados: se acabó la tregua". 27 de diciembre de 2009).

Ces produits ont cessé d'être intéressants pour les établissements financiers qui ces jours-ci préfèrent capter l'épargne (dépôts, plans de retraites et *fonds d'investissement*) des clients sans pour autant perdre de vue les hypothèques.

Inversión en construcción

Y la *inversión en construcción* reafirma el cambio de tendencia. (<www.elpais.com>: "La economía mantiene una débil recuperación tras crecer un 0,2% entre abril y junio". 6 de agosto de 2010).

L'investissement dans la construction confirme le changement de tendance.

Reventón inmobiliario

España saldrá con retraso de la crisis por el *reventón inmobiliario,* la excesiva deuda y el ajuste fiscal. El Gobierno confía en el consumo y las exportaciones. (<www.elpais.com>: "Europa se aleja de la Península. 19 de septiembre de 2010).

La sortie de la crise sera tardive pour l'Espagne à cause de *l'éclatement de la bulle immobilière*, de la dette excessive et de l'ajustement fiscal. Le gouvernement compte sur la consommation et les exportations pour revigorer l'économie.

VPO

El Gobierno rebaja los tipos de interés a 640.000 propietarios de *VPO*. (<www.elpais.com>. 12 de marzo de 2010).

640 000 propriétaires *d'HLM* bénéficent d'une baisse des taux d'intérêt décidée par le gouvernement espagnol.

7. A modo de conclusión

Los artículos publicados en las secciones dedicadas a la información económica y financiera de la prensa generalista, como es el caso del diario español *El País,* por un lado, y del diario francés *Le Monde,* por otro, supuestamente orientados al público general, encierran un léxico fronterizo entre la lengua común y la especializada. En el presente trabajo, que plasma los resultados de una investigación sobre el lenguaje del sector inmobiliario en lenguas española y francesa, nos interesamos por el vocabulario propio del sector inmobiliario. Concretamente, mediante una metodología basada en la lingüística de corpus, analizamos los procesos de creación neológica del léxico de dicho sector (préstamos y calcos lingüísticos, creación morfológica, fenómeno de la variación denominativa) y presentamos algunos ejemplos de términos españoles en contexto procedentes del análisis del corpus textual, acompañados de una propuesta de traducción en francés que contribuyó a desvelar las dificultades planteadas por el proceso de traslación. La finalidad del estudio consistió en la elaboración de un léxico en el sector inmobiliario en la combinación lingüística español-francés y francés-español, concebido, por una parte, como un instrumento de ayuda a la traducción periodística y, por otra, como una introducción a la metodología de la investigación terminológica.

Referencias

Arntz, R., & Picht, H. (1994). *Introducción a la terminología.* Madrid: Fundación Germán Sánchez Ruipérez.

Ballard, M., & Pineira-Tresmontant, C. (Eds.) (2007). *Les corpus en linguistique et en traductologie.* Arras: Artois Presses Université.

Biber, D. (1993). Using register-diversified corpora for general language studies. *Computational Linguistics,* 19, 243–258.

Cabré Castellví, M. T. (1993). *La Terminología. Teoría, metodología y aplicaciones.* Barcelona: Editorial Antártida Empúries.

Freixa, J. (2002). Reflexiones acerca de las causas de la variación denominativa en terminología. In G. Guerrero Ramos & M. F. Pérez Lagos (Eds.), *Panorama Actual de la Terminología* (pp. 107–116). Granada: Comares.

Gallego-Hernández, D. (2013). La variación término-fraseológica en el lenguaje de la macroeconomía. Estudio basado en corpus sobre las medidas de saneamiento ante la crisis. *Revista española de lingüística aplicada,* 26, 215–244.

Gamero Pérez, S. (1998). *La traducción de textos técnicos (alemán-español): géneros y subgéneros.* Bellaterra: Universitat Autónoma de Barcelona.

Gómez de Enterría, J. (1992). Neología y préstamo en el vocabulario de la economía. *Anuario de Estudios Filológicos de la Universidad de Cáceres,* 96–107.

Gutiérrez Rodilla, B. (1998). *La ciencia empieza en la palabra.* Barcelona: Península.

Hurtado Albir, A. (2001). *Traducción y traductología: introducción a la traductología.* Madrid: Cátedra.

Le Poder, M. (2012). *La crise immobilière en Espagne. Lexique pratique.* Aix-en-Provence: Publications de l'Université de Provence.

Sinclair, J. (1996). *Preliminary recommendations on Corpus Typology. Technical report EAGLES (Expert Advisory Group on Language Engineering Standards).*

Snell-Hornby, M. (1988). *Translation Studies: An Integrated Approach.* Amsterdam: John Benjamins Publishing Compagny.

Tercedor Sánchez, M. I. (2002). Descripción y representación de la variación terminológica: el caso de la dimensión "tipos de cáncer". In P. Faber & C. Hurtado (Eds.), *Investigar en Terminología* (pp. 199–214). Granada: Comares.

Tognini-Bonelli, E. (2002). *Corpus Linguistics at Work.* Amsterdam: John Benjamins.

Williams, G. (Dir.) (2005). *La linguistique de corpus.* Rennes: Presses Universitaires de Rennes.

La variation terminologique du terme : obstacle ou atout pour la traduction ? Cas des deux langues française et anglaise

Yasmine Barsoum
Université Française d'Égypte <yasmine.barsoum@gmail.com>

In the actual context of globalization, translation became an essential tool for the transmission of a general or specialized content from a language to another. In this context, translation needs a rich terminological baggage in the concerned field in both language. Terminology is then a science which is really involved in this process. Moreover, the recent experimental norm ISO, entitled *Translation project, general guidelines* (XP ISO/TS 11669 X03-016, 2012), underlines the importance of terminology in translation field which aims essentially to guarantee communication between specialists and non specialists speaking two different languages. In many cases, the communication problems are due to erroneous translations of a specialized content in a precise field. The question of social use is a principal reason for this problem. Indeed, the social use can lead sometimes to what is called *terminological variation* which ends up at confusions in translation. In this case, the terminologist interferes to do his work of normalization which is essential for a good translation. In this article, we will explain first the link between terminology and translation. We will then analyze the phenomenon of terminological variation, by developing its positive and negative impacts on the language and especially on translation. This analysis will be based on examples taken from economical and institutional fields. In this context, we will approach the terminologist's role in solving problems resulting from this phenomenon. In the conclusion of this article, we will make recommendations which could be achieved in the French language.

Keywords: terminology, translation, specialized fields, terminology variation, regional use.

Dans le contexte actuel de la mondialisation, la traduction est devenue un outil primordial pour la transmission d'un contenu général ou spécialisé d'une langue à une autre. Dans ce cadre, la traduction a besoin d'un bagage terminologique riche du domaine en question dans les deux langues concernées. La terminologie est donc une science réellement impliquée dans ce processus. D'ailleurs, la récente norme expérimentale ISO, intitulée *Projet de traduction, lignes directrices* générales (XP ISO/TS 11669 X03-016, 2012), souligne l'importance de la terminologie dans le domaine de la traduction qui, à son tour, a pour objectif essentiel de garantir la communication entre des spécialistes ou des non spécialistes parlant deux langues différentes. Dans plusieurs cas, les problèmes de communication résultent des traductions erronées d'un contenu spécialisé dans un domaine précis. La question de l'usage en est une cause principale. En effet, l'usage peut mener parfois à ce qu'on appelle *variation terminologique* qui aboutit à des confusions en traduction. C'est là que le terminologue intervient pour effectuer son travail de normalisation indispensable pour une bonne traduction. Dans cette communication, nous expliquerons d'abord le lien entre la terminologie et la traduction. Nous analyserons ensuite le phénomène de la variation terminologique, tout en développant ses impacts positifs et négatifs sur la langue et la traduction en particulier. Cette analyse sera basée sur des exemples tirés du domaine économique et institutionnel. Dans ce contexte, nous traiterons du rôle du terminologue dans le règlement des problèmes pouvant résulter de ce phénomène. Nous conclurons notre communication par des recommandations pouvant être réalisées dans la langue française.

Mots-clés : terminologie, traduction, domaines de spécialité, variation terminologique, usage régional.

1. Introduction

Dans le contexte actuel de la mondialisation, la traduction est devenue un outil primordial pour la transmission d'un contenu général ou spécialisé d'une langue à une autre, surtout dans le cadre de l'économie mondiale. Dans ce cadre, la traduction a besoin d'un bagage terminologique riche du domaine en question dans les deux langues concernées. La terminologie est donc une science réellement impliquée dans ce processus. Dans plusieurs cas, le message traduit n'est pas compris à cause de l'emploi par le traducteur d'un terme qui ne passe pas dans l'usage du destinataire. Cela est dû au phénomène appelé *variation terminologique*. A partir de ce constat, nous avons formulé la problématique suivante : la variation terminologique d'un terme est-elle un obstacle ou un atout pour la traduction ? Dans la présente recherche, nous tenterons de répondre à cette problématique touchant à la fois le terminologue, le traducteur et les organismes spécialisés dans le domaine objet d'étude.

Pour ce faire, nous expliquerons d'abord le lien étroit entre la terminologie bilingue et la traduction spécialisée. Nous analyserons ensuite le phénomène de la variation terminologique, tout en développant ses impacts positifs et négatifs sur la langue et la traduction en particulier. Cette analyse sera menée à travers des exemples tirés du domaine économique, surtout en ce qui concerne les entreprises multinationales. Enfin, nous étudierons le rôle du terminologue consistant à régler les problèmes pouvant découler de ce phénomène. Nous conclurons notre communication par des recommandations pouvant être appliquées dans toutes les langues.

2. Lien entre terminologie bilingue et traduction spécialisée

Tel que mentionné dans l'introduction, la traduction est devenue un instrument indispensable pour tout échange d'un contenu spécialisé. Pour réaliser cette tâche, le traducteur a besoin de recourir à ses ressources terminologiques garantissant la transmission efficace du message traduit. La terminologie est donc un facteur essentiel dans ce processus et le traducteur en est un utilisateur permanent.

> Le travail terminologique est un élément essentiel pour presque tous les projets de traduction et à tous les stades du projet (Norme XP ISO/TS 11669 X03-016, 2012: 11).

En effet, le traducteur doit, avant de traduire, identifier la terminologie du sous-domaine en question et avoir recours à une base de données terminologique permettant d'éviter les erreurs et les confusions.

On constate qu'un des éléments essentiels en traduction, à part la compréhension du texte initial, est la maîtrise de la terminologie du domaine concerné dans la langue de départ ou la langue source et la langue d'arrivée ou la langue cible.

La terminologie bilingue sert la traduction, en ce sens qu'elle s'intéresse au processus d'équivalence basé sur la recherche de termes dans la langue cible correspondant aux termes à traduire dans la langue de départ ou la langue source.

> On entend par équivalence entre deux termes de langues différentes une identité à peu près complète des contenus sémantiques à l'intérieur d'un même domaine d'application (Dubuc, 1978–1980: 37).

L'équivalence n'est donc pas toujours réalisée, puisque le terme trouvé dans la langue d'arrivée ou langue cible ne couvre pas, le plus souvent, tous les sèmes contenus dans le terme de la langue de départ ou langue source.

Qui dit transmission d'un message traduit dit communication. Une communication efficace ne peut être réalisée que lorsque le traducteur transmet un message, une idée ou une information compréhensible par le destinataire. Cette intercompréhension est réussie lorsque la transmission des informations se réalise au niveau des références, des concepts et des termes.

> La traduction est un processus qui vise à faciliter la communication entre locuteurs de différentes langues. L'activité terminologique multilingue va donc de pair avec la traduction (Cabré, 1998: 93).

Dans certains cas, les traductions entravent la communication entre spécialistes parlant des langues différentes, étant donné que le message n'est pas bien transmis. Cela est dû à la question de l'usage qui peut aboutir au phénomène de la variation terminologique, prêtant parfois à confusion en traduction. Cette confusion résulte du fait que le traducteur ne considère pas le terme traduit sous ses aspects culturels, sociaux et communicationnels. La socioterminologie est donc réellement impliquée en traduction.

> Non seulement les terminologies sont pleinement impliquées dans les sciences et techniques (et celles-ci dans la société) et pleinement parties prenantes des langues, mais elles sont aussi par essence culturelles. Comme discipline, la terminologie doit rendre raison de cela. La socioterminologie s'y est employée (Quirion, Depecker, Rousseau, 2013: 13).

La socioterminologie est une science liée étroitement à la question de l'usage. Les peuples, parlant une même langue, ont chacun sa terminologie dans la langue commune ou la langue spécialisée. Cela résulte de leur façon de concevoir le référentiel et leurs circonstances culturelles et communicationnelles.

La récente norme expérimentale ISO, intitulée *Projet de traduction, lignes directrices générales* (XP ISO/TS 11669 X03-016, 2012) parle plutôt de *particularité locale* pour désigner la « valeur qui reflète la langue, les conventions locales et la culture propre à une région géographique » (Norme XP ISO/TS 11669 X03-016, 2012: 2).

La variation est donc un phénomène terminologique très largement impliqué dans le processus de traduction.

3. Variation terminologique : analyse des impacts sur la traduction économique

Dans cette partie, une analyse sera menée sur le phénomène de la variation terminologique, ainsi que sur ses impacts positifs et négatifs sur la langue surtout en matière de traduction. Cette analyse, menée du point de vue d'un terminologue dans le domaine économique, sera fondée sur des exemples tirés d'un corpus concernant les entreprises multinationales.

D'abord, il faudrait définir le phénomène de la variation terminologique, considérée comme un processus inévitable en terminologie. Une variation est un processus selon lequel une unité terminologique désignant un concept se manifeste de différentes façons à travers d'autres unités terminologiques désignant parfaitement le même concept dans un corpus spécialisé. Il s'agit donc de deux ou de plusieurs termes substituables désignant un même référent dans des conditions différentes (par exemple, géographiques).

Il existe plusieurs types de variantes, à savoir :

- Variante morphologique : unité terminologique subissant la modification d'un morphème du terme (le genre et le nombre), par exemple : *bien d'équipement* et *biens d'équipement.*
- Variante graphique ou orthographique : unité terminologique subissant une modification au niveau graphique (la majuscule et la minuscule, le trait d'union, l'ellipse d'une unité terminologique) par exemple : *une multinationale* et *une entreprise multinationale.*
- Variante synchronique, diachronique, chronologique, temporelle ou historique : unité terminologique qui se manifeste dans le discours et tente de passer dans l'usage en même temps qu'une autre unité désignant le même concept. Cette variante peut donc se substituer, dans une étape ultérieure, à l'unité qui était en usage. Elle peut résulter de plusieurs facteurs dont la création d'une nouvelle unité terminologique, par exemple, *économie numérique* pour remplacer *économie en ligne.* Une fois ces variantes synchroniques intégrées, elles deviennent diachroniques, puisqu'elles opèrent, à ce moment, un changement partiel dans la langue concernée du fait de l'évolution de l'unité qui a lieu dans le temps. Ce type de variante est soumis donc à l'évolution de la langue dans le temps.
- Variante locale : unité terminologique qui se manifeste en même temps qu'une autre unité pour désigner un même concept, et résultant de l'usage social dans un même pays, une même région ou au sein d'un même milieu professionnel. Dans ce cas, la variation est soumise au niveau de langue (spécialisé ou non spécialisé) ou au registre professionnel. Par exemple, dans le jargon économique, le terme *marge* est employé entre les spécialistes et a pour variante le terme *taux de rentabilité opérationnelle* en usage dans les textes spécialisés vulgarisés pour désigner le profit de l'entreprise après la vente d'un bien ou d'un service. De même pour le terme *point mort* qui a pour variante *seuil de rentabilité* pour désigner le moment où l'activité de l'entreprise n'aboutit plus ni à des profits ni à des pertes.
- Variante régionale ou géographique : unité terminologique qui se manifeste en même temps qu'une autre unité pour désigner un même concept, et résultant de l'usage régional dans deux régions ou pays différents qui ont chacun ses propres désignations pour un même concept. Ce type de variantes est plus fréquent quand une langue est parlée par les locuteurs dans plusieurs régions ou pays. (cf. tableau 1 : Termes extraits et leurs variantes dans la langue cible).

Pour mener à bien l'analyse de ce phénomène, nous aurons recours aux procédés suivants :

- Délimitation d'un corpus anglais et français dans le domaine objet d'étude : ce corpus est constitué de sites web des entreprises multinationales et surtout la page d'accueil de ces sites qui en est la vitrine principale permettant un premier contact avec les utilisateurs éventuels, qu'ils soient consommateurs, fournisseurs ou commerçants. Les sites qui feront l'objet de l'analyse sont ceux de multinationales spécialisées dans plusieurs secteurs d'activité, à savoir : Dell, General Electric, McDonald's, Microsoft, Nestlé.

Ce choix du corpus se justifie par le fait qu'Internet est devenu, de nos jours, le réseau de communication par excellence. Les sites des multinationales sont, en effet, des documents créés par ces entreprises à des fins d'information ou de commercialisation des produits.

> Mais les sites Web les plus intéressants concernent les firmes internationales qui se servent de l'internet non seulement comme une vitrine commerciale, mais aussi comme un média multilingue servant à la fois à la communication d'informations pratiques, à la promotion des produits et à l'interaction avec le consommateur (Guidère, 2008: 42).

Sur la plupart de ces sites, l'utilisateur trouve une option *pays/langue* offerte par l'entreprise pour qu'il fasse lui-même le choix en fonction de sa condition réelle. Cette confusion entre *pays et langue* sous une même option prouve l'existence des variantes régionales adoptées par l'entreprise selon le pays de l'utilisateur. Après la consultation et l'observation de plusieurs sites de multinationales, nous n'avons retenu que ceux des entreprises qui cherchent à s'adapter aux désignations en usage dans chaque pays, car répondant à l'objectif de notre recherche. Dans la présente étude portant sur deux langues (le français et l'anglais), il existe donc deux types de sites : sites de multinationales à la base francophones dont le contenu est traduit en anglais et sites de multinationales à la base anglophones dont le contenu est traduit en français.

- Extraction des termes constituant des cas de variation et figurant sur les pages d'accueil des sites de ces entreprises. D'ailleurs, le terme *entreprise multinationale* est un exemple significatif de ce phénomène, avec ses variantes *multinationale, firme multinationale, transnationale, entreprise transnationale.*
- Analyse des constatations émises lors et à la suite de l'extraction des variantes terminologiques.

Avant de procéder à ces étapes, il faudrait d'abord présenter le sous-domaine de notre recherche s'inscrivant sous le domaine de l'économie internationale, à savoir, les entreprises multinationales.

De nos jours, la mondialisation incite les institutions économiques à internationaliser les échanges des marchandises et de services. En effet, la mondialisation a obligé les entreprises à appliquer des politiques économiques et financières mondiales, afin d'opérer à une échelle internationale et non seulement locale ou régionale. Ces entreprises sont donc exposées à de nouveaux besoins d'une clientèle mondiale qu'elles doivent tenter de satisfaire. Les besoins de ces consommateurs provenant ainsi de plusieurs pays sont étroitement liés à des facteurs culturels, sociaux et politiques. Ces facteurs exigent une certaine adaptabilité de la part des entreprises, sinon ils pourraient être sources de problèmes entravant cette internationalisation.

Pour s'adapter à la mondialisation et à l'internationalisation, les entreprises se multinationalisent en investissant et en créant des filiales à l'étranger et deviennent ce qu'on appelle *les multinationales.*

Une entreprise multinationale est définie comme une « grande entreprise d'origine nationale qui exerce ses activités productives dans plusieurs pays » (Capul & Garnier, 1999: 258).

Cette multinationalisation touche évidemment l'activité de production de l'entreprise. En effet, l'une des stratégies des multinationales est la délocalisation définie comme la « pratique des entreprises consistant à fermer une usine sur le territoire nationale pour en ouvrir une autre à l'étranger où les conditions de production sont jugées plus favorables » (Capul & Garnier, 1999: 259).

Une autre stratégie des multinationales est la localisation qui consiste à choisir un lieu d'implantation de leur entreprise et des leurs unités de production. Cette implantation résulte du choix de ces firmes d'opérer en dehors de leurs frontières nationales, suivant des enjeux géographiques, économiques, technologiques, sociaux et culturels.

Ces entreprises multinationales contrôlent leurs filiales de production dans différents pays où celles-ci sont implantées. Malgré leur appellation *multinationales,* elles gardent seulement la nationalité de leur pays d'origine. Une multinationale est donc constituée d'une société-mère qui est localisée dans le pays d'origine et de l'ensemble des entreprises qui en dépendent appelées *filiales.*

Tel qu'il a été déjà mentionné, les éléments sociaux et culturels interviennent dans le processus de commercialisation des produits offerts par les multinationales. Ces éléments ont une influence sur l'aspect linguistique de la commercialisation effectuée sur les sites de ces entreprises implantées dans différents pays. Ce phénomène sera démontré à travers les exemples suivants que nous avons pu avancer, sous forme de tableau, suite au dépouillement du corpus déjà cité.

Firme	*Secteur D'activité*	*Pays D'origine*	*Langue Source*	*Terme De La Langue Source*	*Variantes De La Langue Cible / Pays De La Variante*
Dell	informatique	États-Unis	anglais	for home	particuliers/ France, Suisse, Belgique pour la maison/ Canada
Dell	informatique	États-Unis	anglais	for work	profession-nels/ France, Suisse, Belgique pour le travail/ Canada
Dell	informatique	États-Unis	anglais	dell deals	offres spéciales/ France, Suisse offres spéciales Dell/ Belgique Aubaines Dell/ Canada
EDF	fourniture d'énergie et services (électricité et gaz)	France	français	plan du site	site map/ Royaume-Uni site plan/ États-Unis
EDF	fourniture d'énergie et services (électricité et gaz)	France	français	mentions légales	copyright statement/ Royaume-Uni legal notices/ États-Unis
General Electric	énergie électrique	États-Unis – Canada (anglais)	anglais	imagination at work (Slogan)	l'imagination en action/ France, Belgique imagination à l'œuvre/ Canada
General Electric	énergie électrique	États-Unis – Canada (anglais)	anglais	privacy	vie privée/ France, Canada Confidentiali-té/ Belgique
Mcdonald's	restauration rapide	États-Unis	anglais	working here	travailler chez McDonald's/ France, Belgique jobs/ Suisse travailler avec nous/ Canada
Mcdonald's	restauration rapide	États-Unis	anglais	our people	qui sommes-nous ?/ France, Belgique nos gens/ Canada

Firme	*Secteur D'activité*	*Pays D'origine*	*Langue Source*	*Terme De La Langue Source*	*Variantes De La Langue Cible / Pays De La Variante*
Michelin	conception et fabrication de pneumatiques	France	français	trouver un revendeur	dealer locator/ Royaume-Uni locate a tire dealer/États-Unis
Michelin	conception et fabrication de pneumatiques	France	français	pneus	tyres/ Royaume-Uni automotive tires/ États-Unis
Michelin	conception et fabrication de pneumatiques	France	français	conseils de conduite	driving guide/ Royaume-Uni driving tips/ États-Unis
Microsoft	informatique et micro-informatique	États-Unis	anglais	chat or call	contactez-nous/ France conversation instantanée ou téléphonique/ Suisse, Belgique clavardage ou appel/ Canada
Nestlé	agro-alimentaire	Suisse	français	emploi	careers/ Royaume-Uni jobs/ États-Unis
Nestlé	agro-alimentaire	Suisse	français	histoire	history/ Royaume-Uni key dates/ États-Unis
Schneider electric	distribution électrique, automatismes et contrôles industriels, énergie sécurisée, automatismes du bâtiment.	France	français	bâtiments	industrial building/ Royaume-Uni building solutions/ États-Unis

Tableau 1. Termes extraits et leurs variantes dans la langue cible.

Après l'analyse des différents sites des multinationales et l'observation des exemples tirés du corpus figurant dans le tableau ci-dessus, nous avons émis les constatations suivantes :

- La plupart des variantes observées sont de type régional ou géographique, puisqu'il s'agit de différents pays ou régions parlant la même langue, que ce soit pour le français ou l'anglais. En outre, des variantes graphiques ou orthographiques (exemple : ellipse d'un élément) ont été constatées dans le tableau.
- Certaines entreprises mères veillent à traduire leur contenu, tout en y ajoutant des éléments pour tenter de s'adapter à la réalité culturelle et sociale d'une de leurs filiales, par exemple : la banque HSBC qui ajoute un service destiné aux nouveaux arrivants au Canada, concept existant dans ce pays en particulier.
- La Suisse et la Belgique sont influencées par leur voisin français et se conforment à ses usages, alors que le Canada, qui a sa propre politique linguistique française, semble être le pays francophone gardant sa propre terminologie dans tous les secteurs d'activité.
- Les sites canadiens des entreprises multinationales ont recours à des formules accrocheuses et à des systèmes d'énonciation qui jouent sur le côté affectif du destinataire et l'impliquent implicitement dans la communication (exemple : McDonald's *Travailler avec nous*). Ce choix, visant à commercialiser le produit, se base sur le respect des aspects culturels du public cible, ce qui mène à la création des variantes régionales.
- Dans certains secteurs d'activité comme le tourisme, l'informatique (services) et le transport, les multinationales tendent à fournir uniquement un choix entre les deux langues anglaise et française sur leur page d'accueil, sans respecter les variantes régionales en usage dans chaque pays francophone ou anglophone. Cela pourrait être dû au fait que ces secteurs commercialisent des services et non des produits. Ils insistent sur le côté pratique, en assurant la bonne transmission d'un seul message brut compris par tous les locuteurs de la langue. Ces secteurs d'activité comme Google, Accor, Air France-KLM, dont le principe semble être l'uniformisation, tendent donc à unifier les termes en français ou en anglais, sans se plier aux variations en vigueur.
- Certaines multinationales, surtout celles originaires d'un pays ayant plusieurs langues officielles, ont tendance à fournir une traduction de leur site uniquement dans ces langues, par exemple, en français et en anglais pour les entreprises canadiennes et en français, néerlandais, allemand pour les entreprises belges qui ajoutent l'anglais, considéré comme une langue internationale.

- Certaines multinationales ont tendance à privilégier l'usage de l'anglais américain, dont l'usage est considéré comme étant le plus répandu dans le monde, et ce, lors de la conception de leur site global (mondial) destiné au large public anglophone.
- Le phénomène de la variation terminologique touche également les slogans des entreprises, afin de bien communiquer l'objectif de l'entreprise aux différentes régions parlant une même langue (cf. tableau ci-dessus : General Electric).

4. Rôle du terminologue en cas de variation terminologique

Un des objectifs essentiels du terminologue est d'atteindre son utopie ou son rêve : trouver une seule désignation pour un seul concept dans la langue étudiée, en d'autres termes, que chaque concept ait une seule désignation.

Or, dans cette étude, nous prouvons que la diversité des pays francophones et anglophones mène à la variation terminologique ou à la pluralité d'équivalents pour un seul terme.

Mais la pluralité des variantes aboutit parfois à des confusions surtout pour le traducteur. En cas de confusions résultant de la variation terminologique provenant de l'usage social, le terminologue intervient pour tenter de réaliser une sorte d'unification ou de normalisation indispensable pour une bonne traduction et une bonne communication du message traduit, et pour garantir la clarté et la précision prônées par la terminologie.

> Le terminographe et le terminologue se retrouvent en première ligne pour fournir au technicien, au commercial, au juriste, au dépanneur, au conférencier, au traducteur, à l'interprète, au rédacteur, au journaliste, et aux autres, les désignations ou dénominations ou, inversement, les significations, sans lesquelles il n'y a pas de communication et notamment de communication internationale efficace. (Gouadec, 1990: 22).

Pour réaliser cette normalisation, le terminologue doit faire d'abord un repérage des différentes variantes pour un seul terme selon une observation bien précise des différents usages. Ensuite, il doit étudier ces variantes pour en déterminer le sens et indiquer les nuances sémantiques entre elles, s'il y en a. Dans une étape finale, il recommande l'usage d'un terme privilégié pour garantir la meilleure communication entre les usagers de la même langue, et répond donc aux objectifs de la localisation dans le domaine de traduction.

> Le choix entre plusieurs usages concurrents est souvent délicat ; il faut se garder de prendre pour norme ses préférences personnelles. Il importe, dans toute la mesure du possible, de se placer sur le plan de la facilité de la communication. Pour réduire la marge de subjectivité, on peut définir certains critères de sélection. Nous en proposons quatre : fréquence, maniabilité, adéquation et motivation. (Dubuc, 1978–1980: 76).

En outre, la plupart des entreprises ont actuellement, au sein de leur établissement, un poste de terminologue chargé de gérer, d'harmoniser et de diffuser des termes à partir de bases de données terminologiques qu'il constitue spécialement pour l'entreprise. Dans ce cas, le traducteur doit respecter la terminologie propre à cette entreprise.

Au cas où le terminologue se trouve incapable de trancher, il devrait tenter de pratiquer une politique de conciliation du terme et de ses usages régionaux ou de compromis entre les différentes variantes employées pour désigner un même concept. Cette conciliation pourrait se réaliser en rendant compte de ces variantes ou des différents usages dans leurs produits terminologiques et en précisant les contextes où ces variantes sont employées, de façon à ce que le traducteur sélectionne la variante adéquate aux usages de son public cible. Dans ce cas, le terminologue joue le rôle d'un guide pour le traducteur ou les organismes de traduction, en les orientant vers les termes à employer dans chaque région ou pays, selon leur degré d'acceptabilité par le public cible. Cette orientation pourrait être effectuée à travers la création d'index alphabétiques et conceptuels bilingues ou multilingues avec les différentes variantes du terme et leurs usages, pouvant ainsi servir de répertoires aux traducteurs.

Par conséquent, le terminologue joue un rôle significatif dans le règlement des problèmes pouvant résulter de la variation terminologique, que ce soit à travers la normalisation ou la conciliation du terme et de ses variantes.

5. Conclusion

La présente recherche porte donc sur trois aspects principaux : le lien étroit entre terminologie bilingue et traduction spécialisée, l'analyse de la variation terminologique à partir d'un corpus portant sur les entreprises multinationales et enfin, le rôle du terminologue dans le règlement des problèmes résultant de ce phénomène.

À partir de l'analyse menée tout le long de cette étude, il a été déduit que la variation pourrait être un obstacle au cas où le traducteur l'emploie pour s'adresser à un public qui ne comprend pas la variante. En revanche, elle pourrait être une richesse ou un atout s'il emploie la variante régionale adéquate passant dans l'usage du pays de la langue cible. Dans ce dernier cas, le traducteur respecte la politique linguistique du pays ou de la région.

La terminologie a un rôle majeur à jouer à ce sujet. En effet, nous recommandons la conception, par des terminologues, de sites pouvant sensibiliser les traducteurs à l'évolution quotidienne des usages dans les deux langues française et anglaise, à l'exemple du site de Franceterm ou du Grand Dictionnaire Terminologique (GDT). Cette sensibilisation pourrait se réaliser par un plus grand souci de précision et ce, à travers la création de dictionnaires spécialisés dans les sous-domaines constituant un domaine donné et destinés aux traducteurs, afin de garantir l'exactitude terminologique dans les corpus objets de traduction.

La normalisation des termes dans tous les pays francophones et anglophones étant considérée comme irréalisable, une autre recommandation consisterait à tenter de normaliser ou d'unifier uniquement l'usage des variantes graphiques ou morphologiques, tout en maintenant la variation régionale indispensable pour la transmission du message au public cible.

Les demandeurs de traduction pourraient également remédier à ce problème. En effet, selon la récente norme expérimentale ISO, intitulée *Projet de traduction, lignes directrices* générales (XP ISO/TS 11669 X03-016, 2012), le demandeur de traduction devrait non seulement déterminer la langue cible vers laquelle il souhaite traduire son contenu, mais aussi les particularités locales devant être respectées dans le texte cible, puisque la mauvaise traduction peut résulter des variations régionales.

Ces recommandations devraient permettre aux traducteurs de surmonter les problèmes terminologiques de la variation et de garantir une meilleure transmission du contenu spécialisé dans les deux langues française et anglaise.

Références

Association Française de Normalisation (AFNOR). (octobre 2001). *Norme NF ISO 15188, Lignes directrices pour la gestion de projets de normalisation terminologique.* France : AFNOR.

Association Française de Normalisation (AFNOR). (juillet 2012). *Norme expérimentale XP ISO/TS 11669 X03-016, projet de traduction, lignes directrices générales.* France : AFNOR.

Cabré, M. T. (1998). *La terminologie théorie, méthode, et applications.* France-Canada : Armand Colin, Les Presses de l'Université d'Ottawa.

Capul, J-Y., & Garnier, O. (1999). *Dictionnaire d'économie et de sciences sociales*. Paris : Hatier.

Colovic, A., & Mayrhofer, U. (2008). Les stratégies de localisation des firmes multinationales. *Revue française de gestión,* 4, 184, 151–165. Récupéré de <www.cairn.info/revue-francaise-de-gestion-2008-4-page-151.htm>.

Dubuc, R. (1978–1980). *Manuel pratique de terminologie.* Paris, Montréal : Linguatech, Conseil International de La Langue Française.

Feuillard, C. (2008). Oscillation, variation synchronique, évolution diachronique. *La linguistique.* 44, 2, 25–44. Récupéré de <www.cairn.info/revue-la-linguistique-2008-2-page-25.htm>.

Gouadec, D. (1990). *Terminologie : constitution des données.* Paris : AFNOR.

Guidère, M. (2008). *La communication multilingue.* Bruxelles : De Boeck.

Iveth Carreño Cruz, S. (2004). *Analyse de la variation terminologique en corpus parallèle anglais-espagnol et de son incidence sur l'extraction de termes bilingue.* Montréal. Récupéré de <refef.crifpe.ca/document/memoire/CARRENO_CRUZ.pdf>.

Lervad, S. (2009). Recherche en terminologie et applications pratiques : quelques axes de collaboration avec des partenaires industriels danois. *Revue française de linguistique appliquée,* 2, XIV, 73–80. Récupéré de <www.cairn.info/revue-francaise-de-linguistique-appliquee-2009-2-page-73.htm>.

Levasseur, S. (2002). Investissements directs à l'étranger et stratégies des entreprises multinationales. *Revue de l'OFCE,* 5(83 bis), 103–152. Récupéré de <www.cairn.info/revue-de-l-ofce-2002-5-page-103.htm>.

Neveu, F. (2011). *Dictionnaire des sciences du langage.* Paris : Armand-Colin.

Petit, G. (1990). Le traitement des variantes graphiques dans les Dictionnaires Larousse et spécifiquement dans le Petit Larousse Illustré. *Langue française,* 108, 40–51. Récupéré de <www.persee.fr/web/revues/home/prescript/article/lfr_0023-8368_1995_num_108_1_5317>.

Quirion, J., Depecker, L., & Rousseau, L-J. (2013). *Dans tous les sens du terme.* Québec : Presses de l'Université d'Ottawa et Office québécois de la langue française.

Traduciendo al oráculo: desafíos traductológicos en la obra de Paul Krugman

María Ángeles Orts Llopis
Universidad de Murcia <mageorts@um.es>

This paper sets out to carry out a study on the written discourse of the great theorist of the so-called Global Systemic Crisis and Nobel laureate in Economics, Paul Krugman, through the analysis of two of his most famous publication, *End this Depression Now!,* which has been translated into Spanish. The purpose of this study is to provide an account both of the most peculiar features of the dynamic and personal prose of the author, and of the difficulties it poses for translators. The thesis sustained by his work argues that the apparent simplicity of Paul Krugman's style, divested of the terminological and discursive opacity typical of texts on economic theory – mainly because it lacks the technical terminology and conceptual difficulties present in such a textual typology – is part of the stylistic trend championed by the editors of the prestigious magazine *The Economist,* which has exerted a considerable influence on the journalistic style of the business press in English in the present century. Such style is full of neological creations, metaphors and figures of speech which, together with the versatile coinages and informal rhetoric which are the trademark of the author himself, are often difficult to translate and to adapt to the journalistic style of Spanish economic texts, much more contained and sober in their prose and more prone to a higher rhetorical distance between the issuer and receiver of the text.

Keywords: Paul Krugman, economic metaphor, economic neologism, crisis terminology.

El presente trabajo se dispone a llevar a cabo un estudio sobre el discurso escrito del gran teórico de la Crisis Global Sistémica y Premio Nobel de Economía, Paul Krugman, a través del análisis de su publicación editorial más famosa, ya traducida al español (*Acabad ya con esta crisis*). El fin de este estudio es ofrecer un recuento de los rasgos más peculiares de la dinámica y personal prosa del autor, y de las dificultades traductológicas que presenta ésta. La tesis intrínseca aquí sostenida argumenta que la aparente simplicidad del estilo llano de Paul Krugman, exento de la opacidad terminológica y discursiva de los textos sobre teoría económica —mayoritariamente por la escasez de tecnicismos y la aparente ausencia de dificultades conceptuales que dicho estilo presenta— se inscribe en la corriente estilística editorial de la prestigiosa revista *The Economist,* cuya influencia ha marcado fuertemente el estilo de escritura divulgativa de la prensa económica en inglés de este siglo. Dicho estilo, como el de Krugman, se muestra plagado de neologismos, metáforas y figuras retóricas que, unidas a las versátiles acuñaciones y a la retórica informal del propio autor, son a menudo difíciles de traducir y adaptar al estilo periodístico de la economía en lengua castellana, de mucha mayor sobriedad prosística y más tendente a la distanciación entre emisor y receptor.

Palabras clave: Paul Krugman, metáfora económica, neologismo económico, terminología de la crisis.

1. Introducción: analizar a Paul Krugman

La crisis económica que asola desde aproximadamente hace siete años al mundo occidental ha despertado enormemente el interés de la opinión pública, y ha hecho saltar las noticias de corte económico-financiero a las primeras páginas de los periódicos. En el ámbito editorial, el colapso bancario, seguido de las medidas drásticas para detenerlo, han convertido en obsoletos muchos libros de texto de economía de corte tradicional, y provocado una aluvión en masa de publicaciones —técnicas, pero también de corte divulgativo— que tratan de explicar las razones del desastre y repartir las culpas de éste entre los distintos agentes financieros y gobiernos. En este ejercicio de análisis y diagnóstico no solo han contribuido los periodistas especializados y los economistas de a pie, sino que también las obras de grandes científicos de reconocido prestigio, más asociados tradicionalmente a la investigación académica, como Nouriel Roubini, Eugene Fama o los Premios Nobel, Joseph Stiglitz y Paul Krugman, hacia quien hemos dirigido nuestro estudio, se han convertido en auténticos *bestsellers* que llenan las estanterías de las librerías físicas y online.

Nuestro trabajo se dirige específicamente hacia el análisis de la obra más reciente de Krugman, *End this Depression Now* (traducida al español como *¡Acabad ya con esta crisis!*), como ejemplo de este tipo de escritura de corte académico-divulgativo, a caballo entre el análisis económico serio y la denuncia política expresiva y mordaz, enmarcándose así en el estilo de prosa periodística del diario más influyente en la economía occidental, *The Economist.* De hecho, esta obra está dedicada a "los desempleados, que se merecen otra cosa", y es por eso por lo que, en algunos de sus aspectos, como veremos, se asemeja mucho en su estilo al lenguaje conversacional y llano, en armonía, quizá, con la ideología socialdemócrata del autor. La prosa de Krugman se enmarca en la línea del lenguaje periodístico en inglés, pero contiene rasgos tan personales y peculiares del autor que su traducción al español resulta del todo difícil si se quieren reflejar los múltiples artificios comunicativos por él utilizados. Estos rasgos se materializan, como es habitual en el lenguaje económico de corte divulgativo, tomando la forma de recursos tradicionales del lenguaje figurado, como la metáfora (usualmente utilizados por *The Economist,* según White 2003; Rojo y Orts, 2010, entre otros), como también, y de forma más difícil, en los mecanismos expresivos o acuñaciones (propias o ajenas) de Krugman, reflejo de su tenor cercano al lector, plagado, asimismo, de continuas referencias culturales.

2. Las metáforas en Krugman

Según diversos autores, las metáforas desempeñan un papel fundamental en la definición de nociones económicas esenciales y facilita a los lectores la comprensión de conceptos financieros abstractos y complejos (véase, por ejemplo Henderson, 1994; Charteris-Black, 2000, 2004; White, 2003; Musolff, 2003; Rojo y Orts, 2010). Esta proliferación de estudios en sí misma indica el grado en que las metáforas impregnan este tipo de discurso y describen diversos aspectos de las figuras metafóricas en los textos económicos y de negocios, como las conceptualizaciones de la economía, el crecimiento, los movimientos del mercado, etc.

Aunque solo constituya un rasgo más de la prosa aparentemente sencilla y llana de Krugman, no es de extrañar, pues, que en ella estén presentes las metáforas, como ilustración más de su proximidad al discurso de las publicaciones divulgativas del discurso económico en inglés. En un primer acercamiento a la metáfora de Krugman se ha aplicado una metodología típica de la Lingüística de corpus, siguiendo el modelo metafórico de análisis (*metaphorical pattern analysis* o MPA) de Stefanowitsch (2006) y seleccionándose, en primer lugar, los elementos léxicos del dominio de destino en la obra de Krugman, de acuerdo con el número y porcentaje de ocurrencias que tienen lugar en el corpus. Para esto, se introdujo el texto al completo en la herramienta Monoconc Pro, que nos ofreció las diez palabras de contenido informativo más frecuentes en el libro:

Palabra	*Frecuencia*	*Porcentaje En Corpus*
debt	274	0,3856%
economy	243	0,3419%
spending	231	0,3251%
crisis	179	0,2519%
inflation	175	0,2463%
unemployment	135	0,1900%
depression	127	0,1787%
money	118	0,1660%
income	92	0,1295%
banks	89	0,1252%

Tabla 1. Términos con mayor incidencia en el corpus.

A continuación, se analizó el contexto de ocurrencia de dichos términos y se buscaron manualmente las expresiones metafóricas utilizadas en dichos contextos. Finalmente, se clasificaron dichas metáforas según la taxonomía de Moreno Lara (2008), en tres grandes grupos de esquemas:

- La GRAN CADENA DEL SER o GCS, un modelo cultural que establece los atributos y el comportamiento de los seres naturales en el que se incluyen las personas, los animales, las plantas y los objetos naturales y complejos (como, por ejemplo, las máquinas) y permite establecer metáforas conceptuales como LA DEUDA ES UNA ENFERMEDAD.
- El esquema CAMINO. Según este esquema, los eventos económicos pueden ser concebidos como un viaje hacia un destino. Asociado a éste se encuentra, según Moreno Lara (2008: 196), el concepto de *verticalidad* (los acontecimientos económicos son fuerzas que impulsan hacia arriba o abajo).
- El esquema de LAS ACCIONES SON EVENTOS (AE). Esta metáfora nos permite conceptualizar la actividad financiera en función de ciertos acaecimientos, siendo éstos en nuestro corpus los sucesos fatídicos (la muerte, el desastre natural), los apocalípticos y las guerras.

Desde este prisma de análisis, los términos más utilizados por Krugman están engarzados en un buen número de metáforas, que pertenecen a los tres esquemas mencionados, pero fundamentalmente a la GRAN CADENA DEL SER. En estas metáforas, en su gran mayoría de carácter negativo, Krugman habla de la deuda, del gasto, de la depresión, de la inflación y del desempleo como enfermedades (y en algunos casos excepcionales, como son los de la deuda o la inflación, como remedio a dichas enfermedades)[1] u objetos complejos, tales como vehículos o materiales de carga. Por su parte, la economía, los ingresos, el dinero y los bancos son, en su mayoría, seres vivos, a veces humanizados, y sujetos a dichas enfermedades o a estados físicos de deterioro, o bien objetos que se corroen o motores que se rompen y sufren averías. El esquema CAMINO se activa únicamente en el caso (negativo o hacia abajo) de la deuda el gasto y el desempleo y de forma negativa y positiva en el caso de los bancos y la renta. También, activando el esquema de LAS ACCIONES SON EVENTOS, las imágenes sobre efectos fatídicos, apocalípticos, guerras y muerte se dan en el caso de la crisis, la deuda y el desempleo.

Sin embargo, esta descripción de la metáfora en Krugman queda incompleta tras el escrutinio de los dominios conceptuales de destino, pues, si bien es cierto que la prosa de este autor se centra en torno a conceptos muy concretos

1 Hay que recordar que la deuda y la inflación son elementos hasta cierto punto positivos, o al menos no negativos, para la economía, en la visión neokeynesiana del autor.

o estados de la economía que preocupan excepcionalmente al autor, como los señalados en la tabla 1, también es verdad que la actividad metafórica no se limita a éstos, sino que se vierte también desde esos dominios de destino a lo largo de toda la obra, como en redes, hacia otros terrenos menos resaltables y menos fáciles de ajustar de forma contabilizable. Es por ello por lo que se ha decidido completar esta primera revisión con un estudio de las metáforas conceptuales del dominio origen, seleccionándolas de forma manual capítulo por capítulo. Siguiendo la taxonomía de Moreno Lara (2008), podemos precisar que, dentro del campo conceptual más importante alrededor del cual giran las figuras metafóricas de Krugman, a saber la GRAN CADENA DEL SER, la mayoría de las metáforas son negativas y casi todas activan esquemas conceptuales humanos de enfermedad, parálisis, desgracias y catástrofes. El tono no es tan oscuro al utilizarse imágenes referidas a la jardinería, a las imágenes náuticas y a la economía como motor. En concreto, los dos campos primeros, es decir, la economía como una planta y la economía como el mar han sido estudiados ampliamente por otros autores (Henderson, 1982; Boers y Demecheleer, 1997; Chung *et al.,* 2003; White, 2003; Charteris-Black y Musolff, 2003; Esenova, 2007; Gallego-Hernández, 2010) y todos parecen coincidir en que estas imágenes son comunes en los textos económicos en inglés, pues permiten explorar problemas específicos de la economía en sus diferentes fases (crecimiento, florecimiento, fructificación y marchitamiento) o identificar la economía con los distintos estados del mar (calma, tormenta, temporal, marea). Dichas imágenes suelen estar ausentes en español, lo que favorece, por el contrario, las relativas a espectáculos como las corridas de toros, las competiciones y las guerras (Rojo y Orts, 2010). Los resultados pueden observarse en la tabla 2:

LA ECONOMÍA ES UN SER ENFERMO, DEPRIMIDO, EN DESCOMPOSICIÓN	(monetary) medicine; blight; blood-curling (financial disaster); catastrophe; chronic condition; contagion; crippled state; damage; deadly blow, body blow; death (spiral); devastation; epidemic (of foreclosures); (financial) distress; (fiscal) doom; erosion; growth; pain; plight; recovery; scorched-earth (policy); self-inflicted paralysis; starvation (for revenue); stimulus; suffering; toxic waste
LA ECONOMÍA ES UN JARDÍN/ UNA PLANTA	(jobs) drought; garden-variety (recession); green shoots
LA ECONOMÍA ES EL MAR	ebbing (crisis); freshwater (economists); put underwater; ride out the storm; saltwater (economists); sand states; sea change; tide (of bankruptcies)
LA ECONOMÍA ES UN MOTOR	fiscal tightening; humming; magneto-trouble; powered (by spending)

Tabla 2. Metáforas de la GRAN CADENA DEL SER.

Valga la pena hacer notar en este punto la negatividad en el relato de Krugman, que parece impregnar de imágenes negras cada paso en la descripción de los orígenes de la crisis y sus consecuencias. En el marco de la GRAN CADENA DEL SER, En lo que se refiere al esquema CAMINO, resulta relevante señalar (tabla 3) la superioridad en número y variedad de las imágenes negativas con respecto a las positivas, así como la especial inclinación del autor a concebir el panorama económico como un ser que se desploma, se derrumba, sufre desequilibrios o se contrae.

Tipo	*Métafora*	*Ocurrencias*
METÁFORAS NEGATIVAS	slump	53
	plunge	16
	shock	15
	decline	15
	drop	7
	contraction	6
	squeeze	4
	fallout	2
	stumble	1
TOTAL NEGATIVAS		*119 (72%)*
METÁFORAS POSITIVAS	boom	44
	leap	1
TOTAL POSITIVAS		*45 (27,4%)*
TOTAL METÁFORAS CAMINO		164

Tabla 3. Metáforas del esquema CAMINO.

Es justo avisar en este punto que en la recopilación de este esquema no se ha considerado la palabra *depression* (depresión), al considerarse esta una metáfora muerta (McCloskey, 1998), cuyo uso está tan sedimentado en el lenguaje que ya no activa información nueva más que la propiamente conceptualizada en la palabra. También es necesario señalar que, si bien el inglés y el español recurren a las mismas metáforas para conceptualizar la idea de movimiento, los verbos de movimiento en inglés codifican también la manera, que en español queda sin explicitar (Cifuentes, 2008). Como ejemplo de las asimetrías que se pueden generar al traducir las expresiones de movimiento, resulta ilustrativo señalar que en la versión en español de *Acabad ya con esta crisis* (Crítica, 2012), la palabra *slump* ha sido traducida como *depresión* en vez de *desplome,* obviándose así que ya el propio autor utiliza el original en inglés para referirse a este fenómeno económico tan concreto y proveyendo, así, de una información incorrecta al receptor.

3. La expresividad léxica en Krugman

El discurso científico-divulgativo de Krugman se caracteriza por sus rasgos peculiares, escasamente convencionales, y a veces raramente acorde con los que se supone que debe ser el discurso de un científico. De hecho, uno de sus adversarios, John Cochrane, de la Escuela de Chicago, denuncia que Krugman es un "respected scientist turned popular writer, who says, most basically, that everything everyone has done in his field since the mid-1960s is a complete waste of time" (2011: 36). Las palabras de Cochrane se refieren al hecho de que la obra de Krugman se asienta en la continua disputa intelectual que mantiene la escuela neokeynesiana en general (los llamados tradicionalmente *saltwater economists,* o *economistas de costa*) a la que pertenece y de la que es un apasionado defensor, con los llamados *economistas de río —freshwater economists,* o de corte neoliberal— en lo que se refiere al concepto de Macroeconomía y, por consiguiente, en lo referido a la visión de la crisis, sus orígenes, y las soluciones aplicables a la misma. Es por eso por lo que la prosa del autor es de carácter inevitablemente plural, y se mueve entre los conceptos "duros" de carácter científico, necesarios para definir los fenómenos económicos de forma precisa, la tendencia popularizante que tiene el discurso económico divulgativo (Bielenia-Grajewska, 2009) —fundamentalmente en estos tiempos en los que la economía, como hemos dicho, es un tema de preocupación universal—, y el fuerte carácter personal que imprime Krugman a sus escritos.

Específicamente en este apartado hemos querido acercarnos a la expresividad que posee la prosa del autor a partir de las acuñaciones léxicas de las que hace uso en su obra. Cuando nos referimos a dicha expresividad no debemos relacionarla enteramente con la creatividad a través del uso del neologismo, pues, si bien es cierto que éste está presente, como ya veremos, las acuñaciones lingüísticas que caracterizan la obra de Krugman no son siempre fruto de la neología. De hecho, los distintos autores parecen ponerse de acuerdo en que un neologismo es siempre una palabra, una combinación de palabras o una frase fija de nueva acuñación (Jerkus, 2011), o cuya acuñación ya existe, pero cuyo uso ha adquirido un sentido nuevo (Newmark 1988: 140). Como veremos, esta premisa no se cumple en todos los recursos léxicos del autor. Si analizamos el origen que tiene su léxico peculiar, podemos observar que los recursos léxicos se distribuyen en cuatro grupos:

- neologismos propios del autor;
- neologismos propios de otros autores;
- términos o composiciones terminológicas provenientes del léxico económico;

- y metáforas ya incorporadas en el lenguaje económico, o clichés metafóricos.

Los resultados se muestran en la Tabla 4.

ECONÓMICOS (TÉRMINOS)	35,3%	asset-backed security; "asymmetric shocks"; "auction rate security"; "capital ratio"; "collateral loan obligations"; commercial paper; credit default swaps; "deleveraging shock"; double dip; "downward nominal rigidity"; econospeak; "expansionary austerity"; financial bailout; fiscal contraction; GIPSI countries; hedge fund; "high-yield corporate securities"; "income security"; "inflation-protected securities"; lenders of last resort; mortgage default; "net international investment position"; "optimum currency area"; "quantitative easing"; rep, repo (re-purchase agreement); stagflation; start up; stimulus package; "zero lower bound"
CLICHÉS METAFÓRICOS	19,5%, 7,3% económicos	bank-breaking; credit crunch (e); death spiral; fire-and-brimstone; housing bubble (e); money printing; moral hazard; sand states; shadow banking (e); sound finance; straw man; think-tank; toxic waste (e); underwater (e); Bank breaking; credit crunch (e)
NEOLOGISMOS DEL AUTOR	20,7%	Austerians; confidence fairy; debt-burdened; deficit alarmists; deficit hawks; Eurodämmerung; financial wheeler-dealers; Keynesophobia; outrage constraint; robber barons of yore; runaway bankers; runaway finance; shovel-ready projects; sorta-kinda; super-duper elite; super-elite; wholesale breakdown (of finance)
NEOLOGISMOS CULTURALES, O DE OTROS AUTORES	24,3%	"Trade of Death" (S/A); "bond vigilantes" (Yardani); Calvinball (Calvin & Hobbes); "flexibility paradox" (Fisher); "garden variety financial crisis" (Rogoff); green shoots (Bernanke); "immediate inflation" (Smith, blogger); "ketchup economists" (Summers); "liquidity trap" (Keynes); "magneto trouble" (Keynes); "mental recession" (McCain); "Minsky moment" (McCulley); "mirror test" (Gallup); proof of concept; "Ricardian equivalence" (Lucas); "Rooseveltian resolve" (Bernanke); saltwater/freshwater economists (Hall); schlock economics (Lucas); "self-inflicted paralysis" (Bank of Japan); VSP (Very Serious People) (Black, blogger)

Tabla 4. La expresividad léxica en Paul Krugman.

A través del análisis de los dos primeros grupos, es evidente que la mayor parte de las acuñaciones específicas utilizadas en el corpus de análisis (en concreto, el 54,8%) no son neologismos, y, por lo tanto, no son considerados, *per se,* un rasgo de expresividad léxica o de creatividad individual, sino más bien todo lo contrario, como la expresión del discurso ortodoxo de la economía. En concreto, tanto un nivel léxico como el otro se encuentran entre los usos del lenguaje económico que describe Jerkus (2011: 33): el nivel puramente teórico y más abstracto que está en el área del discurso científico (en este caso, en el ámbito específico de la Macroeconomía) en el que "a theoretical economist communicates with a theoretical economist or with a prospective economist" y el nivel con menor abstracción, o "de consumo" (Hoffman 1984 : 66), en el que se utilizan términos no especializados o especializados, pero que han sufrido su popularización por el uso. El propio Krugman marca la división entre términos muy especializados y menos especializados, añadiendo comillas a los términos macroeconómicos puros, en un esfuerzo democratizante y típico de quien quiere hacer su discurso muy comprensible a su receptor (posiblemente a los desempleados, a quienes dedica el libro) y poner de relieve la terminología ajena a éste. Dicho de otro modo, con el uso de comillas Krugman señala aquello que es estrictamente técnico pero imposible de obviar, y da como conocida, por otro lado, la jerga económica que está al alcance del lego. Hemos, pues, dejado dichos términos macroeconómicos de la forma entrecomillada en que aparecen en el original, de manera que pueda verse cómo el autor considera el resto de términos, como *double dip, asset backed security, stagflation, stimulus package* o *startup,* por ejemplo —que aparecen en el texto sin mediar explicación de lo que significan— de dominio general por parte del público no especializado al que dirige su obra.

En este mismo grupo de palabras "comprensibles" o conocidas estarían lo que aquí, siguiendo el término de Zabalbeascoa y Espunya (2003), hemos llamado "metáforas cliché", para definir las expresiones metafóricas de uso habitual que el autor utiliza para ilustrar su discurso en general (*fire and brimstone,*[2] *death spiral* o *moral hazard*), así como aquellas que son utilizadas por la comunidad lingüística económica o la propia prensa para popularizar los fenómenos económicos (*toxic waste* o *underwater*). Somos conscientes de que en algunos casos, como el de los *hedge funds* o del *stimulus package,* la diferencia entre el término y la metáfora es muy difícil de distinguir, pero se les ha dejado como términos económicos al formar parte ya, de forma sólida, de la koiné del discurso de la crisis desde su comienzo hasta ahora. Lo mismo ocurre, pero al contrario, con otros

2 Traducido en la versión española como *apocalíptico,* obviando que en la Biblia hay una referencia estricta al "llanto y crujir de dientes", que es en realidad a lo que se refiere el autor.

términos, como *shadow banking, housing bubble* o *credit crunch,* que también están a medio camino entre el cliché y el término.

Por otro lado, están las acuñaciones creadas por el propio autor, que son parte de su sello personal como escritor y muestran ese afán de cercanía al receptor del que hemos hablado con anterioridad. Entre la tipología de este grupo encontramos sintagmas nominales muy expresivos en los que el autor transmite su irónica visión de políticos o banqueros, a los que considera los villanos de su relato (*robber barons of yore, financial wheeler-dealers, deficit hawks, runaway bankers*), sintagmas nominales o amalgamas de corte jocoso (*confidence fairy, shovel-ready projects, super-duper elite, sorta-kinda*) o amalgamas muy sofisticados (*Austerians* o *Eurodämmerung*).[3] Estos últimos tienen la función doble de expresar dicha ironía, al tiempo que también son muestra de las frecuentes referencias culturales que utiliza el autor a lo largo de toda la obra.

Dichas referencias quedan aún más claras y con mayor profundidad en el siguiente grupo de acuñaciones, obra de otros autores, de las que Krugman a veces no da referencia inmediata, apareciendo la aclaración sobre su significado más adelante en el libro. La mayoría de estas composiciones léxicas aparecen entre comillas, para indicar, como ocurría con el primer grupo, que se trata de términos con un fuerte componente técnico, pero imposibles de obviar para sustentar el discurso del autor. Se trata a veces de epónimos de corte muy especializado, como *Minsky moment* o *Ricardian equivalence,* que refieren a conceptos ya clásicos en las posturas macroeconómicas neokeynesianas y neoliberales, respectivamente. Con otros sintagmas nominales, como *magneto trouble, liquidity trap* o *bond vigilantes,* Krugman da paso a autores clásicos, como Keynes y Yardani, pero también a discursos políticos, como los famosos *green shoots* de Bernanke y los *ketchup economists* de Summers, por ejemplo, o a la economía popularizada a través de los blogs, como el de Smith y el de Black, de quien saca la irrisoria ridiculización de los economistas neoliberales como los *VSP* (*Very Serious People*).

4. Conclusión

Esperamos haber aclarado ciertos aspectos interesantes y complejos de la obra de Krugman, cuyo estilo se enmarca en el discurso económico editorial de la

3 Con el primer término, Krugman se refiere de manera irónica a los militantes en la llamada escuela austríaca de pensamiento, según la cual el gasto público es una realidad a recortar. En el segundo, juega con el título de la ópera de Wagner, *El Ocaso de los Dioses* (Götterdämmerung) para referirse a la crisis del euro.

actualidad, con interesantes aportaciones del autor, quien parece luchar entre la precisión más científica plagada de referencias culturales y la coloquialidad, expresada en gran parte a través de las figuras metafóricas con las que ilustra su versión negra y satírica de una crisis sin precedentes. Aunque son patentes las dificultades que enfrenta el estilo personal de este autor —tan coloquial aparentemente y tan profundo a la vez, que hace terriblemente difícil el ofrecer una traducción realmente genuina que abra el acceso a todos sus niveles terminológicos y conceptuales— el ámbito restringido de este estudio en particular nos impide proveer soluciones, sino solo señalar algunos aspectos lingüísticos que hacen difícil dicha traducción. Somos conscientes de que un siguiente paso sería emprender el diseño de las estrategias necesarias para esto, y, sin embargo, en eso constituye estrictamente la limitación, por un lado, y el interés, por otro, de nuestro estudio: en animar a los profesionales de la traducción económica a que provean soluciones a los problemas expuestos aquí, que no dejan de reflejar el modo peculiar en que el discurso económico en inglés evoluciona en el mundo convulso al que nos enfrentamos hoy.

Referencias

Bielenia-Grajewska, M. (2009). The role of metaphors in the language of investment banking. *Iberica,* 17 (*Special Issue on Metaphor and LSP*), 139–156.

Boers, F., & Demecheleer, M. (1997). A few metaphorical models in (Western) economic discourse. In Liebert, W. A., Redeker, G., Waugh, L. (Eds.), *Discourse and Perspective in Cognitive Linguistics* (pp. 115–129). John Benjamins: Amsterdam/Filadelfia.

Charteris-Black, J. (2000). Metaphor and vocabulary teaching in ESP economics. *English for Specific Purposes,* 19(2), 149–165.

Charteris-Black, J. & Musolff A. (2003). 'Battered hero' or 'innocent victim'? A comparative study of metaphors for euro trading in British and German financial reporting. *English for Specific Purposes,* 22(2), 153–176.

Chung, S., Kathleen, A., & Sung, Y. (2003). STOCK MARKETS AS OCEAN WATER: A Corpus-based, Comparative Study in Mandarin Chinese, English and Spanish. *Proceedings of the 17th Pacific Asia Conference on Language, Information and Computation (PACLIC)* (pp. 124–133). Singapore.

Cifuentes Férez, P. (2008). *La expresión del movimiento en inglés y en español: una perspectiva lingüístico-cognitiva, tipológica y psicolingüística.* Tesis Doctoral sin publicar.

Cochrane, J. (2011). How did Paul Krugman get it so wrong? *Institute of Economic Affairs Review* (pp. 36–40). Oxford: Blackwell Publishing.

Esenova, O. (2007). Plant metaphors for the expression of emotions in the English language. *Beyond Philology* (pp. 7–21). Gdańsk: Wydawnictwo Uniwersytetu Gdańskiego, 5.

Espunya, A., & Zabalbeascoa, P. (2003). Metaphorical expressions in English and Spanish stock market journalistic texts. In K. M. Jaszczolt & K. Turner (Eds.), *Meaning Through Language Contrast*: 2 (pp. 159–180). Amsterdam: John Benjamins.

Gallego-Hernández, D. (2010). Estudio comparativo trilingüe de la traducción de la metáfora náutica en el lenguaje económico-financiero. En P. Mogorrón Huerta & S. Mejri, *Opacité, idiomaticité, traduction* (99–128). Alicante: Universidad de Alicante.

Henderson, W. (1994). Metaphor in Economics. In Backhouse, R. (Ed.), *New Directions in Economic Methodology* (pp. 343–366). London: Routledge.

Hoffmann, L. (1984). *Kommunikationsmittel Fachsprache. Eine Einführung.* Akademie-Verlag. Berlin S. 48.

Jerkus, E. (2011). Translation of Hungarian Economic Lexicons with Specific Regard to Neologisms. *Skase Journal of Translation and Interpretation,* 5(2), 32–40.

Krugman, P. (2012). *End this Depression Now*. New York: Norton.

Krugman, P. (2012). *Acabad ya con esta crisis*. (Belza, C. & García G., trad.) Barcelona: Crítica.

McCloskey, D. N. (1990). *Knowledge and Persuasion in Economics*. Madrid: Cambridge University Press.

Moreno Lara, M. A. (2008). *La metáfora en el lenguaje político de la prensa americana. Modelos cognitivos y formación de significado*. Granada: Comares.

Newmark, P. (1988). *A Textbook of Translation*. New York: Prentice-Hall International.

Rojo, A., & Orts, M. A. (2010). Metaphorical pattern analysis in financial texts: Framing the crisis in positive or negative metaphorical terms. *Journal of Pragmatics,* 42, 3300–3313.

Stefanowitsch, A. (2006). Corpus-based approaches to metaphor and metonymy. In Stefanowitsch, A., Gries, S. Th. (Eds.), *Corpus-based Approaches to Metaphor and Metonymy* (pp. 1–16). Berlin/New York: Mouton de Gruyter.

White, M. (2003). Metaphor and economics: the case of 'growth'. *English for Specific Purposes,* 22(2), 131–151.

La traduction spécialisée vers la langue étrangère comme exercice d'apprentissage et d'évaluation académique

DANIELLE DUBROCA GALIN
Universidad de Salamanca <danielle@usal.es>

The aim of this paper is to revisit the issue of translation from Spanish into French, taught in Spain by native speaker teachers. Is this type of teaching useful for an academic degree in translation and interpreting? Is it essential and indispensable? What can be the teacher's role about linguistics and/or translation? And what happens in case of terminological lack in specialized translation. In order to answer these questions, we analyse the term *contrefaçon* used in the field of industrial property but unknown in common European languages.

Keywords: translation into French, teaching of specialized translation, commercial law, contrefaçon.

La traduction spécialisée vers la langue étrangère maternelle pose des questions spécifiques à l'apprenti et également au professeur s'il travaille dans l'autre sens en tant que natif. Ce type de matière est-il utile et souhaitable dans un cursus ? Essentiel ? Indispensable ? Pour quels objectifs et dans quelles limites ? Quel rôle le professeur est-il amené à jouer ? Et dans la pratique, comment se positionner face à l'inexistence linguistique dans la langue source de l'apprenti ? Un point de droit commercial lié à la propriété industrielle servira d'illustration avec les termes *patente/brevet* et le mot *contrefaçon*.

Mots clés : traduction spécialisée, traduction vers le français, droit commercial, contrefaçon.

1. Introduction

Généralement enseignée à la suite des matières de traduction vers la langue dite maternelle (langue A), la traduction spécialisée vers la langue étrangère, spécialisée ou non, figure dans pratiquement tous les cursus en traduction et interprétariat, tant en Espagne qu'à l'étranger.

Soit *traduction A-B,* pour éviter de tomber dans l'inexactitude de termes académiques usuels dans la plupart des établissements universitaires francophones tels que *thème* et son pendant *version* ou d'utiliser un calque de *traducción inversa.*

Cette traduction *à l'envers, à rebours,* pour ne pas dire *dans le mauvais sens,* pose de très nombreux problèmes aux professeurs chargés de l'enseigner, aux étudiants et, plus tard, aux professionnels de la traduction. Pourtant, cet exercice et la pratique de cette variété de traduction constituent une réalité qu'il faut mettre en œuvre, évaluer et noter dans le cadre de la vie académique.[1]

On trouvera donc ici des éléments de réflexion sur la traduction A-B, en dehors de toute considération théorique ou normative et dans une perspective raisonnable et réaliste d'expérience vécue. Pour mieux mettre en lumière les difficultés intrinsèques de cette modalité, on aura recours à un cas tiré du domaine des affaires, lié au droit de l'entreprise.

2. La traduction A-B spécialisée

La traduction A-B spécialisée est le plus souvent enseignée, indépendamment de son champ d'application, en parallèle avec la traduction B-A, et généralement à la suite de celle-ci, une fois assimilé le processus lié aux textes, à la terminologie et aux langages spécialisés.[2] Elle est une sorte de complément didactique en miroir,[3] mais avec des composantes terminologiques et traductologiques propres qui font d'elle un exercice difficile pour les étudiants non natifs.

Si le professeur qui enseigne la traduction A-B spécialisée est un natif de la langue B, il pratique la traduction B-A et joue en quelque sorte le rôle du reviseur devant les traductions que lui remettent ses étudiants puisqu'il traduit vers sa propre langue. Il devra donc préalablement préciser les critères et les stratégies de notation pour qu'une fois la copie corrigée, l'étudiant soit à même de savoir quels points sont à soigner plus particulièrement non seulement pour être bien noté, mais aussi pour aiguiser son jugement et pratiquer l'autocritique, en vue d'acquérir l'autonomie nécessaire à l'exercice de la profession de traducteur.

1 La question de l'évaluation de la traduction spécialisée, indépendamment de sa directionnalité, a suscité à l'université de Salamanque un projet d'innovation didactique (Proyecto de Innovación Docente. Coord. Pilar Elena García, 2012–2013) dans lequel les professeurs ont travaillé sur la confection d'une *mallette d'apprentissage* en tant que méthode active d'apprentissage et outil de contrôle continu.

2 Se reporter à la plupart des cursus en Traduction et Interprétariat, en particulier celui de l'Université de Salamanque.

3 La langue espagnole distingue clairement les deux modalités (*traducción inversa* et *traducción directa*), alors qu'une langue telle que le français m'a toujours pas adopté de terme qui permette de se démarquer des modalités didactiques de la traduction qui sont les fameux *version* et *thème.*

Cette modalité de traduction constitue donc un exercice complémentaire mettant en lumière les stratégies de traduction d'un natif d'une autre langue, plutôt qu'une matière complètement assimilable par imitation directe.

2.1 La traduction A-B spécialisée, un exercice d'apprentissage pertinent ?

C'est la question que se posent de nombreux enseignants devant les résultats souvent décevants des travaux remis et vu l'intérêt décroissant de la part des étudiants face à la difficulté des tâches proposées.

Qu'elle soit spécialisée ou non, cette traduction A-B spécialisée, est définie comme la traduction à partir de la langue maternelle – ou tenue pour telle par le traducteur – vers la langue étrangère. Dans l'enseignement supérieur, elle est généralement confiée à juste titre, à des professeurs natifs qui apportent, outre une connaissance grammaticale irréprochable, des qualités scripturales indéniables de cette langue cible dont ils sont supposés être les dépositaires. Cette prise de position – qui répond à une polémique latente – n'est pas unanimement partagée par le corps enseignant des facultés de traduction et ce, d'obscures raisons qui tiennent parfois de la susceptibilité.

La traduction A-B spécialisée en général a fait l'objet de quelques études monographiques pour le domaine académique (Wimmer, 2011 ; Cómitre Narváez, 2003 ; de la Cruz, 2004), mais on regrette l'inexistence, sauf erreur ou omission, d'études de poids pour des paires de langues qui n'impliquent pas l'anglais.

Il conviendrait sans doute de se demander ici si l'anglais, à la fois langue naturelle, mais surtout langue véhiculaire standard pour de nombreuses spécialités – scientifiques ou non –, ne fausse pas un peu l'approche de la traduction A-B spécialisée et les conclusions auxquelles on peut aboutir.

En effet, une proportion énorme de la littérature scientifique est soit directement écrite en anglais, soit traduite en anglais. Or, les anglophones sont unanimes à relever dans ces écrits une grande pauvreté discursive et linguistique, même si l'expansion du néologisme semble quantitativement prouver le contraire. Est-ce cet affadissement linguistique et ces maigres exigences linguistiques, généralisés dans ce type d'écrits qui permettent de faire pratiquer aux étudiants la traduction spécialisée vers l'anglais avec une certaine facilité ? Si les chiffres et les équations donnent parfois l'impression de parler d'eux mêmes, peut-on cependant autoriser le relâchement, l'approximation, une rédaction appauvrie, des traductions linguistiquement insignifiantes, au nom d'une communication mal comprise ? Les natifs anglophones sont les premiers à se plaindre de cette situation dans laquelle ils ne reconnaissent plus la richesse et la diversité de leur propre langue. Et cette porte ouverte vers la facilité peut-elle se répéter pour d'autres combinaisons linguistiques ? Sans doute pas, notamment pour les langues romanes, et dans certaines spécialités liées aux humanités.

C'est pourquoi il n'est peut-être pas exagéré d'affirmer que la pratique de la traduction A-B spécialisée dans l'enseignement peut d'une certaine manière se révéler dangereuse et trompeuse si l'on ne freine pas son utilisation à certains cas très précis qui garantissent un rendement professionnel valable et un résultat honnête.

Mais pourrait-t-on se former en traduction sans cette traduction A-B spécialisée ? Même si ce n'est pas là son objectif essentiel, elle renforce indubitablement les compétences linguistiques en langue cible – celle qui dans une situation réelle de travail est la langue source du traducteur – et contribue indirectement à les élargir et à les enrichir. En classe, le professeur natif est à la fois traducteur vers sa langue et réviseur du travail de ses étudiants, lesquels luttent à armes inégales contre lui puisqu'ils traduisent *à l'envers*. En réalité, le professeur de traduction B-A spécialisée travaille en public dans l'autre sens, mais de la même manière que ses collègues ou professionnels de la traduction de sorte que son expérience, son attitude devant les textes à traduire et les stratégies adoptées constituent tout de même pour ses étudiants un complément de formation profitable et fructueux.

Or, on constate que de nombreuses publications consacrées à la traduction spécialisée ne distinguent pas la directionnalité.[4] Cependant, elles tendent à reconnaître que si la traduction A-B reste utile comme exercice de formation, le modèle n'est peut-être pas le plus rentable pour le professionnel.

2.2 De la pertinence de la traduction A-B dans la profession

La réflexion précédente se prolonge dans une autre question : cette traduction A-B est-elle une activité pertinente dans l'exercice de la profession de traducteur ?

En consultant des forums professionnels et les blocs de traducteurs, on observe que pour bien des raisons la traduction, et qui plus est la traduction A-B spécialisée, est très controversée. Pour certains traducteurs, elle leur rappelle une matière pendant leurs études, terrible, voire insurmontable. Mais dans leur immense majorité, les professionnels de la traduction expliquent que celui

4 Signalons ici une publication récente d'un jeune professeur-chercheur de l'Université d'Alicante, Gallego-Hernández (2012) dans laquelle l'auteur étudie de près l'utilisation des moteurs de recherche pour recueillir la documentation nécessaire avant de procéder à la traduction, spécialisée surtout.

qui traduit vers une autre langue que la sienne, ne dispose pas de la garantie absolue qu'il choisira les mots avec le même bonheur qu'un natif. Et de plus, ils avancent une restriction de poids : cette tâche risquée, demande de s'entourer du savoir-faire d'un réviseur, natif s'entend, qui assurera la qualité linguistique du produit final. Ce qui en fin de compte ralentit la productivité et écorne sérieusement la rentabilité.

Il est hors de question ici de disserter sur des qualités linguistiques que l'on serait en droit d'attendre d'un natif (et d'ailleurs, qu'est-ce qu'un natif ?, qu'est-ce qu'une langue maternelle ?), mais on peut noter un fait révélateur de la part de la profession : il n'est pas rare, en effet, que les agences de traduction à la recherche d'un traducteur natif, exigent que cette personne réside dans le pays de la langue dont elle prétend être native, afin d'éviter toute contagion indue avec une autre langue et pour que la pratique de la langue cible soit absolument contemporaine du travail qu'il aura à réaliser.

Ceci étant, inutile de se voiler la face car il existe un marché de la traduction A-B pour couvrir des besoins qui ne requièrent pas des produits finis de haute qualité, comme c'est le cas de la traduction informative à usage interne dans certains organismes ou la traduction résumée dans laquelle le traducteur, faisant office d'écrivain, peut rédiger commodément et à sa guise les contenus d'un document etc. Et souvent, dans des domaines très restreints et souvent pointus, caractérisés par une terminologie et une phraséologie récurrentes dans le texte source, avec des instruments pertinemment choisis, une traduction A-B routinière, peu susceptible d'infractions, est pratiquée en toute garantie par un non natif, voire par un non traducteur (Gallego-Hernández, 2014).

Sans oublier le traducteur professionnel ne pouvant pas se soustraire à des obligations qui contredisent ses principes et qui fait monter les statistiques pour ce segment de marché.

Mais une autre question se pose : à quoi bon s'embarquer dans pareille histoire ? Les traducteurs eux-mêmes indiquent que lorsqu'ils traduisent dans le sens inverse, le rythme de production baisse très sensiblement par rapport à la traduction vers la langue propre, de sorte qu'ils ne cherchent pas spécialement à la pratiquer. Observation qui nous ramène à la question première : la traduction vers la langue étrangère, à quoi bon ? Est-il utile de la maintenir parmi les matières obligatoires dans les cursus de traduction ? Ne serait-il pas plus efficace de proposer des matières de langues étrangères spécialisées pour certains grands domaines pour la matière médicale, scientifique, juridique ou autres ?

Ces réflexions, qui probablement remettent en cause les fondements de la traduction vers la langue étrangère et de sa pratique sur le plan didactique comme sur le plan professionnel, ne sont pas sans répercussions sur l'apprentissage, l'évaluation et la notation.

2.3 Critères d'évaluation de la traduction vers la langue étrangère

Si les traducteurs eux-mêmes utilisent la notion de garantie et de contrôle de qualité à propos de la traduction vers la langue étrangère, c'est qu'implicitement ils appliquent un jugement de valeur sur le produit final. Eux n'attribuent pas de note chiffrée : mais c'est le client qui le fait selon ses exigences, et selon le montant qu'il est disposé à payer pour le travail effectué (la meilleure note du traducteur, c'est d'être rappelé ultérieurement par un client satisfait). Mais en revanche, les professeurs sont chargés de noter la traduction vers la langue étrangère et d'établir des critères pour que l'étudiant sache à quoi s'attendre, apprenne à faire son autocritique et à juger sans complaisance le produit qu'il va remettre.

Ici encore, on observe que les études sur l'évaluation de la traduction vers la langue étrangère sont rares. Tout au plus, des opinions tranchées dans les descriptifs des matières de traduction vers la langue étrangère (générale ou spécialisée), dans lesquels les professeurs se posent comme juges linguistiques, censeurs. De là que la traduction vers la langue étrangère soit présentée avant tout comme un moyen d'évaluation de la compétence linguistique et que, vu sous cet angle, les professeurs presque natifs ou non natifs, œuvrent à la fois comme professeurs de langue étrangère et comme formateurs en traduction. En effet, dans cet exercice tout comme dans celui de la traduction B-A, il est nécessaire d'insister sur la recherche du terme exact et de la phraséologie en usage dans la spécialité, sur l'effort pour reproduire le discours habituel des professionnels de la spécialité etc. Pour toutes ces raisons, il semble que l'évaluation ne doive pas être punitive mais plutôt qualitative, révélatrice des points positifs du résultat, et refléter le maniement correct des techniques de traduction, des stratégies, etc., plus que de la perfection linguistique.

Et quelques interrogations supplémentaires, récurrentes à tout moment, avant d'entrer en classe, pendant le cours et en sortant du cours, viennent s'ajouter, sans qu'il soit possible d'apporter de réponses tranchées. Qu'attendre de nos étudiants non natifs ? Comment leur donner des notes acceptables sans créer chez eux de fausses espérances de devenir un jour un traducteur hors pair vers une langue étrangère (la B et la C, et qui plus est, dans tous les domaines…) ? Qu'exiger d'eux ? Avec une autre question en toile de fond : peut-on se proclamer bilingue dans l'exercice professionnel de la traduction ? Est-ce nécessaire et déterminant ? Et finalement une question dont la réponse revient au seul professeur : quelle attitude adopter lors de l'évaluation ? Quels critères retenir pour donner une bonne note ?

Cette traduction vers la langue étrangère comme tâche théoriquement impossible, risquée, improbable dans l'exercice de la profession, fortement déconseillée, ne peut pas amener le professeur à être excessivement indulgent, voire complaisant car cela ferait douter de sa conviction professionnelle et impliquerait la débandade de ses étudiants. À l'autre extrême, se situerait le professeur qui punit sans appel et sans pitié, distribuant des zéros pointés à tour de bras, imposant « le corrigé type » à une classe médusée et terrorisée. Deux postures aussi inacceptables l'une que l'autre.

Le critère linguistique est-il le premier et le plus important à retenir dans la traduction vers la langue étrangère ? Sans doute pas, même s'il permet d'évaluer ce qui est le plus visible à première vue. Et s'il est vrai qu'il est plus agréable de lire une traduction linguistiquement correcte, cela ne signifie pas que la traduction ait atteint son but. Comme toujours, la traduction doit être fidèle au sens, le plus exact possible pour l'équivalence des termes, respectueuse de la phraséologie habituelle du domaine considéré et s'adapter au support auquel elle est destinée. Et en dernier lieu, elle devra être stylistiquement naturelle, fluide pour le lecteur natif, donner l'impression qu'elle a été écrite directement dans la langue étrangère. Rien de plus désagréable que ces relents de langue étrangère qui flottent au-dessus de certains textes traduits.

Autrement dit, si une des tâches principales du professeur natif – et pas seulement parce qu'il est natif – consiste à faire tendre ses étudiants vers une prose acceptable en langue étrangère, c'est parce qu'il joue plutôt un rôle de réviseur, les questions de terminologie, voire de phraséologie ayant été résolues au préalable.

C'est pourquoi, lors de l'appréciation et de la notation portées sur un exercice de traduction vers la langue étrangère, il est souhaitable de trouver et de garder un équilibre entre une amabilité excessive proche d'un laxisme préjudiciable à la formation des étudiants et un niveau d'exigence qu'un non natif – jeune qui plus est – peut difficilement atteindre.

Dans cette perspective, il est nécessaire de hiérarchiser au préalable les exigences et de le faire savoir aux étudiants. Le respect du sens du message dans le cadre de la spécialité du texte est primordial, suivi de l'emploi des termes spécifiques et de la phraséologie correspondant au sujet traité. Au risque d'en choquer plus d'un, la correction grammaticale, dans la mesure où elle ne perturbe pas le sens du message, et la négligence stylistique, si elle n'est pas trop choquante pour le lecteur du texte cible – peuvent passer à un second plan. C'est sur ce type de restrictions que s'appuie le traducteur non natif pour survivre dans le marché professionnel de la traduction vers la langue étrangère.

C'est sans doute cette hiérarchie qui permettra à l'étudiant de s'améliorer et d'augmenter ses capacités d'autocritique, mais surtout de ne pas perdre courage devant l'infinie variété des ressources linguistiques de toute langue naturelle. L'étudiant devenu professionnel devra veiller à divulguer autour de lui ces limitations inévitables, pour se protéger par avance.

Comme complément à ces réflexions sur les critères généraux d'évaluation de la traduction vers la langue étrangère en classe, voici une situation réelle destinée à affiner la notion d'exactitude terminologique comme l'un des principaux critères de validation dans une traduction spécialisée.

3. Analyse d'une situation réelle et fréquente

Le cas présenté ici concerne la traduction A-B pour le domaine spécialisé des affaires et de l'entreprise et entretient des relations avec le droit, notamment celui des sociétés et de la propriété industrielle.

Comme épreuve finale du contrôle continu de la matière Traduction inversa especializada francés, il était proposé aux étudiants un texte extrait d'un journal économique espagnol en vue de sa publication sur un support similaire dans un pays de langue française (norme de France), intitulé *Protege tu marca para que no te quiten las ideas*[5] un texte de divulgation pour futurs créateurs d'entreprise ou entrepreneurs chevronnés désireux de diversifier leur production. Un texte apparemment facile prodiguant des conseils pour éviter les désagréments d'être plagié ou imité suite à la mise sur le marché de produits ou services innovants et d'être victimes d'un préjudice important.

Le résultat de l'épreuve décevant, satisfaisant pour les étudiants qui ne détectèrent pas la difficulté fondamentale du texte en rapport avec la terminologie, ou plutôt avec la non-terminologie. Et pourtant le cas avait été évoqué en classe à plusieurs reprises…

3.1 Le contexte : le droit commercial espagnol

Dans le cadre du droit commercial espagnol, la propriété intellectuelle et industrielle a produit une série de termes ainsi que la phraséologie correspondante (*registrar una marca, patentar un invento, una patente, proteger un diseño, defenderse frente a terceros*). Ce matériel sera donc susceptible d'être employé en français dans la traduction.

5 Texte extrait de <www.expansion.com/2012/09/17/empleo/emprendedores/1347901425.html>.

Première difficulté à noter, liée à la précision terminologique : un calque qui consisterait à assimiler le français *patente* avec espagnol *patente*.

Il se trouve que le mot « patente » existe en français mais appartient au domaine du droit fiscal des entreprises. Il s'agit d'un mot qui a subi d'importantes variations tout au long de son histoire et qui ne s'emploie pratiquement plus, même s'il est toujours répertorié dans certains dictionnaires bilingues. Et c'est là que se situe l'écueil pour des étudiants en fin de cursus et qui pourtant devraient ne plus prendre pour argent comptant ce qu'on trouve dans les dictionnaires bilingues sans vérification.

Mais est-ce donc si grave de se tromper sur un simple mot ? C'est un petit détail qui prouve un manque de précision terminologique, un manque de pratique des textes juridiques sur la question, un manque de connaissances linguistiques sur l'histoire des mots et aussi un manque de sensibilité linguistique car, l'usage raisonné de la langue commune avec l'adjectif *patenté* (*un paresseux patenté : redomado, de siete suelas*), devrait mettre la puce à l'oreille du traducteur et lui donner l'intuition que dans un contexte aussi pointu que celui de la propriété industrielle, il faille se méfier. Voilà donc un emploi terminologique fautif.

Et si la recherche terminologique n'était pas toujours aussi simple ? Et s'il fallait raisonner à l'envers pour trouver le terme que requiert le domaine ?

En droit français, en matière de copie indue, on dispose de plusieurs termes qui ont un équivalent direct en espagnol : le plagiat (el plagio), la falsification (la falsificación), le piratage (le pirateo) qui n'est ni la piratería ni la piraterie… Mais il existe un autre terme, *la contrefaçon,* qui n'a pas d'équivalent en langue espagnole, commune ou juridique.

La contrefaçon en français de France se situe dans le contexte du droit commercial, sous-ensemble du droit civil, et peut avoir des conséquences au pénal. Ce terme est défini comme « imitation frauduleuse ou fabrication d'un objet au préjudice de celui qui avait seul le droit de le fabriquer de le reproduire » (Cornu, 2007). En matière de propriété intellectuelle la contrefaçon viole le droit de propriété littéraire, artistique et de la propriété industrielle. Pris dans un sens plus restreint, cette notion renvoie à la reproduction à l'identique d'un objet protégé, et qui laisse entendre qu'il s'agit d'une copie authentique.[6] Autant de faits susceptibles d'être punis et qui peuvent donner

6 Wikipedia en français consacre deux pages à cette notion (<fr.wikipedia.org/wiki/Contrefaçon et fr.wikipedia.org/wiki/Contrefaçon_en_droit_français>) : Ce mot provient du verbe *contrefaire* qui signifie en langue commune *imiter,* dans le sens de caricaturer, parodier, surtout s'agissant d'une personne. Par ailleurs, une personne *contrefaite* se dit d'une personne diforme (Cf. DREA : Contrahecho = que tiene torcido o corcovado el cuerpo). Dejà au XIIIème siècle, *contrefaire* signifiait *falsifier* pour les pièces de monnaie. Il existe un dérivé récent (XVIIIème siècle) pour désigner la personne qui s'emploie à la contrefaçon : *le contrefacteur.*

lieu à la *saisie-contrefaçon* des objets suspects. Mais curieusement, sauf erreur, ce terme n'apparait ni dans le code civil, ni dans le code de commerce. Mais par contre, en matière de concurrence déloyale, il est employé par la cour de cassation dans de nombreux arrêts.[7]

3.2 La stratégie traductologique

Le traducteur n'a pas à s'interroger sur le bien-fondé des terminologies dans chacune des langues, mais il doit savoir réagir devant un fait relatif à la propriété industrielle (il s'agit de production d'objets) : le mot *contrefaçon* apparaîtra *ipso facto* en français dans les écrits correspondants, quel que soit leur degré de spécialisation.

Et curieusement, ce mot utilisé par les spécialistes du droit de la concurrence est, en même temps, extrêmement commun chez les consommateurs, en particulier ceux qui reviennent de certains pays avec des produits d'imitation notamment dans le secteur de l'industrie du luxe (confection, prêt-à-porter, maroquinerie, parfumerie, horlogerie etc.), en sachant parfaitement les sanctions qu'ils encourent.

Ce mot – ce terme si nous nous situons dans la perspective de la spécialité –, donc très fortement enraciné dans les mentalités de langue française[8] et dans le stock linguistique correspondant, par voie de conséquence, doit forcément apparaître dans une traduction vers le français relative à la propriété industrielle, tout comme il apparaît naturellement dans n'importe quel écrit rédigé directement dans cette langue sur ce sujet.

Pour cet exemple extrêmement précis, le problème pour le traducteur, natif ou non, sera de trouver l'endroit qui justifie l'emploi du mot *contrefaçon* pour que le lecteur de la traduction retrouve ses marques mentales, ses habitudes linguistiques et se situe fonctionnellement dans ce qu'il est en train de lire. En suivant ce raisonnement, on peut affirmer que l'un des critères d'une bonne traduction, celle que ferait ou réviserait le natif, serait qu'apparaissent les termes habituels de rédaction dans cette langue.

Contrefaçon est un terme assez ouvert – peut-être trop, mais on laissera cette question aux juristes – pour qu'il puisse être utilisé dans la traduction

7 Voici un exemple parmi de très nombreux arrêts publiés par la cour de cassation : <www.legifrance.gouv.fr/affichJuriJudi.do?oldAction=rechJuriJudi&idTexte=JURITEXT000028514349&fastReqId=891452764&fastPos=1>.

8 Il existe même à Paris un musée éponyme (<fr.wikipedia.org/wiki/Musée_de_la_Contrefaçon>).

qui était proposée. Où ? Tout simplement dans le titre : *Protégez votre marque des contrefaçons,* ou encore comme équivalence de séquences telles que *evitar plagios, evitar copias, el uso indebido de su obra, algunas claves que hay que tener en cuenta para proteger su obra.*

Si l'exactitude de la traduction, la fidélité au texte est un critère pour obtenir une bonne note à l'examen, somme toute le souci premier de tout étudiant sensé, la fidélité aux référents habituels du lecteur de la traduction est également indispensable pour que la traduction ne sente pas trop l'autre langue et acquière sa propre existence et son autonomie.[9]

4. Conclusions

En dehors de continuer à nous demander s'il est vraiment utile de persister à inclure les cours de traduction vers la langue étrangère dans un cursus, quelle conclusion peut-on retirer de ces réflexions ?

L'expérience de nombreuses années d'enseignement en traduction spécialisée A-B semble tout de même indiquer qu'il s'agit d'un exercice globalement formateur en ce qu'il apporte un complément appréciable aux acquis antérieurs, même si l'on ne peut prétendre, vu l'immensité de la tâche qui permettrait de pénétrer tous les secrets d'une langue étrangère, à un résultat d'une même qualité que dans la traduction vers la langue A.

Cependant, cette matière présente un intérêt indubitable, celui de faire mesurer le chemin à parcourir pour « maîtriser » une langue étrangère et pouvoir donner des preuves tangibles d'excellence. Et aussi à garder courage lorsqu'on voit son professeur natif, reconnaître publiquement et au quotidien la bataille qu'il livre en permanence avec sa propre langue, avec sa langue B, pour ne pas parler de sa langue C. Une fois le dernier examen passé, les apprentis traducteurs deviennent à leur tour des traducteurs et les différences devant la traduction tendent à s'estomper…

9 D'aucuns ne manqueront pas ici de questionner la légitimité de la mise en œuvre de cette pratique et de brandir l'étendard des théories de la manipulation, subtile casuistique qui tend à faire du traducteur un manipulateur de textes alors que la réalité quotidienne de la profession indique que son activité principale consiste à en favoriser la diffusion, dans un acte mûrement réfléchi, sous la forme qui lui semblera la plus efficace. Comme toujours, *la lette tue et l'esprit vivifie…*

Références

Cómitre Narváez, I. (2003). La enseñanza de la traducción inversa (español/francés): realidad profesional y desafío didáctico. In R. Muñoz Martín (Ed.), *I AIETI. Actas del I Congreso Internacional de la Asociación Ibérica de Estudios de Traducción e Interpretación. Granada 12–14 de Febrero de 2003.* Vol. 2 (pp. 383–389). Granada: AIETI.

Cornu, G. (2007). *Vocabulaire juridique.* Association Henri Capitant, Paris: PUF.

Cruz de la, M. (2004). Traducción inversa: una realidad. *Trans,* 8, 53–60.

Dubroca Galin, D. (2008). La phraséologie dans l'orbite de la mercatique. A la recherche d'une phraséologie convergente. *Applied Semiotics / Sémiotique appliquée,* 8(21), 29–41.

Gallego-Hernández, D. (2012). *Traducción económica y corpus: del concepto a la concordancia. Aplicación al francés y al español.* Alicante: Publicaciones Universidad de Alicante.

Gallego-Hernández, D. (2014). A vueltas con la traducción inversa especializada en el ámbito profesional. Un estudio basado en encuestas. *Trans,* 18, 229–238.

Wimmer, S. (2011). *El proceso de la traducción inversa: modelo, validación empírica y aplicación didáctica.* Tesis de doctorado. Universidad Autónoma de Barcelona. Bellaterra. Recuperado el 25 de febrero 2013 de <ddd.uab.cat/pub/tesis/2011/hdl_10803_42307/sw1de1.pdf>.

El desarrollo de la competencia traductora en el aula de traducción económica: análisis de errores

Mª Pilar Cardos Murillo
Universidad San Jorge
<mpcardos@usj.es>

Kenneth Jordan Núñez
Universidad San Jorge
<kjordan@usj.es>

This article describes a study on errors in translation by undergraduate students attending subjects on economic translation from English and French into Spanish. Its aim is to determine what knowledge and abilities within each sub-competence forming translation competence the student needs to develop in order to improve its acquisition of this macro-competence. This study is based on the concepts of *translation competence* and *error in translation,* and an error-analysis-based method for correcting and/or assessing translations. These results can be used to derive useful conclusions for teaching practice regarding subjects of specialized translation.

Keywords: translation competence, economic translation, error in translation, ability, knowledge.

Este artículo describe un estudio de los errores de traducción de alumnos de grado en materias de traducción económica de inglés y francés al español con el objetivo de determinar los conocimientos y habilidades de las subcompetencias de la competencia traductora que debe desarrollar el alumno para mejorar la adquisición de esta macrocompetencia. Para ello, se parte de los conceptos de *competencia traductora* y de *error de traducción,* y de un método de corrección y/o evaluación de traducciones basado en el análisis de errores. Los resultados del estudio permiten extraer unas conclusiones útiles para la práctica docente de las materias de traducción especializada.

Palabras clave: competencia traductora, traducción económica, error de traducción, habilidad, conocimiento.

1. Introducción

Para el docente de traducción, son evidentes las dificultades que supone para sus alumnos resolver problemas de traducción, sobre todo, cuando es testigo del comportamiento del alumno a la hora de enfrentarse a textos de especialidad, como los del ámbito económico, comercial o financiero. Estas dificultades están vinculadas a problemas no solo de índole lingüística, sino también a problemas relacionados con otros muchos conocimientos y habilidades, como son los conocimientos culturales, temáticos o, en el contexto que nos ocupa, los del ámbito de especialidad, que constituyen la competencia extralingüística y que, a su vez, integran la competencia traductora, cuya adquisición por parte del alumno consideramos que es el objetivo principal de los estudios de traducción.

El artículo que presentamos pretende, precisamente, en términos generales, desarrollar el concepto de competencia traductora, que vemos estrechamente relacionado al de competencia comunicativa; pero este estudio tiene, también, tres objetivos concretos y fundamentales:

- asociar cada tipo de error de traducción con las diferentes subcompetencias que conforman la competencia traductora, e identificar cuáles son los conocimientos y habilidades relacionados (para lo que también es necesario desarrollar el concepto de *error de traducción*);
- identificar los errores de traducción de textos económicos más frecuentes en alumnos de grado; y
- determinar las habilidades y conocimientos de cada subcompetencia en los que convendría incidir en clase de traducción económica para mejorar la competencia traductora de los alumnos.

Asimismo, se prevé la consecución de un objetivo colateral: mejorar la metodología de enseñanza-aprendizaje de esta especialidad en los programas de formación de traductores.

2. Marco teórico

2.1 La competencia traductora

En la didáctica de la traducción se observan dos corrientes con enfoques muy distintos. La didáctica de la traducción tradicional siempre ha estado vinculada a la enseñanza de las lenguas extranjeras. Sin embargo, la corriente actual está centrada en el desarrollo de los conocimientos y habilidades necesarios para traducir, que es lo que ha pasado a denominarse *competencia traductora*. Este concepto tiene como punto de partida el concepto de *competencia* de Chomsky (1965) y el concepto de *competencia comunicativa* que propone Hymes (1972), en un intento de redefinir el concepto anterior, y que, posteriormente, desarrollan Canale y Swain (1980), Bachman (1990), Gile (1995) y Delisle (1980). Sin embargo, no fue hasta 1996 cuando, primero, Amparo Hurtado y, después, el grupo de investigación PACTE (que ella misma lidera), desarrollan de una manera más clara una definición del concepto de *competencia traductora*.

Aunque existen otras definiciones de este concepto, las propuestas de Hurtado y del grupo PACTE son especialmente interesantes. Para Hurtado (1996: 34), la competencia traductora puede dividirse en cinco subcompetencias:

- competencia comunicativa;
- competencia temática (sobre la materia concreta a traducir);
- competencia mental (o capacidad para la organización textual);
- competencia traslatoria (que anula las interferencias entre ambas lenguas), y
- competencia profesional (referida a la familiarización con las herramientas útiles del traductor, etc.).

Por otro lado, el grupo PACTE (2005) parte de la convicción de que la competencia traductora constituye un sistema de conocimientos y aptitudes que se activa de distinta manera en situaciones distintas. Así, la competencia traductora está integrada por diversos componentes: por un lado, la competencia bilingüe, la competencia de transferencia y los conocimientos del mundo y, por otro, los conocimientos lingüísticos y el conocimiento en el manejo de las distintas herramientas de trabajo. Además, se añaden dos subcompetencias: la competencia de resolución de problemas específicos y ciertas cualidades y habilidades psicológicas que pone en juego el traductor, como pueden ser la creatividad, la emotividad y la atención.

Para PACTE, las competencias son, por tanto, de carácter comunicativo, extralingüístico, profesional e instrumental, estratégico y psicofisiológico.

Asimismo, Jiménez y Roldán presentan también una definición muy completa del concepto de *competencia traductora* en línea con la de Hurtado y la del grupo PACTE. Para ellas (según cita de Gómez Hurtado, 2005: 17), la competencia traductora es:

> Una especie de supracompetencia que englobaría las siguientes subcompetencias: competencia lectora; competencia de comprensión de la organización textual, que incluye toda la información lingüística y extralingüística de organización de textos; competencia de producción escrita u oral, según la especialidad; y competencia de comprensión cultural.

Todas estas subcompetencias, como apunta Gómez Hurtado (2005: 17), deben estar estrechamente vinculadas las unas a las otras para formar la denominada *supracompotencia traductora*.

Este planteamiento didáctico, que se decanta por entender la competencia traductora como un conjunto de subcompetencias que permiten que se trasladen textos de una lengua a otra y de una cultura a otra de forma adecuada, constituirá la base de nuestro estudio. En ese sentido, como aconseja Roiss (2008: 11–13), será preciso tener en cuenta que es necesaria una adecuada progresión en la mejora y el desarrollo de estas subcompetencias para que finalmente resulte beneficiada la competencia traductora en su conjunto.

2.2 La enseñanza/didáctica de la traducción económica

Puede concebirse la traducción especializada como la actividad traslativa que se caracteriza por trabajar con textos de un nivel elevado o muy elevado de especialización en un área del conocimiento específica y en la que el conocimiento previo de la materia por parte del traductor cumple una función básica y primordial. En este sentido, el concepto de *traducción especializada* se opone al de *traducción general,* cuyos contenidos temáticos presentan un nivel de especialización poco o nada elevado. Sin embargo, es posible ir más allá y, desde un punto de vista didáctico, definir *traducción especializada* como la "traducción realmente profesional, en la que se especializa el traductor y, por consiguiente, no restringida a la traducción de los llamados textos especializados (técnicos, científicos, jurídicos, administrativos, económicos), sino que integra también la traducción audiovisual [...] y la traducción de libros" (Hurtado, 1996: 31). Así, por contraposición, y en un contexto formativo como en el que centra este estudio, podría entenderse la traducción general como la iniciación a la traducción real.

En relación con la traducción de textos especializados, se cuenta ya con algunos estudios descriptivos sobre diferentes variedades, pero sigue existiendo un gran vacío en lo que a planteamientos pedagógicos se refiere. Destacan el trabajo de Bédard (1987) y Durieux (1988) en el campo de la traducción técnica, y el de Borja (1998) en el campo de la traducción jurídica; pero, sin duda, los que resultan más interesantes para este estudio son los de Román (2008) en el campo de la traducción jurídico-económica y los de Pizarro (2010), Suau (2010), Gallego (2012) y Jordan (2014), centrados exclusivamente en la traducción económica.

Para Borja Albi (1999: 155), los textos jurídicos están marcados por el campo temático y, precisamente por este motivo, para Borja, este tipo de conocimiento es uno de los aspectos clave en la formación del traductor. Esto se basa en dos razones fundamentales: la complejidad conceptual de los textos legales, y las diferencias entre sistemas jurídicos, que hacen difícil, y a veces imposible, encontrar equivalencias. En cuanto al primer aspecto, la complejidad del lenguaje jurídico, para Borja, no proviene solo de la gramática, sino que es consecuencia de los aspectos pragmáticos que lo contextualizan. Y, por lo que respecta al segundo aspecto, la falta de equivalencias entre sistemas legales, según esta autora, solo puede solucionarse con un profundo conocimiento de los ordenamientos jurídicos que la traducción pone en contacto.

Para Román (2008: 26), la traducción especializada también está marcada por la importancia que ejerce el conocimiento del campo de especialidad y la necesidad de documentación. Román cree que, para la identificación y resolución de potenciales problemas conceptuales referidos a un campo temático (en este caso el económico), se debe diseñar un buen plan de documentación que ayude a adquirir los conocimientos necesarios para comprenderlo. Asimismo, hace hincapié en la relación necesaria entre la terminología y la traducción especializada, que justifica en el hecho de que, entre otras cosas, la expresión del conocimiento especializado en los textos de especialidad se vehicula en gran medida a través de unidades terminológicas y fraseológicas de cada área del saber. De acuerdo con esas dos afirmaciones, Román (2008: 26) sostiene que los dos pilares fundamentales en los que se apoyan los objetivos de aprendizaje en traducción económica son el dominio del campo temático y de la documentación de la empresa, y el dominio de la terminología económica en ambas lenguas. Así, en contraposición con la competencia traductora descrita por el grupo PACTE, ella habla de *incompetencia jurídico-económica,* que desglosa en cinco supuestos:

- desconocimiento terminológico de la lengua meta (el alumno no está familiarizado con los términos y no sabe en qué medida los está utilizando de forma pertinente en ese ámbito de especialidad);
- incompetencia para dominar la fraseología especializada de la lengua meta (incompetencia para expresarse en la lengua meta);
- desconocimiento conceptual o incompetencia temática en la lengua meta (desconocimiento de determinadas áreas del saber);
- incompetencia terminológica en la lengua origen (incomprensión de los términos por su complejidad), y
- desconocimiento conceptual en la lengua origen (desconocimiento de determinas áreas del saber que obligan al alumno a optar por un equivalente de traducción no adecuado).

Por su parte, Pizarro (2010: 168) establece como pilares básicos de la formación ideal del traductor de textos económicos el conocimiento de las lenguas y culturas origen y meta, el conocimiento de la temática especializada (la economía) y los conocimientos técnicos necesarios para el proceso de traducción (herramientas informáticas, técnicas de las traducción especializada, terminología del campo de la economía, y destreza para la búsqueda y manejo de información y documentación).

Suau (2010) prefiere hacer énfasis en el análisis de los géneros textuales, relacionado con el conocimiento temático de la economía, proponiendo el análisis sistemático de los textos en lengua origen a partir de diferentes conceptos, como los de *campo, modo, tenor, metadiscurso,* etc. Todo ello, con el ánimo de que el traductor desarrolle una serie de técnicas previas a la traducción propiamente dicha, que le permita enfrentarse a los textos.

Por último, Gallego-Hernández (2012) se preocupa, entre otras cosas, por el desarrollo de conocimientos técnicos o estrategias de documentación que implican el uso de textos paralelos y corpus, y que permitan abordar la fase traslativa de diferentes géneros textuales del ámbito de la economía y los negocios.

2.3 Los errores de traducción

Los errores de traducción, como ya apuntaba Gile (1992), son síntomas de debilidad o de insuficiencia, pero también una herramienta esencial en la formación del futuro traductor. Según Gile, a un nivel más elemental, la eliminación del error mejora progresivamente el rendimiento del alumno, mediante una ampliación de sus conocimientos y/o mediante la puesta en marcha de un proceso de interferencia que permite al alumno generalizar y evitar errores similares durante su formación; y, a un nivel más directivo y eficaz, el docente guía al alumno a la hora de identificar los errores mediante un metodología de la traducción (Gile, 1992: 251).

En esta línea, consideramos necesario recurrir a la pedagogía del error en clase de traducción, puesto que es una forma de obligar al alumno a reflexionar sobre sus propios errores y remontarse a la causa del error.[1] Si no se razona sobre el error y la formación en traducción se limita a la enseñanza por parte del docente, el alumno podría no entender los motivos de la corrección y, en consecuencia, no aprender como se espera. Por eso, en el aula de traducción económica, es importante, como sugiere Gile, guiar al alumno a analizar los errores e intentar averiguar sus causas y, además, que los alumnos aprendan a poner una etiqueta a sus errores para que el método de evaluación sea más transparente y para que los alumnos tomen conciencia tanto de la envergadura del error como de su penalización.

2.4 Análisis y clasificación del error

El tema de la clasificación de los errores de traducción ha suscitado infinidad de debates entre los investigadores. Los principales obstáculos a los que se

1 A este respecto, léase, por ejemplo, el trabajo de Tolosa (2013).

enfrentan quienes tienen el valor y la paciencia de presentar taxonomías del error, según Mata (2005), son: el hecho de que hay errores que son de más de un tipo a la vez o de ningún tipo exactamente (razones por las que se resisten a ser etiquetados) y el hecho de que el error solo puede ser clasificable una vez cometido (es imposible predecirlo).

Cruces Colado (2001: 814), basándose en los modelos del proceso de traducción de Muñoz (1995) y Gile (1992), también propone una definición del concepto de *error de traducción* como "una ruptura de las reglas de coherencia de un TT [o texto meta], sean éstas de tipo gramatical, de combinabilidad léxica, congruencia semántica o de conformidad al conocimiento del mundo y de la experiencia acumulada" y, además, establece una clasificación del error atendiendo al criterio de la fase en que se produce, puesto que, como ella argumenta, solo eso puede permitir determinar su origen.

Para Cruces Colado (2001: 817–821), son dos los tipos de errores más frecuentes: las incorrecciones formales del texto meta, cuyo "origen se halla en el mayor o menor desconocimiento de las reglas ortográficas, gramaticales y léxicas de la LT [lengua meta]", y los errores "que afectan al proceso de atribución de sentido a un texto". Estos últimos provocan:

- rupturas de coherencia (que pueden deberse a "un insuficiente conocimiento del mundo o del tema que se está traduciendo" o "[e]l incorrecto manejo de los medios de expresión en LT [llengua meta] que no permiten la comprensión del sentido", cuya "prevención se encuentra en un refuerzo de las competencias de redacción en la lengua materna");
- inadecuaciones terminológicas (que pueden deberse a "la mala elección de uno de los varios significados posibles de un término" y, por tanto, "al insuficiente conocimiento léxico de la LO [lengua origen] que posee el alumno" o "al no respeto [...] a las condiciones de enunciación previstas para el TT [texto meta] y que orientan la serie de toma de decisiones sobre la reformulación general del mismo"); y
- el uso de significados literales o combinaciones léxicas no toleradas por la lengua meta (que engloban, a su vez, el "error originado por el no reconocimiento de construcciones idiomáticas [...] en la fase de atribución del sentido y que provoca una reformulación palabra a palabra que cambia el sentido del TT [texto meta], o incluso provoca que carezca del mismo", y el error debido a optar por una reformulación cuando el alumno no es capaz de atribuir ningún sentido al TO y considera que, quizás, el destinatario sea capaz de comprender lo que para él es incomprensible).

3. Metodología

La metodología que seguimos para este estudio se desarrolló en cuatro fases:

Partimos de la elaboración de un corpus de doce textos meta (corregidos por los dos docentes que imparten las materias de traducción económica inglés–español y francés–español) que constituían traducciones de seis textos de partida elaborados por doce alumnos del grado en Traducción y Comunicación Intercultural de la Universidad San Jorge. El método utilizado para la corrección está basado en el análisis de errores mediante un baremo adaptado de Delisle, Hurtado, Hatim y Mason, y Chaume, que divide los errores en dos tipos:

- inadecuaciones que conciernen a la comprensión del texto de partida: contrasentidos (CS), sinsentidos (SS), falsos sentidos (FS), no-mismo-sentidos (NMS), adiciones (AD), supresiones (SUP), errores de semiótica (SEM), errores de dialecto (DIA), errores de registro (REG) y errores de pragmática (PRAG);
- inadecuaciones que conciernen a la expresión del texto meta: errores de ortografía y puntuación (ORT), errores de ortotipografía (ORT-TIP), errores de tipografía (TIP), errores de léxico (LEX), errores de terminología (TERM), errores de gramática (GRAM), errores textuales (TEXT), errores de estilo (EST), errores de dialecto (DIA), errores de registro (REG) y errores de pragmática (PRAG).

Por cada error se aplica una penalización que se resta del total de puntos de la traducción y que varía en función de la gravedad del error (ejemplo: 0,1 para el error leve o 0,5 para el error grave). Además, se premia al alumno por cada propuesta de traducción o solución traductológica óptima (OPT).

Posteriormente, introdujimos los errores en una base de datos, un total de 190, indicando el fragmento del texto de partida, el contexto del error en el texto meta, el tipo de error, el conocimiento o habilidad relacionados, y la subcompetencia en la que se circunscribe el error.

Por último, analizamos los resultados, identificando los errores más frecuentes y determinando los conocimientos y habilidades que deben adquirirse y/o desarrollarse o reforzarse en las materias de traducción económica o en otras materias.

4. Análisis de resultados

En la última fase de análisis de los resultados se observó lo siguiente:

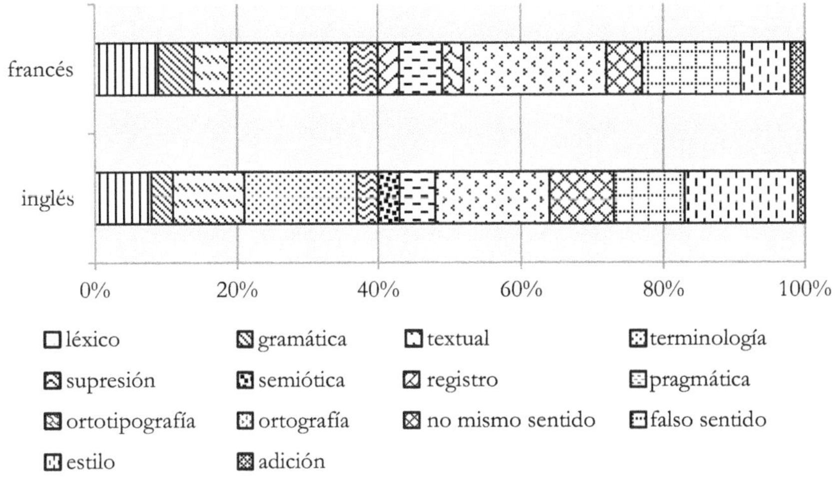

Gráfico 1. Porcentaje de errores en traducciones del inglés y del francés.

- Como se aprecia en el gráfico 1, la gran mayoría de los errores de traducción en inglés y en francés son errores terminológicos, de ortografía y puntuación, y falsos sentidos (que igualan o superan el 10 % de los errores).
- Los errores terminológicos están vinculados en su mayoría a la subcompetencia lingüística en español (conocimiento gramatical y léxico: léxico de especialidad), a la subcompetencia extralingüística (conocimiento temático: temas especializados) y a la subcompetencia instrumental (procedimiento documental y conocimiento sobre fuentes de documentación).
- Los errores de ortografía y puntuación están vinculados en su mayoría a la subcompetencia lingüística en español (conocimiento gramatical y léxico: reglas de ortografía y puntuación) y a los componentes psicofisiológicos (componentes cognitivos y actitudinales).
- Los falsos sentidos están vinculados a la subcompetencia lingüística en la lengua extranjera (conocimiento gramatical y léxico: léxico general) y a la subcompetencia extralingüística (conocimiento temático: temas especializados).
- La mayoría de los errores eran debidos, en mayor o menor medida, a la subcomepetencia estratégica (puesto que, como describe el grupo PACTE,

establece relaciones de interacción entre las otras subcompetencias y controla todo el proceso de traducción), la subcompetencia instrumental (puesto que permite compensar posibles carencias de conocimientos o habilidades en otras subcompetencias mediante, por ejemplo, el uso de fuentes de documentación adecuadas para cada caso) y a los componentes psicofisiológicos (como la atención, el rigor profesional o la motivación).

5. Conclusiones

Según los resultados anteriormente descritos, podemos establecer, a modo de conclusión, que es preciso reforzar las siguientes subcompetencias que integran la competencia traductora para que los alumnos puedan traducir de forma satisfactoria textos de tipo económico, financiero o comercial:

- Subcompetencia bilingüe (lingüística en español): debe reforzarse el conocimiento gramatical y léxico y, sobre todo, el conocimiento del léxico de especialidad del alumno en materias de traducción económica con actividades o unidades didácticas específicas relacionadas con las temáticas tratadas. También puede y debe reforzarse esta subcompentencia trabajando la subcompetencia instrumental, mejorando la habilidad documental del alumno, así como el conocimiento de las fuentes documentales pertinentes, y haciendo hincapié en la importancia de su uso en las propias materias de traducción económica o en materias específicas de documentación y terminología.
- Subcompetencia extralingüística: debe reforzarse el conocimiento temático en materias de traducción económica, mediante actividades o unidades didácticas específicas, y en materias de fundamentos culturales y temáticos. Como en el caso anterior, también puede y debe reforzarse esta subcompetencia trabajando la subcompetencia instrumental, mejorando la habilidad documental del alumno.
- Subcompetencia bilingüe (lingüística en lengua extranjera): debe reforzarse el conocimiento gramatical y léxico y, más concretamente, el conocimiento del léxico general o no especializado idealmente en materias de lengua extranjera y/o de traducción general. También puede reforzarse en las materias de traducción económica, mediante actividades o unidades didácticas específicas como, por ejemplo, la realización de ejercicios de pretraducción destinados a mejorar la capacidad de los alumnos de comprensión e interpretación del texto original u otros textos paralelos.

Así pues, y tras lo observado en esta investigación en torno a la competencia traductora en la traducción de textos económicos inglés-español y francés-español nos planteamos los siguientes retos: 1) de forma previa a la siguiente etapa de este estudio, la aplicación de unas unidades didácticas en las que se incida individualmente y de forma progresiva en la adquisición de las subcompetencias que se necesita reforzar; 2) repetición del análisis de los errores de traducción de alumnos de grado en las materias mencionadas y valoración de la eficacia de las medidas aplicadas; 3) contraste de los resultados obtenidos con los del presente estudio o estudio inicial.

Por último, conviene mencionar que, dado que este estudio se limita a un período de dos años y a traducciones de alumnos de una única institución, aumentar el tiempo de observación y hacer un estudio multicéntrico nos podría ayudar a identificar otro tipo errores de traducción, afinar la descripción del grado de frecuencia y aportar mayor lucidez a la identificación de las subcompetencias en las que hay que incidir en las materias mencionadas.

Referencias

Bachman, L. (1990). *Fundamental Considerations in Language Testing.* Oxford: Oxford University Press.

Borja Albi, A. (1999). *Estudio descriptivo de la traducción jurídica, un enfoque discursivo.* Barcelona: Universidad Autónoma de Barcelona.

Bédard, C. (1987). *Guide d'enseignement de la traduction technique.* Quebec: Linguatech.

Canale, M., & Swain, M. (1980). Theoretical Bases of Communicative Approaches to Second Language Teaching and Testing. *Applied Linguistics,* 1(1), 1–47.

Chomsky, N. (1965). *Aspects of the Theory of Syntax.* Cambridge (Massachusetts): MIT Press.

Cruces Colado, S. (2001). El origen de los errores en traducción. En E. Real, D. Jiménez, D. Pujante & A. Cortijo (coords.), *Écrire, traduire et représenter la fête* (pp. 813–822). Valencia: Universitat de València.

Delisle, J. (1980) *L'analyse du discours comme méthode de traduction: Initiation à la traduction française de textes pragmatiques anglais : thèorie et practique.* Ottawa: University of Ottawa Press.

Durieux, C. (1988). *Fondement didactique de la traduction technique.* Paris: Didier Érudition.

Nord, C. (1996). El error en la traducción: categorías y evaluación. En A. Hurtado Albir (Ed.), *La enseñanza de la traducción* (pp. 91–103). Castellón: Universitat Jaume I.

Hymes, D. (1972). On communicative competence. En J. Pride & J. Holmes (Eds.). *Sociolinguistics* (pp. 78–102). Harmondsworth: Penguin.

Hurtado Albir, A. (1996). La enseñanza de la traducción directa *general*. Objetivos de aprendizaje y metodología. En A. Hurtado (Ed.). *La enseñanza de la traducción* (pp. 31–56). Castellón: Universitat Jaume I.

Gallego-Hernández, D. (2012). *Traducción económica y corpus: del concepto a la concordancia. Aplicación al francés y al español.* Alicante: Publicaciones Universidad de Alicante.

Gile, D. (1992). Les fautes de traduction: une analyse pédagogique. *Meta,* 37(2), 251–262.

Gile, D. (1995). *Basic Concepts and Models for Interpreter and Translator Training*. Amsterdam: John Benjamins.

Gómez Hurtado, M. I. (2005). *Traducir: ¿capacidad innata o destreza adquirible*? (Tesis doctoral). Departamento de Traducción e Interpretación. Universidad de Granada.

Jordan Núñez, K. (2014). Some tips for designing and lecturing an undergraduate course in economic, financial and commercial translation. Current trends in translation teaching and learning, 1, 83–114.

Mata Pastor, C. (2005). ¡Y por eso me suspende! *El Trujamán: Revista diaria de traducción.* Enseñanza, 28 de diciembre de 2005. Recuperado el 20 de septiembre de 2013 de <cvc.cervantes.es/trujaman/anteriores/diciembre_05/28122005.htm>.

Muñoz Martín, R. (1995). *Lingüística para traducir*. Barcelona: Editorial Teide.

Pizarro Sánchez, I. (2010). *Análisis y traducción del texto económico inglés-español.* Oleiros (La Coruña): Netbiblo.

PACTE (2005). Investigating Translation Competence: Conceptual and Methodological Issues. *Meta,* 50(2), 609–619.

Roiss, S. (2008). *Desarrollo de la competencia traductora. Teoría y práctica del aprendizaje constructivo.* Granada: Comares.

Román Mínguez, V. (2008). *La enseñanza de la traducción (inglés-español) de los tipos textuales del mundo de la empresa: aproximación metodológica y materiales* (Tesis doctoral). Universidad de Málaga.

Suau Jiménez, F. (2010). *La traducción especializada (en inglés y español en géneros de economía y empresa).* Madrid: Arco Libros.

Tolosa Igualada, M. (2013). *Don de errar. Tras los pasos del traductor errante.* Castellón: Universitat Jaume I.

Formación de traductores en lenguajes de negocios en el contexto colombiano: propuesta de formación

BIBIANA CLAVIJO OLMOS
Universidad EAN (Bogotá, Colombia) <saclavijo@ean.edu.co>

This proposal is based on the doctoral research project on translation that I am developing at the University of Alicante. Its main area is didactics in business translation in the Colombian context. This project begins by analysing the academic sector of Colombian translation, and then it describes the real need for business translation, in contrast with the profile of current translators. Its main purpose is to design some teaching strategies to train business translators in the Colombian context. It includes a solid theoretical framework about translator's competencies, the Colombian translation context, how academic and professional languages are faced by Colombian translators, and trends on translation didactics. In order to collect information, a group of students was taken as the sample. The results allowed me to describe and analyse how students learn translation in the business context. A series of surveys, interviews and observations were used to collect information about teaching and learning strategies, as well as about the linguistic, pragmatic and cultural needs of translation students. The information collected is the basis to create teaching strategies, specifically designed for business translation students in the Colombian context.

Keywords: business translators, training, translators' competencies, teaching and learning strategies.

Basamos esta propuesta en la tesis doctoral que desarrollamos actualmente en la Universidad de Alicante. Su enfoque tiene que ver con la didáctica de la traducción en lenguajes de negocios en el contexto colombiano. En este artículo presentamos el contexto académico de la traducción en Colombia. Posteriormente describimos la necesidad real que tienen las empresas de traducción en el ámbito de los negocios, y la contrastamos con el perfil del traductor actual. Nuestro propósito principal es diseñar unas estrategias de enseñanza de traducción en lenguajes de negocios, en el contexto colombiano. Esta propuesta se sustenta en un marco teórico sólido que incluye temas, como la competencia traductora, el contexto de la traducción en Colombia, cómo se enfrentan los traductores colombianos a lenguajes académicos y profesionales, y finalmente tendencias en la didáctica de la traducción. Hicimos la recolección de información con un grupo piloto de estudiantes, gracias al cual pudimos describir y analizar cómo se aprende a traducir lenguajes de negocios en Colombia. A su vez, realizamos una serie de encuestas, entrevistas y observaciones de clase que nos permitieron recolectar información relacionada con las estrategias de enseñanza — aprendizaje, así como las necesidades lingüísticas, pragmáticas y culturales de los estudiantes. La información que recolectamos constituye la base sobre la cual diseñamos las estrategias de enseñanza de traducción en lenguajes de negocios en el contexto colombiano, fundamentadas en el modelo socio-constructivista.

Palabras clave: traductores en ámbitos de negocios, formación, competencias del traductor, estrategias de enseñanza-aprendizaje.

1. El contexto académico colombiano

Con el propósito de determinar el contexto académico de la traducción, hicimos un estudio que nos permitió identificar las universidades que ofrecen títulos de grado, especialización y máster en traducción en las diferentes ciudades de Colombia. Vale la pena mencionar que en Colombia no hay doctorados en traducción todavía, y que de los nueve programas académicos en traducción creados desde 1986, actualmente hay únicamente tres universidades con estudios en traducción, que presentamos a continuación.

La primera universidad con título de posgrado desde 1994, vigente es la Universidad del Rosario, ubicada en Bogotá (ciudad capital). El título que ofrece es de Especialista en Traducción, donde imparte cursos de traducción en diversos lenguajes, en combinación de lenguas inglés-español y en ocasiones ha ofrecido la combinación de francés-español. No cuenta con un claro enfoque hacia algún lenguaje en particular.

La primera universidad con estudios de máster en traducción en Colombia es la Universidad Autónoma de Manizales ubicada en la ciudad de Manizales, que inició este título en 2009. Allí prepara a profesores e investigadores de traducción. No se enfoca en la práctica de la traducción ni en lenguajes de especialidad.

A estas dos universidades mencionadas se suma la Universidad de Antioquia, ubicada en Medellín, que ofrece un título de grado en traducción desde 1998. Allí los estudiantes inician su aprendizaje de lenguas, para posteriormente centrarse en la traducción en ámbitos generales. Posteriormente, desde 2012 tiene un máster en traducción aprobado por el Ministerio de Educación, que se enfoca en lenguajes científico-técnicos.

Como complemento a estos estudios en traducción, existen también en Colombia grados en lenguas o en estudios socioculturales con énfasis o electividad en traducción, que son los siguientes:

La Universidad EAN, ubicada en Bogotá, ofrece un grado en Lenguas Modernas que tiene énfasis en traducción de lenguajes de negocios. Incluye cuatro materias en traducción, cada una enfocada a un ámbito (comercial, económico, financiero y se complementa con el jurídico).

La Universidad de los Andes, también ubicada en Bogotá, ofrece un grado en estudios socioculturales y tiene un área electiva en traducción, donde incluye cuatro materias en traducción, en diversos lenguajes.

La Universidad Javeriana, en Bogotá, desarrolla un grado en Lenguas Modernas que tiene tres electivas en traducción. No hay un enfoque claro en determinados lenguajes de especialidad, sino que incluye bases de traducción en diversos ámbitos.

Por último, la Universidad del Valle, ubicada en Cali, tiene un grado en lenguas modernas que incluye tres electivas en traducción, sin enfoque específico.

Esta breve descripción del contexto nos permite observar que falta mucho por hacer en Colombia en cuanto a formación en traducción, y sobre todo formación en lenguajes de especialidad.

2. La necesidad de traductores de lenguajes de negocios

Con el fin de comprender la necesidad creciente que tienen las empresas colombianas de recibir servicios de traducción, es importante tener en cuenta que Colombia forma parte de los CIVETS (Colombia, Indonesia, Vietnam, Egipto, Turquía, Sudáfrica). Es decir, que es un país con economía emergente que atrae la inversión extranjera. A su vez, Colombia tiene vigentes once tratados de libre comercio y está en proceso de negociación de seis más. Uno de los principales es el TLC (Tratado de Libre Comercio) con Estados Unidos, que inició en el 2012, y favorece a distintas áreas de la industria que tendrán nuevas oportunidades en mercados externos tanto para importaciones como para exportaciones. Con la firma de este tratado las empresas de los sectores beneficiados requerirán traducciones especializadas en lenguajes comerciales, económicos y financieros, además de jurídicos para la realización de sus negociaciones y para los procesos de importación y exportación. Estas razones hacen que las empresas requieran un mayor número de traducciones, y que su calidad redunde en el éxito de las relaciones comerciales de las empresas que quieran ofrecer sus productos y negociar con países extranjeros. El panorama para los traductores especializados en el mundo de la empresa, y en lenguajes de especialidad en negocios es muy alentador. Se requiere ser competente para satisfacer estas necesidades de manera profesional.

3. El panorama actual de la traducción en Colombia

Con el propósito de describir el panorama de la traducción en Colombia, podemos considerar el sector de la traducción desde ocho puntos de vista, que mencionamos a continuación, y que, a pesar de no existir cifras oficiales de este sector, han sido trabajados en estudios anteriores que realizamos sobre el tema.

Primero, en relación con la formación de los traductores, los estudios previos demuestran que en su mayoría los traductores tienen estudios de pregrado en diferentes áreas, entre las cuales destacan Traducción y Lenguas Modernas. A su vez, existe un grupo considerable de traductores de edad mayor que el grupo anterior, que tiene pregrado en diversas áreas y que adquirió una segunda lengua, razón por la cual llegó a formar parte de la industria de la lengua por vocación más que por formación. En algunos casos, son personas pensionadas que dejaron sus trabajos y se dedicaron a traducir desde su casa con el propósito de vivir de la traducción en esta nueva etapa de sus vidas.

El segundo punto se refiere a la combinación de lenguas con mayor demanda. De acuerdo con estudios realizados para determinar el contexto de la traducción en Colombia por investigadores de la Universidad EAN y de la Universidad de Antioquia, la combinación de lengua de mayor demanda es inglés-español, la segunda es la inversa de estas lenguas, y la tercera el portugués, teniendo en cuenta el crecimiento de la economía brasilera.

Como tercer punto, citamos la organización de los traductores. En Colombia hay muy pocas agencias de traducción conformadas que gestionen encargos de traducción. La gran mayoría de traductores trabajan de forma individual desde su casa u oficina, y piden apoyo de otros traductores, solo en caso de que reciban demasiado trabajo y busquen traductores temporales para terminar sus proyectos.

En el cuarto lugar está la profesionalización. En Colombia la traducción se considera una actividad, no una profesión. La Cámara de Comercio de Bogotá pone la traducción en un grupo de actividades de prestación de servicios de información, como la selección de noticas, servicios de búsqueda de información, de redacción de hojas de vida, de escritura de discursos y transcripción de textos. Como actividad económica no está claramente definida y se pone al nivel de actividades secretariales, más que como la actividad meramente cognitiva que es.

Como quinto punto está el reconocimiento y certificación. La única certificación que existe para los traductores en Colombia es la de los traductores oficiales (equivalente a los traductores jurados, juramentados o públicos en otros países). El candidato a certificarse debe presentar un examen de un valor superior a los 300 euros, para el cual no tiene que cumplir ningún prerrequisito académico.

Consiste en presentar pruebas de traducción e interpretación directa e inversa ante un tribunal compuesto por un hablante nativo de cada una de las dos lenguas que hay que certificar. A pesar de ser un examen con un nivel de exigencia bastante alto, no remplaza la formación que se debe adquirir para ejercer este oficio.

Como sexto punto está el desconocimiento de los clientes en torno a la labor del traductor. Teniendo en cuenta que los traductores no se consideran profesionales, ni siquiera por tener su diploma profesional, quienes requieren servicios de traducción buscan a un traductor oficial para garantizar calidad. Esto, desconociendo la realidad que significa la traducción oficial.

En el séptimo punto está la normatividad que nos ayudará a ver este oficio de manera más profesional. El ICONTEC (Instituto Colombiano de Normas Técnicas) creó en 2012 la norma técnica colombiana NTC-5808 de servicios de traducción. Esta norma se basó en la norma CEN-15038. Aunque la norma no es de obligatorio cumplimiento, las pocas agencias que existen buscan certificarse.

Como último punto está la agremiación. Existen en Colombia dos asociaciones profesionales, cada una con un aproximado de cincuenta miembros, que son en realidad muy pocos en contraste con el número real de traductores en Colombia. La única cifra existente es la de traductores oficiales que es de 865, según el Ministerio de Relaciones Exteriores. Aunque estas asociaciones no reciben apoyo del gobierno central, realizan actividades académicas y sociales para sus afiliados. A su vez, estas asociaciones son muy cercanas a las universidades que cuentan con programas relacionados con la traducción y buscan su profesionalización.

El panorama actual de la traducción en Colombia nos permite observar debilidades enormes en este sector, que pueden convertirse en un largo camino para la profesionalización y el reconocimiento de la labor del traductor.

4. La competencia traductora

Para este estudio tomamos como base dos modelos de competencia traductora, que coinciden en establecer que la competencia traductora está formada por una serie de subcompetencias que debe desarrollar quien desempeñe labores profesionales de traducción.[1]

1 Somos conscientes de la existencia de otros modelos que inciden en los aspectos profesionales de la competencia traductora, como los de Vienne (1998), Rico (2002) o Gallego y Tolosa (2007).

El primero de ellos es el modelo de PACTE (2005),[2] que integra cinco subcompetencias (bilingüe, extralingüística, estratégica, instrumental, conocimiento), además de unos componentes psicofisiológicos. PACTE (2005: 610) describe cuatro características de la competencia traductora que son las siguientes:

- se considera conocimiento experto, que no poseen todos los que son bilingües;
- es básicamente conocimiento procedimental, no declarativo;
- está formada por varias sub-competencias interrelacionadas;
- el componente estratégico es muy importante, como lo es todo conocimiento procedimental.

Estas cuatro características nos permiten evidenciar que la traducción pertenece a un campo del saber específico como actividad cognitiva, que no se puede confundir con el simple conocimiento de dos lenguas, "creencia" como requisito único previo del traductor. Desafortunadamente esta "creencia" que aún persiste en algunos clientes de servicios de traducción en Colombia.

El segundo modelo es el del EMT,[3] cuya competencia para la prestación de servicios de traducción, se imbrica con complementos de lengua y cultura (dominio de lenguas, capacidad y comprender información), tecnología (memorias de traducción y gestión terminológica), aspectos temáticos (conocimientos en ámbitos especializados) y manejo de la información (capacidad para obtener información de manera crítica) como elementos clave del perfil de los máster en traducción. Además, al ser este esquema el resultado de un proyecto conjunto entre la Comisión Europea y las universidades que imparten másteres en traducción, parte de la realidad misma del contexto, y se podría tomar como ejemplo para el contexto colombiano.

5. El perfil actual del estudiante de traducción

Con el propósito de determinar el perfil socioeducativo del estudiante de traducción en Colombia, realizamos un estudio que recolectó información por

2 Grupo de investigación de la Universidad Autónoma de Barcelona creado en 1997, que, tal como afirma en su páginas web, tiene como principal objetivo "la investigación empírico experimental sobre la competencia traductora y su adquisición en traducción escrita".

3 Proyecto conjunto entre la Comisión Europea y las instituciones de educación superior que ofrecen Maestrías en Traducción.

medio de una entrevista. Esta se realizó a cinco directores de estudios de Traducción y de grados en Lenguas Modernas o en Estudios Socioculturales, que incluyen cursos en Traducción. Destacamos, a continuación, los resultados más sobresalientes:

- Tanto los estudiantes de pregrado como de posgrado vienen en su mayoría de colegios privados. En Colombia esto significa que tienen mejores bases de una segunda lengua.
- Los estudiantes de Traducción son jóvenes, lo cual es una gran ventaja para el contexto de la traducción en Colombia, ya que la edad promedio de los traductores actuales es mayor de 50 años.
- El 50% de los estudiantes ha viajado a países de habla inglesa. Esto es una gran ventaja cultural, teniendo en cuenta que en Colombia y sus alrededores solo se habla español. La mejor y más cercana opción de una lengua y cultura inglesa es Estados Unidos.
- La gran mayoría de estudiantes proviene de estrato social medio alto o alto, lo cual se relaciona directamente con el tipo de colegio (privado y, en ocasiones, bilingüe) donde cursaron sus estudios iniciales.
- Finalmente, encontramos que la gran mayoría son mujeres.

El perfil actual del estudiante de traducción en Colombia es muy alentador. Son personas con competencias lingüísticas e interculturales que podrán desarrollar las demás subcompetencias necesarias durante su proceso de formación, y tal vez lleguen a ser traductores profesionales en lenguajes de especialidad.

6. Las estrategias de enseñanza

Con el propósito de determinar las estrategias de enseñanza que aplican los profesores de traducción en sus clases, desarrollamos un estudio con un grupo piloto. Para este propósito, aplicamos una encuesta a 28 profesores de siete universidades colombianas que enseñan cursos en traducción. De forma general, a partir de los hallazgos de las encuestas, podemos mencionar los siguientes resultados:

Primero, con relación a las asignaturas de Traducción, observamos que aunque los cursos tienen pocos estudiantes (menos de 25), los docentes no utilizan gran variedad de estrategias de enseñanza. La traducción de textos es el recurso más utilizado, lo que muestra que la clase se limita a la práctica de la traducción de un texto en forma total o parcial.

Otro hallazgo nos llevó a observar cómo se responde a un encargo de traducción en clase, destacando que se realizan de forma más frecuente en grupo, como una suma de funciones repartidas entre los miembros del grupo. La gestión de proyectos de traducción, que se ofreció como opción, no fue seleccionada como una de las técnicas más utilizadas. En el mismo sentido, se indagó por las funciones que puede asumir un traductor dentro del proceso mismo de su traducción. De esta forma, evidenciamos como principal función la traducción, y en algunos casos la corrección de estilo y de forma. Sin embargo, encontramos que los estudiantes no asumen en las clases funciones de terminólogos ni documentalistas, con frecuencia. Este hecho nos deja ver que el proceso traductor no se hace con rigor en el contexto de las clases. No se cubren todos los pasos del proceso traductor que especifica la norma técnica colombiana, que incluyen a los terminólogos y documentalistas, como hacen otras normas técnicas como la europea.

Observamos también que no hay variedad en el empleo de actividades alternativas a la práctica de la traducción que pueden apoyar la documentación, o fomentar las bases teóricas para la práctica misma, como el uso de lecturas temáticas. Finalmente, en cuanto a la corrección de las traducciones, notamos que se hace con mayor frecuencia de forma grupal, lo cual permite que todos aprendan de los errores cometidos, sin importar quién los cometió. Esta técnica se relaciona con el aprendizaje socioconstructivista. Sin embargo, todavía hay una pequeña proporción de docentes que dan una versión correcta de la traducción, empleando técnicas conductistas que hacen que la traducción pierda su riqueza en la expresión lingüística que permite llegar a diversas versiones de un mismo original, todas ellas consideradas correctas.

7. La propuesta académica

Una vez analizados los aspectos anteriores, procedemos a proponer los componentes de la propuesta académica de estrategias de enseñanza de traducción en lenguajes de negocios, en el contexto colombiano. Inicialmente, consideramos que se debe enfatizar en competencias específicas que ayuden al estudiante a gestionar encargos de traducción que incluyan las principales subcompetencias de la competencia traductora, que son:

- competencias emprendedoras que permitan a los futuros traductores crear sus propias agencias, ya que en Colombia hay muy pocas;

- competencias profesionales que ubiquen a los futuros traductores en el contexto actual y que sepan cómo contactar clientes, no solo en contexto local, sino en el nacional e internacional y cómo desenvolverse en el entorno;
- competencias tecnológicas que apoyen al futuro traductor para ser más productivo en su labor.

Con relación a los componentes teóricos de la propuesta, esta debe incluir temas enfocados en la traducción de lenguajes de negocios, como:

- teoría de Traducción o traductología;
- análisis de inglés y de español como lenguajes especializados en negocios, desde la perspectiva del traductor;
- documentación en temas de negocios.

El tipo de actividades académicas que se deberían incluir en esta propuesta son:

- actividades relacionadas directamente con la práctica de la traducción, combinadas con otras actividades con propósitos terminológicos o de documentación;
- actividades que involucren el uso de recursos especializados, tanto físicos como digitales;
- gestión de encargos de traducción como una forma de hacer que los estudiantes se familiaricen con la práctica "real" de la traducción;
- actividades que den a los estudiantes realimentación constante de su proceso, por parte del profesor y de sus compañeros.

Los componentes descritos forman parte de la propuesta didáctica que se diseñará en forma de curso de Traducción en lenguajes de negocios, que de manera muy particular enfatizará en las subcompetencias que permitan formar al profesional en Traducción de lenguajes de negocios que responda a las necesidades del entorno actual y futuro de la traducción en Colombia.

Referencias bibliográficas

Aguirre, B. (2004). Soledad Acosta de Samper y su papel en la traducción en Colombia en el siglo XIX *Íkala, revista Lenguaje y Cultura,* 15, 233–267. Tomado de <aprendeenlinea.udea.edu.co/revistas/index.php/ikala/article/view/3148/2915>.

Álvarez, C. (2011). Estudio del lenguaje de especialidad económico: el lenguaje del comercio internacional. *Entreculturas,* 2, 279–290.

Baer, B., & Koby, G. (2003). *Beyond the Ivory Tower Rethinking Translation Pedagogy.* American Translators Association Scholarly Monograph Series John Benjamins Publishing Company. Volumen XII. Amsterdam/Philadelphia: John Benjamins.

Clavijo, S., *et al.* (2006). Necesidad de la traducción en las empresas: procesos y perfiles. *Revista Universidad EAN,* 58.

Clavijo, S., *et al.* (2008). Babel en las empresas colombianas: una mirada actual de la traducción. Bogotá. *Universidad EAN*. Primera edición.

Clavijo, S. (2009). Formación para la profesionalización. *Revista latinoamericana de traducción Mutatis Mutandis,* 2(1), 67–72.

Clavijo, S. (2011a). La traducción de los negocios en los ámbitos académico y profesional de Colombia. Memoria final del Máster oficial en Traducción Institucional Jurídico-Económica de la Universidad de Alicante.

Clavijo, S. (2011b). Algunos apartes de la traducción jurídica y oficial en Colombia. *Revista Universidad EAN,* 70, 58–67.

Clavijo, S. (2013). *Translating in Colombia en Using English in Colombian Companies: A pathway to Internationalization and Increased Productivity.* Ediciones EAN.

Colina, S. (2003). *Translation Teaching: From Research to the Classroom: A Handbook for Teachers.* Boston/Burr Ridge: McGraw-Hill.

Gallego-Hernández, D., & Tolosa Igualada, M. (2007). Más allá de la teoría: hacia una formación del traductor como profesional competente. En Albaladejo, J. A., Gallego, D., & Tolosa, M. (Eds.), *La didáctica de la traducción en Europa e Hispanoamérica* (pp. 253–264). Alicante: Universidad de Alicante.

Gile, D. (2009). *Basic Concepts and Models for Interpreter and Translator Training.* Amsterdam/Philadelphia: John Benjamins.

González, M. (1997). Topic-oriented Translation Teaching. *Diálogos hispánicos de Amsterdam,* 20, 101–114.

González, M. (2004). *Multiple Voices in the Translation Classroom. Benjamins Translation Library.* Amsterdam/Philadelphia: John Benjamins.

Hurtado, A. (2001). *Traducción y traductología Introducción a la traductología.* Madrid: Cátedra.

Hurtado, A. (2005). La adquisición de la competencia traductora aspectos teóricos y didácticos en Didáctica de la traducción y la terminología. *Colección estudios de traducción y terminología* volumen 2 (pp. 17–50). Universidad del Valle. Primera edición.

ICONTEC (Instituto Colombiano de Normas Técnicas). (2010). Norma técnica colombiana NTC 5808. Servicios de traducción – Requisitos para la prestación del servicio. Bogotá.

Insignares, J. (2009). ¿Hacia el camino de la profesionalización de la traducción gracias a la futura NTC?, *Mutatis Mutandis,* 2(2), 393–397.

Kelly, D. (2005). *A handbook for translator trainers. A guide to reflective practice.* Manchester: St. Jerome.

Kiraly, D. (2000). *A Social Constructivist Approach to Translator Education – Empowerment from Theory to Practice.* Manchester: St. Jerome.

Mateo, J. (2007). El lenguaje de las ciencias económicas. En Alcaraz, E. Mateo J., & Yus F. (Eds.), *Las lenguas profesionales y académicas* (pp. 194–204). Barcelona: Ariel.

PACTE, (2005). Investigating Translation Competence: Conceptual and methodological issues. *Meta,* 50, 609–619.

Rico Pérez, C. (2002). El perfil del traductor profesional. Desarrollo de competencias para una rápida incorporación a la industria. *Actes del Primer Simposi sobre l'Ensenyament a distància i semipresencial de la Tradumàtica.* Barcelona: Universitat Autònoma de Barcelona.

Román Mínguez, V. (2008). *La enseñanza de la traducción (inglés-español) de los tipos textuales del mundo de la empresa: aproximación metodológica y materiales* (Doctoral dissertation, Universidad de Málaga).

Vienne, J. (1998). Vous avez dit compétence traductionnelle? *Meta,* 43(2), 187–190.

Nuevos conocimientos informáticos en la formación de los futuros traductores. Algunas observaciones sobre la automatización del proceso de la traducción

IZABELA KUSICIELEK
Universidad Adam Mickiewicz de Poznań <iza.kusicielek@gmail.com>

The new way of working and new IT (information technology) tools in the translation field have resulted in a truly innovative paradigm in the labour market in recent times. More and more students at the Polish universities are interested in the acquisition of new IT skills needed in the translation training. Undoubtedly, becoming a professional requires not only philological knowledge but also IT skills which are often omitted in the training of the future translators. The aim of this paper is to reflect on the role of the computational linguistics at the philological courses in Poland which came up in the processing of Polish grammar texts into Spanish. The paper focuses on the linguistic level of processing of Polish texts. The aim of the paper is to present the process of handling a Polish text in order to achieve its representation useful for machine translation into Spanish. We will describe some types of translation demand and MT systems.

Keywords: machine translation, natural language processing, IT skills, dictionary.

La nueva manera de trabajar y las nuevas herramientas de tecnología (TI) en el campo de la traducción han dado lugar a un paradigma verdaderamente innovador en el mercado laboral en los últimos tiempos. Cada vez son más los estudiantes de universidades polacas interesados por la adquisición de nuevas habilidades en TI necesarias para la formación de traductores. Sin duda, el trabajo de un traductor profesional no requiere solamente el conocimiento filológico, sino también conocimientos de TI que a menudo se omiten en la formación de los futuros traductores. El objetivo de esta comunicación es reflexionar sobre el papel de la lingüística computacional en los cursos de filología en Polonia. La necesidad del análisis surgió durante el intento del procesamiento de textos gramaticales del polaco al español. Nos centraremos en el nivel lingüístico del procesamiento de textos polacos, describiremos brevemente los sistemas de la traducción automática y su utilidad en el proceso de la traducción.

Palabras clave: traducción automática, procesamiento del lenguaje natural, conocimientos informáticos, diccionario.

1. Introducción

La era de la información se caracteriza por la introducción de las nuevas tecnologías de la información y la comunicación (NTIC) en todas las áreas de nuestra vida. La sociedad de la información exige de nosotros nuevos conocimientos informáticos en todos los ámbitos y está cambiando nuestra manera de trabajar, aprender, hacer las cosas y traducir (Lavid, 2005). La revolución tecnológica ha sido posible gracias al desarrollo de las telecomunicaciones y la tecnología informática, que están presentes desde mediados del siglo XX. También podemos observar este paso a la actual sociedad de la información y la comunicación en las universidades polacas, donde se crean cada vez más cursos online mediante plataforma *elearning* y aumenta el empleo de las herramientas tecnológicas en el proceso de la enseñanza y el aprendizaje. Cabe mencionar que uno de los retos de la sociedad de la información es el aprendizaje continuado o a lo largo de la vida (*lifelong learning*), por ello "la sociedad del futuro será una sociedad del conocimiento y que, en dicha sociedad, la educación y la formación serán, más que nunca, los principales vectores de identificación, pertenencia y promoción social" (Lavid, 2005: 35). El aprendizaje continuado es una estrategia clave en la lucha contra el desempleo y constituye una nueva forma de trabajo: desaparece la división tradicional entre un periodo de adquisición del conocimiento que sucede normalmente en la escuela y un periodo de la aplicación de dicho conocimiento en un puesto de trabajo. De ahí que la actividad profesional exija cada vez más conocimientos nuevos y flexibilidad, dado que el aprendizaje se ha convertido en una parte inseparable de las actividades laborales. Lavid (2005: 37) subraya que los avances en el mundo de la computación y las comunicaciones están propiciando nuevas perspectivas y posibilidades en el ámbito de las humanidades. Nos centraremos sobre todo en campos relacionados con la traducción automatizada y herramientas informáticas que facilitan la tarea de traducir.

2. La importancia de la lingüística computacional en los cursos de filología en Polonia

La era de la información refleja asimismo la importancia del lenguaje, que es uno de los medios más potentes de transmisión de información. En los años 70 y 80 los ordenadores se utilizaron para almacenar, tratar y transmitir textos, lo que aumentó la necesidad de crear programas informáticos capaces de filtrar y analizar el lenguaje, iniciando numerosas investigaciones lingüísticas. Así surgió en los últimos veinte años la lingüística computacional (LC) que es un área interdisciplinaria entre la lingüística y la informática cuyo objetivo es crear sistemas informáticos capaces de procesar el lenguaje humano (cf. Lavid, 2005; Mitkov, 2009). La idea general del Procesamiento del Lenguaje Natural (PLN) es crear modelos computacionales del lenguaje que permitan escribir programas informáticos capaces de realizar las diferentes tareas en las cuales interviene el lenguaje natural. El objetivo de la LC y del PLN es, por lo tanto, diseñar programas informáticos que puedan imitar la capacidad lingüística humana.

Es bien sabido que imitar la capacidad lingüística humana es uno de los grandes desafíos de la LC y del PLN, puesto que se necesita diferentes tipos de conocimiento (Lavid, 2005: 75–76):

- conocimiento fonético y fonológico, que es necesario en los sistemas de reconocimiento y síntesis de habla, recoge las características acústicas de la lengua y sus reglas de uso;
- conocimiento morfológico, que estudia la construcción de las palabras a partir de unidades básicas de significación;
- conocimiento sintáctico, que sirve para formar oraciones gramaticalmente correctas en una lengua;
- conocimiento semántico, que se ocupa del significado de las palabras y de cómo estos significados se combinan en oraciones para formar significados oracionales;
- conocimiento pragmático, cuyo objetivo es usar las oraciones en diferentes contextos y saber cómo el contexto afecta a la interpretación de la oración;
- conocimiento del mundo, que incluye el conocimiento general sobre la estructura del mundo que los usuarios del lenguaje deben tener para mantener una conversación.

El abanico de aplicaciones de la LC es extenso y depende de nuevas necesidades que surgen. Aunque los sistemas computacionales estén lejos de alcanzar la capacidad lingüística del ser humano, pueden resultar de gran utilidad en la sociedad de la información, especialmente en la comunicación entre personas que hablan lenguas diferentes desde la traducción automática hasta la enseñanza y el aprendizaje de idiomas con ayuda de herramientas computacionales. La aplicación de este tipo de sistemas puede ser bastante útil, especialmente en Europa, donde el plurilingüismo es una de sus características esenciales. Hoy en día nos enfrentamos a la demanda de servicios, aplicaciones, herramientas o programas que puedan convertir la comunicación transfronteriza en una realidad al alcance de todos. Se observa la creciente influencia tanto de sistemas de traducción automática como de sistemas de ayuda a la traducción. Cabe mencionar que en el mercado de la traducción se pueden encontrar ofertas de trabajo para traductores que posean, aparte del conocimiento de lenguas, conocimientos en tecnología informática que usarán en el proceso de traducción. Ello demuestra el gran papel de la formación de los futuros traductores que deben centrarse en el conocimiento de la tecnología informática. La traducción automática (TA) fue uno de los primeros objetivos de la lingüística computacional en su vertiente aplicada. Las investigaciones han demostrado que aún es una meta muy ambiciosa, pero se han creado los programas y aplicaciones que simplifican las tereas de los traductores mejorando su productividad.

El interés de la LC radica en la combinación de las humanidades, las ciencias naturales, el comportamiento y la informática. Los enfoques teóricos y prácticos vienen de la lingüística, la informática, la psicología y las matemáticas. La lingüística computacional es la materia que se enseña en la facultad de informática en algunas universidades, en la facultad de filología en otras, o en la facultad de psicología. Aunque en Polonia la materia es más cercana a las facultades de matemáticas e informática, despierta cada vez más interés también entre los estudiantes de filologías.

Actualmente en Polonia se puede estudiar lingüística computacional en la facultad de lingüística de la Universidad Adam Mickiewicz de Poznań. En ella se investiga también el PLN en la facultad de matemáticas e informática. En los estudios de posgrado de futuros traductores se imparten clases de la traducción humana asistida por ordenador durante los cuales se enseña sobre todo el funcionamiento del paquete Trados. En los cursos de diplomatura o licenciatura se dan clases de tecnologías de la información (30 horas) que abarcan solamente los temas básicos de la sociedad de la comunicación y la información sin prestar la gran importancia al PLN. Aún queda mucho camino por recorrer para que los lingüistas y los futuros traductores posean conocimientos del funcionamiento de los servicios de traducción web gratuitos, el proceso y las herramientas de traducción asistida por ordenador, las memorias de traducción, el uso de los corpus lingüísticos y la traducción automática. Hacen falta proyectos que unan a los expertos del ámbito informático y los filólogos o lingüistas que pueden convertirse en los lingüistas computacionales (Jassem, 2012). Según este autor, la mayoría de los lingüistas computacionales son informáticos que han aprendido lingüística como su segunda área de la investigación. Resulta que las herramientas del PLN no se mencionan en el currículo o se presentan a los lingüistas de una manera poco atractiva.

3. La construcción de un sistema de traducción automática

La necesidad de incluir los conocimientos informáticos en la formación de futuros traductores surgió de la idea de crear un diccionario bilingüe polaco-español de los textos lingüísticos para un sistema de la traducción automática.[1] La elaboración de este tipo de diccionario surge, por un lado, del interés de la autora por el tema del PLN. Por otro lado, la elección de los textos lingüísticos se argumenta por la falta de este tipo de terminología en los sistemas de la traducción automática disponibles.

3.1 Los sistemas de la traducción automática

Los sistemas de la TA suelen dividirse en tres grandes grupos de métodos según la fuente del conocimiento lingüístico que utilizan en el proceso de la traducción (Alonso Martín, 2003: 100–109; Lavid, 2005: 243–251):

- sistemas directos;
- sistemas basados en el conocimiento lingüístico o en reglas (*rule-based machine translation*);
- sistemas basados en un enfoque empírico (*empirical approaches to machine translation*).

Cabe añadir que esta clasificación no es absoluta, es decir, se ven algunas relaciones entre los tres sistemas y, dependiendo de la potencia lingüística, un sistema de transferencia puede clasificarse más hacia el lado de traducción directa (si su potencia lingüística es más reducida) o hacia el sistema de interlingua (si su potencia lingüística es mayor).

El fracaso de los sistemas de traducción directa que realizaban la traducción palabra por palabra contribuyó a diseñar los primeros sistemas de traducción basados en transferencia, en los que la traducción se realizaba en tres fases: análisis, transferencia y generación.[2]

Durante la primera fase el programa analiza morfológicamente cada palabra de la frase y pasa al análisis sintáctico, cuyo resultado es un árbol con la estructura de constituyentes e información morfológica (categoría, número, género, etc.), sintáctica (función sintáctica del constituyente respecto de su núcleo verbal, nominal o adjetival) y semántica (tipo de nombre, adjetivo, adverbio o

1 Es el tema de la tesis doctoral que la autora está preparando en el Instituto de Filologías Románicas de la Universidad Adam Mickiewicz de Poznań.

2 Sobre la historia y los primeros sistemas de la TA véase Hutchins & Somers (1995).

verbo) relacionada con cada nodo del árbol (Alonso Martín, 2003: 102). Mientras que el análisis morfológico no resulta muy problemático, aunque todavía no está resuelto de todo, especialmente en cuanto a la morfología derivativa, el análisis sintáctico puede constituir un mayor grado de dificultad. Se realiza a través de un programa llamado *analizador sintáctico* o *parser* guiado por un conjunto de reglas que describen las diferentes estructuras sintácticas de la lengua fuente. La eficacia y el buen funcionamiento de un sistema de TA basado en transferencia dependen de la gramática de análisis.

En la fase de transferencia se elige la traducción correcta para cada palabra, dado que muchas veces una palabra tiene más traducciones. En cuanto a la traducción de los verbos, los puede determinar la presencia, la ausencia o las características de sujeto, objeto directo, etc.; en el caso de los nombres, las características de sus complementos adjetivales o preposicionales. El resultado de la fase de transferencia es un árbol sintáctico en la lengua meta, parecido al árbol de la fase de análisis, con posibles cambios estructurales como resultado de determinadas entradas del léxico bilingüe. La última fase de generación sirve para realizar una serie de tareas propias de la lengua meta, como por ejemplo:

- colocar las palabras según las reglas de orden de la lengua meta;
- insertar o eliminar el material léxico, por ejemplo: el pronombre reflexivo *se*;
- generar las formas flexivas adecuadas según la información presente en el árbol;
- combinar los elementos léxicos, por ejemplo: vamos+nos > vámonos; a+el > al.

Hoy en día, los sistemas de la TA basados en transferencia se emplean sobre todo en las grandes empresas e instituciones, dado que el uso de los diccionarios y el sistema de las reglas permite traducciones bastante correctas gramatical y lexicalmente. Aunque su elaboración sea bastante lenta y requiera una gran inversión tecnológica e intelectual, ha ido ganando importancia en los últimos años. Esto ha sido posible debido a los documentos rígidos y con un lenguaje controlado (Oliver *et al.,* 2012: 36). Además, teniendo en cuenta el aumento de las empresas españolas que invierten en Polonia, un sistema de la traducción automática podría resultar de gran utilidad en el contexto de los textos económicos, administrativos, jurídicos, etc. Según los datos de la Embajada Polaca en España,[3] Polonia se convirtió en 2011 en uno de los compradores más importantes de la inversión española directa y no solamente entre los miembros de la Unión Europea. Los datos del Ministerio español de Economía

3 <www.madryt.msz.gov.pl/pl/wspolpraca_dwustronna/wspolpraca_gospodarcza/pl_es_wspolpraca_inwestycyjna/polsko_hiszpanska_wspolpraca_inwestycyjna>.

y Competitividad indican que Polonia es el segundo país extranjero donde los españoles invierten más dinero, destacando los sectores inmobiliario, financiero y la industria química.

3.2 La creación del diccionario electrónico

Según el diccionario RAE, el término *diccionario* se define como un libro en el que se recogen y explican de forma ordenada, normalmente alfabéticamente, voces de una o más lenguas de una ciencia o una materia determinada. Según esta definición, el usuario del diccionario es una persona que busca en él normalmente la explicación del significado de una palabra. Sin embargo, no se menciona que un diccionario puede contener también la información cuyo objetivo no es explicar el significado de una palabra, sino el análisis correcto de las expresiones que contienen dicha palabra. Este tipo de información es especialmente importante a la hora de procesar el lenguaje natural. Mitkov (2009) define diccionario como un repertorio de palabras que aparecen junto con la información del significado, complementos de cada palabra, relaciones semánticas, información fonética, relaciones entre las formas flexionadas, etc. La definición de Mitkov (2009) se acerca más a la necesidad de este trabajo. Cabe mencionar que las definiciones del diccionario que acabamos de presentar no explican por qué en ninguno de ellos encontramos las formas *fui, estuviste, hicimos,* etc. Para encontrar información sobre estas palabras hay que buscar *ir/ ser, estar, hacer*. Eso significa que el diccionario debe definirse como un repertorio de información sobre lexemas.

Cada palabra aparece en el diccionario con la descripción de la clase gramatical, su equivalente español, todas las formas flexionadas de la declinación o conjugación con la descripción gramatical. La idea de escribir en el diccionario todas las formas flexionadas es más eficaz para omitir el análisis morfológico en el proceso de la traducción automática.[4] El número de los elementos del bloque de las formas flexionadas en polaco depende de la clase gramatical. En el caso de las palabras indeclinables, el bloque posee solamente un elemento; en el caso de los sustantivos podemos distinguir hasta 14 elementos que equivalen a todos los casos del singular y plural; los adjetivos pueden poseer hasta 30 elementos y los verbos, hasta 58 elementos, incluidas las formas de los participios.

El bloque de los complementos que acompaña a una palabra puede consistir en un número infinito de las palabras y sus equivalentes. Aquí se definen las

4 En los sistemas que disponen de un gran número de entradas normalmente no aparecen todas las formas flexionadas.

condiciones de la elección del equivalente y las características esenciales en el análisis de la lengua de origen y en la síntesis de la lengua meta:

- los atributos que definen las propiedades sintácticas de los componentes, es decir, todos los elementos dependientes de la palabra;
- los atributos que describen el contexto e información pragmática;
- los atributos que describen el significado de la palabra;
- los atributos que describen las características sintácticas del equivalente desde el punto de vista de la lengua de origen y lengua meta; es decir, si el verbo debería aparecer con gerundio, si debería aparecer en la forma perfectiva o imperfectiva, etc.; los adjetivos deberían ir delante o detrás del sustantivo; si los adverbios pueden modificar los adjetivos o sustantivos; si tenemos que marcar también *Singulare* o *Plurale Tantum* o si el equivalente aparece normalmente en singular o en plural, etc.

3.3 El proceso de la creación de la base léxica

El diccionario que estamos describiendo es un diccionario dedicado a un sistema de traducción automática de textos lingüísticos. Sin embrago, no equivale a un típico diccionario de términos lingüísticos, dado que aparte de los términos de la lingüística contiene también el vocabulario general que aparece en este tipo de textos. Las fases de la creación del diccionario dedicado a un sistema de la traducción automática son las siguientes:

- La preparación y la selección de los corpus de textos. El diccionario se basará en el vocabulario extraído de los textos lingüísticos de algunos manuales gramaticales (Grzegorczykowa, 2004; Nagórko, 2011; Jadacka, 2013). Los textos seleccionados serán traducidos por el sistema Google Translate para mostrar la complejidad del problema, indicar las faltas y describirlas en un informe. A la hora de evaluar las traducciones, seguiremos los criterios de la *tradautomaticidad,* un concepto creado en la Universitat Oberta de Catalunya (UOC) para apoyar un enfoque metodológico de evaluación de sistemas de traducción automática (Moré López y Climent Roca, 2011: 147): léxicos, sintácticos, semánticos, contextuales, de codificación, ortotipográficos
- La lematización del corpus. En esta fase los textos serán analizados morfológicamente mediante un programa de análisis morfológico Morfeusz, cuyo objetivo es distinguir palabras y encontrar para cada una su lexema con toda la información morfológica.
- La descripción de las unidades léxicas del diccionario. Las unidades léxicas del diccionario serán descritas manualmente con ayuda del *Diccionario Universal de la Lengua Polaca,* el *Diccionario de la Lengua Española*

RAE, el Corpus Nacional de la Lengua Polaca y el Corpus de Referencia del Español Actual.
- La descripción de las reglas léxico-semánticas y de la formación de palabras. Se trata de describir las reglas de la translación según las características semánticas de los componentes de las frases y las reglas de formación de palabras.

4. ¿Por qué los conocimientos informáticos en los cursos de filología?

Es bien sabido que aunque estemos todavía lejos de la utópica meta de conseguir una traducción automática completa y de alta calidad sin intervención humana, la automatización de la traducción parece un proceso irreversible y fundamental en amplios ámbitos de la vida social, como el técnico, el comercial o el jurídico-administrativo. Una motivación suficiente para buscar la automatización por lo menos de algunos de los procesos de traducción la explica Lavid (2005: 237–238), indicando que en información técnica se produce un volumen de unos veinte millones de palabras por día, (se estima que cada día se publican alrededor de mil libros en el mundo). Si un traductor profesional puede conseguir traducir una media de cuatro a seis páginas al día (unas dos mil palabras), vemos que eso no puede satisfacer el mercado de traducción. Las traducciones de carácter técnico-científico, comercial, administrativo y jurídico constituyen el 97% (en comparación con la traducción literaria, que abarca sólo un 3%) y cabe mencionar que la gran parte de estas traducciones resultan mecánicas y rutinarias. Hutchins (1999) enumera cuatro usos básicos de la TA:

- la diseminación de textos y documentos que se pueden publicar (*dissemination of information, publishable quality*);
- la traducción rápida y barata de textos de lengua meta que exigen intervención humana y permiten captar la idea general del texto pero no sirven para publicar o difundir (*assimilation of information, rough versions*);
- la comunicación mediante e-mail u otras aplicaciones online (*interchange*);
- los sistemas para crear bases de datos, extraer información, etc. (*information access*).

La traducción automática puede resultar una herramienta imprescindible especialmente en la Europa plurilingüe, donde se favorecen servicios, aplicaciones y herramientas relacionados con el tratamiento de las diferentes lenguas (Lavid, 2005). Desde 2013 la Unión Europea está compuesta por 28 estados europeos cuyas lenguas oficiales son asimismo las lenguas oficiales de la UE, en total 24. Las razones de utilizar 24 lenguas oficiales dentro de la UE se pueden intuir con facilidad: democracia, transparencia y derecho a saber. Cualquier nueva disposición legislativa debe publicarse en todas las lenguas oficiales cuyo empleo también facilita a la población la participación en debates públicos y en consultas en línea.[5] Cabe añadir que la traducción e interpretación supone un porcentaje del presupuesto de la UE. Debido al tamaño de los servicios lingüísticos, las instituciones europeas dependen en gran medida de la ayuda de las nuevas tecnologías, por eso la interpretación a distancia, la gestión de sitios multilingües en internet y la traducción automática son los ejemplos más evidentes.

No podemos dejar de mencionar el sistema Systran, que data de finales de los años 50, cuando se dieron los primeros pasos en TA. El sistema, con el tiempo y tras ser sometido a varias implementaciones computacionales, se aplicó en numerosos proyectos dependientes de las Fuerzas Aéreas de EEUU, así como en el campo de la energía atómica o de la medicina. También se desarrollaron distintas versiones para algunas lenguas existentes de la Comunidad Europea. A finales de los años 70, debido a la creciente política multilingüe en Europa se discutió la posibilidad de desarrollar un sistema capaz de trabajar con todas las lenguas oficiales de la Comunidad Europea, es decir, danés, holandés, inglés, francés, alemán, italiano. El griego se incorporó poco después, el portugués y el español, en 1986. Así se inició el proyecto Eurotra. En Canadá, debido a la política bicultural y una demanda de traducción inglés-francés que superaba la capacidad del mercado, se creó en 1976 el sistema Météo, que traducía informes meteorológicos. La investigación llevada a cabo desde los años 70 contribuyó al desarrollo del sistema Metal, que al principio funcionaba sólo con la versión alemán-inglés (después también con inglés-alemán, holandés-francés, francés-holandés, alemán-español, alemán-francés y alemán-danés). Systran fue instalado en varias instituciones intergubernamentales como la OTAN o el Organismo Internacional de Energía Atómica, así como en muchas empresas, como Ford, General Motors, Aérospatiale, Berlitz, Xerox, Dornier. Aunque los sistemas Systran y Metal fueron diseñados principalmente para el uso general, de hecho, sus diccionarios fueron adaptados para campos especializados, como la Organización Panamericana de la Salud (sistemas ENGSPAN y SPANAM). Smart Corporation diseñó sistemas para las empresas Citicorp, Ford y para el Departamento de Empleo e Inmigración Canadiense (Hutchins & Somers, 1995).

5 *Hablar las lenguas europeas. Las lenguas en la Unión Europea*, 2008.

La creación de los sistemas de traducción automática podría apoyar y fomentar asimismo la existencia de las lenguas minoritarias. Forcada (2006) subraya que la disponibilidad de los sistemas de TA puede contribuir al aumento del uso de las lenguas minoritarias fuera del contexto familiar, es decir, puede permitir su uso en los contextos sociales, como la educación, los medios de comunicación, la administración, las relaciones comerciales, etc. Los sistemas de TA pueden constituir asimismo una oportunidad para los negocios, los traductores profesionales y los investigadores de las empresas que trabajan en servicios lingüísticos o tecnología del lenguaje (Ramírez-Sánchez, 2006).

No cabe la menor duda de que el funcionamiento de sistemas de la traducción automática que acabamos de describir depende de los conocimientos informáticos que deberían ser incluidos en los currículos por su utilidad en la formación de los futuros traductores.

Referencias

Alonso Martín, J. A. (2003). La traducción automática. En María Antonia Martí Antonín (Coord.), *Tecnologías del lenguaje* (pp. 30–129). Barcelona: Editorial UOC.

Forcada, M. (2006). Open source machine translation: an opportunity for minor languages. *Proceedings of the Workshop "Strategies for developing machine translation for minority languages"*, 1–6. LREC.

Grzegorczykowa, R. (2004). *Wykłady z polskiej składni.* Warsaw: Wydawnictwo Naukowe PWN.

Hutchins, J. (1999). The development and use of machine translation systems and computer-based translation tools. *International Symposium on Machine Translation and Computer Language Information Processing.* Beijing, China.

Hutchins, J., & Somers, H. (1995). *Introducción a la traducción automática.* Madrid: Visor.

Jadacka, H. (2013). *Kultura języka polskiego. Fleksja, słowotwórstwo, składnia.* Warsaw: Wydawnictwo Naukowe PWN.

Jassem, K. (2006). *Przetwarzanie tekstów polskich w systemie Proceedings of the 28th International Conference on Translating and the Computer: 16–17 November 2006, London tłumaczenia automatycznego POLENG.* Poznań: Wydawnictwo Naukowe UAM.

Jassem, K. (2012). PSI-Toolkit – how to turn a linguist into a computational linguist. *TSD 2012. Lecture Notes in Computer Science,* Springer 2012.

Lavid, J. (2005). *Lenguaje y nuevas tecnologías. Nuevas perspectivas, métodos y herramientas para el lingüista del siglo XXI*. Madrid: Cátedra.

Mitkov, R. (ed.) (2009). *The Oxford Handbook of computational linguistics*. New York: Oxford University Press.

Moré López, J., & Climent Roca, S. (2011). La noción de tradautomaticidad en la traducción automática. *Anuari de Filología, Estudios de lingüística,* 1, 135–166. Retrieved from <revistes.ub.edu/index.php/AFEL/article/view/2251/2398>.

Nagórko, A. (2011). *Podręczna gramatyka języka polskiego*. Warszawa: Wydawnictwo Naukowe PWN.

Oliver, A., Moré, J., & Climent, S. (2012). *Traducción y tecnología*. Barcelona: UOC.

Ramirez-Sanchez, G. *et al.* (2006). Opentrad Apertium open-source machine translation system: an opportunity for business and research. *Proceedings of the 28th International Conference on Translating and the Computer. 16–17 November 2006, London*. London: Aslib.

Teaching translation-related ICT to business English students: an analysis of IT course content vs. students' needs and expectations

Iwona Sikora
Częstochowa University of Technology <iwona.sikora@slovik.com.pl>

The importance of training in translation-oriented information and computer technologies (ICT) is widely recognized by higher education institutions educating translators, as many of them include training in computer-assisted translation (CAT) tools in their curricula. However, the situation of students studying for a degree in English Studies with a specialization in business English may be different, as such programs may be fundamentally more business- than translation-oriented. In this paper I will examine the case of two such programs – at the University of Applied Sciences in Nysa, Poland (UASN) and the University of Technology in Częstochowa, Poland (UTCz) – where apart from some business translation courses (including a basic introduction to CAT technologies) students are given only a general introduction to information technology. First, I will examine the competences a successful business translator should possess and then define the ICT subcompetence, paying particular attention to market standards and requirements. Next, the content of the IT course taught at business English specialization at these two universities will be reviewed in this light. Lastly, I will partially present the results of a pilot survey conducted among business English students, meant to examine their opinions concerning the content and usefulness of the IT course and inquire about their needs, expectations, and conceptions pertaining to the role and usefulness of ICT (especially translation tools) in the work of a business translator. This serves as a basis for conclusions concerning necessary modifications to the content of the existing IT course at the two institutions examined, in respect to translation-oriented ICT training.

Keywords: translator competence, business English, translator education, teaching translation technologies, information and communication technology subcompetence.

1. Introduction

The development of information and communication technologies (ICT) has exerted a significant impact on the way businesses operate and consequently has also modified the character of the translation process, the methods and strategies used by translators and the tools constituting a translator's workstation. The achievements in the field of translation-oriented ICT as well as the changes resulting from the globalization, digitization and computerization processes have also influenced market requirements set for translation products and translation service providers and – as a result – have determined the competences which translators should possess. As reported in numerous studies, to be successful players on the translation market, able to work effectively and in accordance with clients' requirements, translators also have to possess certain technical abilities, in addition to linguistic and translational skills or subject-field expertise (e.g. Gouadec, 2007; Gambier, 2009). These technical skills – familiarity with translation-oriented ICT – not only facilitate the process of translation preparation and delivery but also constitute the translator's competitive advantage and may even determine their success or failure. Consequently, higher education institutions training translators need to take these new market requirements into consideration and adapt what they offer educationally to the professional reality.

The aim of this article is to discuss teaching translation-related ICT to business English students as future translators and to demonstrate that ICT training in business translator education is a prerequisite as technical skills and good mastery of translation technologies seem to be a valued asset of future translators. Therefore, first the notion of translator competence will be reviewed, and then an attempt will be made to define the set of competences translators of business texts (e.g. financial, banking, accounting, economic, etc.) should develop in the course of their higher education, paying special attention to technical and information searching skills. The next section will review the case of business English specialization educating future translators of business texts at the University of Technology in Czestochowa, Poland, and the University of Applied Sciences in Nysa, Poland. The aim is to inspect the program of the specialization with special focus on the content of the present IT course and its adaptation to market needs. Lastly, the results of a pilot study conducted among the students of business English will be discussed. The primary aim of this questionnaire-based survey was to examine students' opinions concerning the content of the present IT course and the degree of its adaptation to students' real knowledge, skills and needs. In addition, in the survey the students were questioned about their expectations, requirements and conceptions concerning the role and usefulness of translation technologies in the work of a business translator. The results of this study serve as the basis for formulating certain conclusions about necessary modifications to the present business English studies curriculum.

2. Reviewing translator competence – translator competence as a multicomponential construct

The concept of translator competence has been already debated since the 1980s and although numerous definitions and models have been created, no agreement has yet emerged among translation studies scholars on one universally accepted definition (Arango-Keith and Koby, 2003). Nevertheless, as can be inferred from multiple definitions, it is generally agreed that translator competence is a complex notion which is composed of a set of subcomponents. In other words, most of the models proposed so far perceive translator competence as a multicomponential construct built of various subcompetences – theoretical and practical skills and abilities. As Montalt Resurrecció, Ezpeleta Piorno and García Izquierdo (2008) mention, translator competence is perceived and discussed within the pedagogical framework, and – as a result – it delimits translator training and work. Indeed, models of translator competence should have practical application to translator education – a well-designed realistic model can serve as a valid framework for the development of higher education programs for translators. In other words, models of translation competence based on empirical research should facilitate constructing higher education curricula in order to respond better to the translation market needs – both from the perspective of translation clients and translation service providers.

The term *translator competence* can be quite simply defined "as the underlying system of knowledge required to translate" (PACTE, 2011a: 318) or "the ability to produce an acceptable text" (Kiraly, 2000: 13). These two definitions, although seemingly uncomplicated, cover the whole range of skills, abilities, qualifications and capacities a translator needs in order to provide translation services (simply to translate no longer seems to be sufficient). Moreover, according to the PACTE Group research, translator competence has four characteristic features. First of all, translator competence is considered to belong to the field of expert knowledge and is not synonymous with bilingual competence. Secondly, it is considered to be mainly procedural and not declarative (practical and not theoretical). Thirdly and finally, in the PACTE model, translator competence comprises different interrelated subcompetences, of which the strategic component is perceived as particularly important (PACTE, 2011a). Referring to the third feature, the PACTE Group proposes a holistic model of translator competence comprising the following subcompetences:

- *bilingual* – the procedural ability to communicate in two languages,
- *extra-linguistic* – general, thematic (or domain-specific), bicultural and encyclopedic knowledge,
- *translation* – mainly declarative knowledge about professional translation practice (translation function, principles, methods, procedures and processes),
- *instrumental* – mainly procedural skills related to the use of translation-oriented information and communication technologies and documentation resources (dictionaries, encyclopedias, grammar and style books, parallel texts, electronic corpora, search engines, etc.),
- *strategic* – procedural knowledge allowing the translator to plan, carry out, evaluate and control the translation process and make efficient use of all the other subcompetences to identify and solve any problems which may appear,
- *psycho-physiological* – cognitive, attitudinal and psycho-motor predispositions and mechanisms enabling the translator to achieve and perform translation tasks (e.g. memory, intellectual curiosity and rigor, perseverance, critical thinking, logical reasoning, etc.) (PACTE, 2011a, 2011b).

Moreover, as the authors remark, the *strategic, instrumental* and *translation* subcompetences are distinctive for translation activities, whereas the remaining ones (namely *bilingual* and *extra-linguistic*) can also be developed by non-professionals in non-translational contexts. Additionally, the PACTE model underlines the significance of the strategic competence, which is considered to be more important and in a way superior to all the other subcompetences as is used to manage and integrate the whole translation process (PACTE, 2011a).

Translator competence is also defined as a kind of a *supercompetence* encompassing all the other subcompetences. Such an understanding is proposed, among others, by Kelly, who defines the overall "macrocompetence" as "the different capacities, skills, knowledge and even attitudes that professional translators possess and which are involved in translation as an expert activity. It can be broken down into the following sub-competencies, which are all necessary for the success of the macrocompetence" (2002: 14–15). In her model Kelly enumerates the following subcompetences: *communicative, textual, cultural, thematic, professional instrumental, psycho-physiological, interpersonal* and *strategic*. A similar approach is presented by the European Master's in Translation expert group (EMT), whose translation competence profile consists of five subcompetences (*language, technological, intercultural, info-mining* and *thematic*) centered around the *translation service provision competence,* which is perceived as superior, unifying and interrelated to all other competences. It is worth noting that the EMT profile is a business-oriented model which attempts to account for market requirements and which was designed to serve as the framework of reference for higher education institutions in order to improve the quality of translator education and to raise professional standards. The EMT description of subcompetences is very detailed and, as Gambier states on behalf of the experts, the specified skills constitute just the minimum requirements which should be achieved during higher education studies (Gambier, 2009). Likewise, the European standard EN 15038: 2006 specifies a similar range of competencies (*translating, linguistic and textual, research and information mining, cultural, technical*) which should be acquired in the course of formal training or through experience (EN 15038: 2006).

Although the above models cover a slightly different range of abilities in an attempt to encompass the multidisciplinary nature of the translation profession and its evolving character, the core competencies, characteristic of this profession, remain substantially the same and include the linguistic, thematic, translation, intercultural and instrumental (technical) subcompetences.

3. Defining translation-related ICT competence within business translator competence

In order to provide high quality services, business translators should possess competencies in all the areas identified above. Thus, a business translator should possess an excellent command of the source and target languages to be able to communicate easily within a range of text types, situations, contexts and registers which may be encountered and required in business discourse. The necessary *linguistic knowledge* should embrace pragmatic (using language appropriate to the professional context and situation), socio-cultural (different registers), textual (different types of business texts), grammatical (knowledge of appropriate structures necessary to understand and produce texts) and lexical (general and specialized vocabulary) aspects.

Another fundamental competence of business translators is *subject-matter knowledge* – which is essential to understand the subject matter of the translated texts and transfer (very often highly) specialized concepts into the target language and culture. Apart from subject-area expertise, this also requires knowledge of the source and target systems (e.g. legal, economic, etc.), which will enable the translator to spot and account for any relevant differences. Without at least a rudimentary understanding of the subject area, acceptable-quality translation is simply unachievable as such insufficient knowledge may lead to grievous mistakes and consequences. To be more specific, business translators need to acquire competence in business-related issues, which means that they should have a sound knowledge of economic matters and understanding of fundamental concepts and mechanisms in accounting, banking, financial, insurance and related issues, which will allow them to comprehend the concepts behind specialist terms and use specialized terminology appropriately. Moreover, business translators should be familiar with different types of business documentation, including financial reports, banking and accounting documents, business plans and principles of business correspondence.

Another type of competence to be acquired is the *procedural knowledge* of translation *strategies and techniques,* methods and procedures (or practical translation skills), which enables an effective transfer of specialized issues and terms in accordance with professional standards.

Furthermore, business-related subject competence has to be supported with *instrumental knowledge* such as efficient information search skills, the ability to use documentation resources and translation-related ICT. Although translators should possess extensive subject-area knowledge, in reality they are often faced with tasks exceeding their competences. Since it is impossible to achieve proficiency (expertise) in all fields, it seems equally important for translators to be equipped with the abilities enabling them to compensate for such deficiencies. In other words, translators need to acquire skills and techniques which will allow them to construct this extra-linguistic knowledge during the translation process. Therefore, translators should be able to locate and verify relevant sources of terminological, linguistic and factual information. To do that, they should develop efficient research skills which involve the competent use of available ICT. Thus, the development of the extra-linguistic knowledge is, to a certain extent, conditioned by the instrumental competence, or in other words – to make use of various resources of information, translators need to activate and develop the instrumental subcompetence (Gallego, 2010). This means that these two areas are strongly interrelated and that mastering certain information search, retrieval and management tools (e.g. using search engines, electronic and online dictionaries, encyclopedias, parallel texts; information and terminology retrieval and management techniques; file conversion, and archiving; resources evaluation methods; using word-processing, terminology management and other document production-related software; efficient use of CAT tools and MT functionalities) (Gambier, 2009; EMT, 2009) may facilitate the development of specialized knowledge.

It follows from the above that instrumental skills are an indispensable complementation to business translator's repertoire of competences. Moreover, it has to be emphasized that if models of translator competence are to find application in translator education, they need to be market-oriented and adapted to the professional reality. The above mentioned documents (the EMT project and EN 15038: 2006) were designed to establish educational and service provision standards which would correspond to the demands of the knowledge and information society, accounting for technological achievements and translation market clients' needs. Adaptation to the needs of the translation industry is crucial since, as market research indicates, linguistic and translational skills are nowadays insufficient to make a person a competent and successful (employable) translator (Gouadec, 2007). As Gouadec indicates, professional translators are additionally expected to possess a plethora of other abilities, both general (e.g. document production, desktop-publishing, editing, reviewing or technical writing, etc.) and translation-specific (e.g. proficient use of translation tools, localization and multimedia software, terminology management systems, etc.). Not all these skills would be required in the case of business translators, but without any doubt, sound linguistic, translational, subject-specific and intercultural knowledge should be complemented with good instrumental skills (especially information retrieval and CAT tools) which will enable a more efficient preparation of business translations.

4. Review of business English specialization curriculum and IT course content

The program of business English specialization reviewed below is offered at the Institute of Modern Languages at the University of Applied Sciences in Nysa, Poland and the Management Faculty at the University of Technology in Częstochowa, Poland. Business English specialization is an excellent example of a practical approach, in which academic knowledge is combined with practical skills and abilities. The students of business English specialization are educated in two major areas which constitute two pillars around which the specialization's program is constructed: they develop linguistic competence in English and acquire knowledge in business and economy-related issues. The main educational goal to be achieved by the specialization's program is to prepare the students to work as translators for various business entities, public administration institutions, governmental bodies or translation agencies.

As the student's profile[1] specifies, business English students are to work as translators (and interpreters) of specialized texts and therefore they should be proficient in Polish and English, have good understanding of business, economic and financial phenomena, understand and be able to use appropriately specialized business terminology and possess practical translation skills which will allow them to translate business texts, adhering to professional and market standards.

The future business translators develop their professional qualifications in four types of courses:

- general education (philosophy, history of philosophy / general ethics, social communication / introduction to language philosophy,[2] ethics in public life, *information technology and computer science (ITCS),* physical education and Latin);
- basic (practical English, second foreign language);
- major area (introduction to linguistics, descriptive and contrastive grammars of English, British and American studies, business language, theory of translation and specialized languages);
- specialization courses (practical translation and interpreting, commercial correspondence, economic subjects: micro and macroeconomics, commercial and administrative law, issues in European Union economic cooperation, European Union programs and funds, fundamentals of company management, economic globalization, introduction to business, business ethics, *organization and techniques of office work*).[3]

The table below presents a more detailed specification on how particular competencies are covered by course subjects:

1 University of Technology in Częstochowa, Management Faculty, English Philology, specialization in business English (<www.zim.pcz.czest.pl/menu-212,filologia-jezyk-biznesu>); PWSZ Nysa, Institute of Modern Languages, specialization in business English (<www.pwsz.nysa.pl/dwm/pliki/katalog/katalog_17_2013_14.pdf>).

2 Elective courses.

3 <www.pwsz.nysa.pl/dwm/pliki/katalog/katalog_17_2013_14.pdf>.

Competencies	*Courses*
linguistic	practical English, introduction to linguistics, descriptive and contrastive grammars of English, practical translation (PT – 60 PC),[4] practical interpreting, commercial correspondence,
translation	introduction to linguistics, descriptive and contrastive grammars of English; theory of translation and specialized languages (TTSL – 30L), practical translation, practical interpreting, commercial correspondence
thematic	business language, commercial correspondence, micro- and macroeconomics, commercial and administrative law, issues in European Union economic cooperation, European Union programs and funds, fundamentals of company management, economic globalization, introduction to business, business ethics
intercultural	British and American studies, commercial correspondence, issues in European Union economic cooperation, practical translation (PT), practical interpreting, theory of translation and specialized languages
instrumental	information technology and computer science ITCS (UTCz – 30L; UASN – 15L/15PC), organization and techniques of office work – OTOW (UTCz – 15L/30PC; UASN – 15PC).

Table 1. Competences of a business translator and their coverage by subjects in the BE studies' curriculum.

As Table 1 indicates, all competences are covered by several course subjects. Yet, the instrumental competence – in which students should expand and refine their information searching skills, learn how to build and use terminological resources, and master various functionalities of the translator's workstation – is covered by just two of the subjects named above. The analysis of the syllabi of these courses reveals that during the ITCS course students learn how to use text editors, spreadsheets and multimedia presentation software, whereas the OTOW course is centered on organization, ergonomics and safety of office work, with special attention devoted to company organization procedures, types of secretarial work and office equipment. The analysis clearly demonstrates that these two courses build up only a small fraction of the abilities which should be acquired within the instrumental competence (some of the document production skills), whereas all the other abilities facilitating the process of translation (such as various information search techniques, CAT tools, or terminology management systems) are not covered by the course content.

However, it has to be noted that the ITCS course is among the set of general education courses which are obligatory for most BA programs offered in Poland. Therefore, the ITCS syllabus covers general issues, as it has to be universal for all students regardless of their specialization. Moreover, the syllabus of TTSL contains a lecture on CAT tools and their functionalities, but this theoretical

4 L – lectures, PC – practical classes.

introduction is not supported with practical classes. Similarly, within the subject of practical translation, two hours are devoted to the presentation of CAT tool functions, whereas the remaining 28 hours are dedicated to practical translation exercises. Taking into account the number of hours devoted to teaching information search and translation-oriented computer skills and the fact that these subjects are mainly theoretical lectures, it is obvious that the instrumental competence does not receive enough attention and coverage in the program of the BE studies. Translation technologies are introduced during the practical translation course, but due to limited time and technological issues (the computer lab is not always available, not all students have laptops, no administration rights), the scope of exercises is limited. A much better solution would be a separate course, during which students would learn CAT tools and implement projects employing various information searches and management operations and concentrating more on the technical aspects than on the translation itself. Subsequently, this practical knowledge could be applied during the PT classes which would be done with the use of a computer instead of paper. Of course, instrumental skills should not be taught in isolation and the best solution is, as Samson notes (Samson, 2005), for CAT skills to be incorporated into the whole study program which would allow students to achieve a certain level of mastery.

5. Discussion of the survey results

General computer and word editing skills are already introduced at the primary level of education and practiced throughout the secondary level. Therefore, students can be expected to be familiar with the basic functioning of a computer and to have already achieved a certain level of computer literacy. Certainly, the level of advancement may differ among students and it cannot be assumed that all students possess the same skills and therefore a general ITCS course is not necessary. The program of the course, however, should take into account the above and computer training should not start at the elementary level but, to achieve better results, it should be adapted to the profile of the BE studies and actual skills already possessed by students.

To check how well the ITCS course taught to business English specialization students is adapted to their actual abilities and needs, a short pilot study was conducted. The aim of the survey was to examine students' opinions concerning the usefulness of the ITCS course and their attitudes towards translation technologies. The survey was completed by 130 students of business English specializations at UTCz and UASN.

Due to space limitations, the present article will concentrate only on the questions pertaining to students' opinions on the usefulness of the ITCS course and their demands related to their future work as translators.

In general, most students assessed their own general computer literacy skills as good (45%) and very good (28%), and their information search skills as very good (63%) and good (29%). Over 80% of the respondents expressed an interest in improving their command of computer skills that may prove useful in their future work and 60% wanted to expand their knowledge of online information search technique and tools, whereas 20% did not experience such a need. Moreover, 90% of the respondents indicated that training in computer technologies is an indispensable part of higher education studies (90%).

The most important part of the survey concerned students' opinions on the content of the ITCS course. Over half of the students (53%) declared that the number of hours planned for the ITCS within the curriculum is not sufficient, whereas 30% thought the number of hours is adequate. Moreover, the students were asked to express their opinions on the content of the ITSC course and its usefulness in relation to students' current skills. Over 30% of the respondents declared that the course contained useful topics, but over 50% felt that the course was boring, as the skills taught were already well-known to them (Fig. 1).

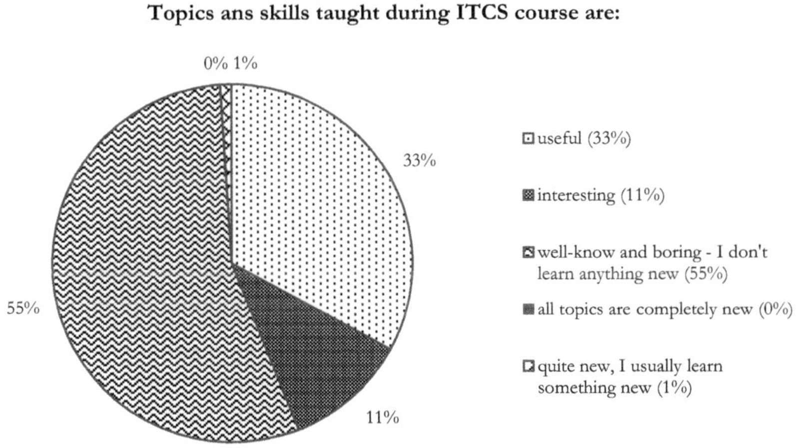

Figure 1. Assessment of the usefulness of skills taught within the ITSC course.

The students also commented on the topics and aspects which – in their opinion – should be modified within the course. Their opinions can be summarized as follows:

- The course should be more practically-oriented.
- A course of this type cannot be purely theoretical (UTCz – 30L only, UASN – 15L/15PC), and therefore lectures should be transformed into practical classes.
- The course should last longer; however, the content should be better adapted to students' needs and actual knowledge.
- The course content includes material which was basically taught and practiced at the primary and secondary levels of education, and therefore the level of advancement of the curriculum is too elementary and too simple for most course participants.
- The course should not concentrate on practicing the basic functions of word editors, spreadsheets and multimedia presentation software (which should be briefly reviewed), but should instead focus on thorough practicing of more advanced functions of these programs, especially those which can be useful in B.A. thesis preparation and editing (tables of contents, advanced formatting, advanced spreadsheet functions but not for IT specialists).
- Because of the repeated content, the majority of the students are not motivated and do not participate actively in the classes.
- The course should teach how to use other programs, such as spell and grammar checkers, DTP software, OCR and VR software, alternative multimedia presentation programs, and computer maintenance tools.
- Topics which should be introduced include techniques and tools for information search, with the use of computer and Internet tools.
- The course should teach how to use CAT tools and machine translators.
- Students' computer literacy skills should be tested at the beginning and the course should be taught at different levels of advancement.

Moreover, 95% of the students expressed an interest in learning CAT tools and the same number of the respondents thought that a separate subject "Computer technologies in translator's work" should be added to the curriculum. Asked to specify which skills and tools they would like to practice, the students indicated any tools which may facilitate the translator's work and some named specific CAT tools with translation memory and terminology management systems (*SDL Trados, MemoQ*). Again, students emphasized that they would like to expand their skills in terms of information search techniques and tools.

Additionally, the respondents were asked to specify which programs and applications are useful in translator's work. The results presented in Fig. 2 reveal that thanks to the introduction to translation technologies during the TTSL lecture the students are in general aware of the existence of specialized tools and they understand that these applications may speed up and facilitate the process of translation production.

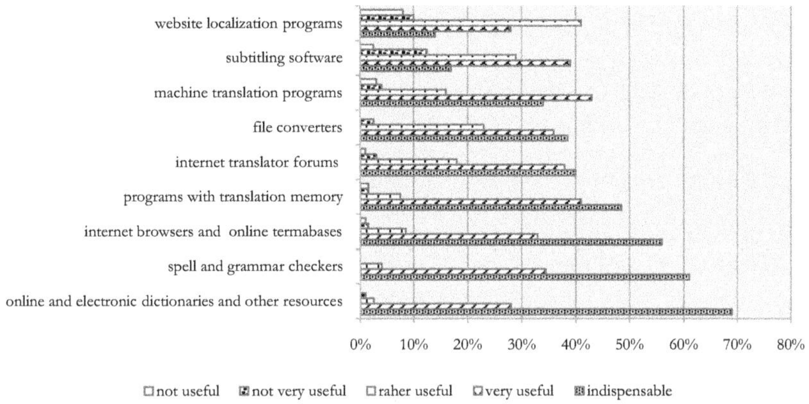

Figure 2. Usefulness of Internet and computer tools in translator's work in students' opinions.

6. Conclusions

On the basis of the survey results the following conclusions concerning the program of business English specialization taught at UTCz and UASN can be formulated:

- Four out of the five competences of a business translator are covered by the BE program: linguistic, translational, thematic and intercultural.
- The program has serious deficiencies concerning the development of instrumental competence and therefore requires far-reaching modifications in this respect, as it does not include subjects developing this particular competence to a sufficient extent.
- The present ITCS course is not adapted to students' actual abilities and already acquired knowledge.
- The scope of topics of the ITSC course is too general and certain topics concerning basic functions of office applications are repeated throughout all levels of education, which makes the classes boring and consequently over half of the students have the impression that they do not learn anything new.

- The ITSC course develops only a small fraction of skills within instrumental competence, while almost completely neglecting more advanced skills needed by translators, related to information mining, CAT tools, terminology management and other useful document production skills.
- Over 90% of the students are convinced that translation-related technologies will be useful in their future business translator's work and are willing to practice new ICT skills.

To remedy the situation, the following solutions can be proposed:

- With respect to instrumental competence, the BE program needs to be adapted to the professional reality and translation market requirements, e.g., by following the educational standards established by EMT and EN 15038.
- The present ITCS course teaching office application functions should be adapted to students' actual skills and knowledge and therefore a placement test should be introduced.
- A separate ICT course (or courses) teaching specific translation-related technologies (CAT tools, terminology management and information mining techniques) should be introduced into the curriculum of BE studies.
- ICT courses (both general and translation-specific) should be practically-oriented at the expense of theoretical lectures.

References

Arango-Keith, F., & Koby, G. S. (2003). Translator Training Evaluation and the Needs of Industry Quality Training. In B. Bear & G. S. Koby (Eds.), *Beyond the Ivory Tower: Rethinking Translation Pedagogy.* Amsterdam: John Benjamins.

Carpenter, S. (2013). *What skills should translators have, and when and how should they acquire them?* Retrieved from <sclangsol.files.wordpress.com/2013/01/analysis-of-translator-competence-and-the-evolution-of-the-role-of-the-translator.pdf>.

EN-15038 (2006). *Translation services – Service requirements. English version of DIN EN 15038: 2006–08*. Retrieved from <www.itcanet.ir/ITCA/Standards/din%20en%2015038.pdf>.

Gallego-Hernández, D. (2010). Acquiring instrumental sub-competence by building do-it-yourself corpora for business translation. In R. Xiao (Ed.), *Proceedings of the International Symposium on Using Corpora in Contrastive and Translation Studies*. Retrieved from <www.lancaster.ac.uk/fass/projects/corpus/UCCTS2010Proceedings/papers/Hernandez.pdf>.

Gambier, Y. (ed.) (2009). Competences for professional translators, experts in multilingual and multimedia communication. Retrieved from <ec.europa.eu/dgs/translation/external_relations/universities/documents/emt_competences_translators_en.pdf>.

Gouadec, D. (2007). *Translation as a Profession.* Amsterdam/Philadelphia: John Benjamins.

Kelly, D. (2002). Un modelo de competencia traductora: bases para el diseño curricular. *Puentes. Hacia nuevas investigaciones en la mediación intercultural,* 1, 9–20.

Kelly, D. (2005). *A Handbook for Translator Trainers. Translation Practices Explained Series.* Manchester: St. Jerome.

Kiraly, D. (2005). Project-Based Learning: a Case for Situated Translation. *Meta,* 50(4), 1098–1111.

Montalt Resurrecció, V., Ezpeleta Piorno, P., & García Izquierdo, I. (2008). The acquisition of translation competence through textual genre. *Translation Journal,* 12(4). Retrieved from <translationjournal.net/journal/46competence.htm>.

PACTE (2011a). Results of the Validation of the PACTE Translation Competence Model: Translation Problems and Translation Competence. In *Methods and Strategies of Process Research: Integrative Approaches in Translation Studies.* Amsterdam: John Benjamins.

PACTE (2011b). Results of the Validation of the PACTE Translation Competence Model: Translation Project and Dynamic Translation Index. In S. O'Brien (Ed.), *Cognitive Explorations of Translation* (pp. 30–53). London/New York: Continuum Studies in Translation.

Samson, R. (2005). Computer-assisted translation. In M. Tenneth (Ed.), *Training for the New Millennium: Pedagogies for Translation and Interpreting.* New York: John Benjamins.

Language management, knowledge transfer and translation-mediated communication in global environments: old paradoxes, unseen practices and new insights

ALEXANDRA ALBUQUERQUE
CLUNL/ISCAP-IPP
<alexalb@iscap.ipp.pt>

RUTE COSTA
CLUNL/UNL
<rute.costa@fcsh.unl.pt>

JOSÉ PAULO ESPERANÇA
ISCTE – IUL
<jpae@iscte.pt>

Language is definitely a fundamental element in international communication, namely in multinational companies (MNC) which *per se* are "multilingual organizations" (Bjorkman *et al.,* 2004). There are several research studies that stress its relevance in international business (Marschan, Welch, and Welch, 1997; Marschan-Piekkari, Welch, and Welch, 1999; Feely, 2003; Domingues, 2009; Harzing and Pudelko, 2013; Ozolins, 2003; Janssens, Lambert, and Steyaert, 2004), both in (i) corporate communication and (ii) in the communication between company and other stakeholders in foreign markets (clients, suppliers, etc.). Moreover, this communication in multinational companies (MNCs) and international business environments very often deals with streams, sequences of decisions and resource commitments, formulated and articulated in specialized language, that might be not completely clear to all stakeholders. However, it is also true that language management and the role of translation and of the translator in companies operating in foreign environments and mediating interlingual communication is often unseen and has been rarely explored, neither by researchers in international business (IB), or in translation studies, nor by linguists (Ozolins, 2003). This paper intends, therefore, to contribute to trans-disciplinary research on language and terminology management in international business (IB) and, most of all, help to the break the old paradoxes related to the (i) wrongly assumed self-sufficiency of language in professional and business communication situations and (ii) costs of investment in language. We will present results of two empirical studies that describe some language management and business translation practices in companies operating in foreign markets. Finally, although it is still an ongoing research, we will give some insights on how language management and translation mediated communication can be more cost-effective in these kinds of environments.

Keywords: ad hoc translation, terminology management, international business, business translation.

1. Communication in global environments

Many studies and reports have proved that language and culture are critical issues in companies' internationalization process. In fact, the whole firm's workflow and activity has to be communicated, both internally and externally at some point. Therefore business communication is not to be neglected.

When it comes to international communication, diversity (of languages, accents, genders, geographies, mind-sets, beliefs, experience, etc.), considered by many managers a must-be "to create the highest performing leadership teams"[1] also brings dilemmas, miscommunication and misunderstandings. However, in a global and polycentric context, it is no longer possible to avoid cross-cultural and interlinguistic communication or to believe that an international language will easily bring the meaning across. Corporate language management is, first and foremost, an issue of managing resources: having the right team and the most skilled employees as far as communication and intercultural awareness is concerned. That, together with the right tools and training, can avoid misunderstandings and cultural pitfalls.

In fact, the issue of the language barrier in international communication is not a simple one and often demands more than one solution, where the most common is the use of a corporate language (usually English) combined with other languages and resources (Thomas, 2008: 4). In fact, there are many language strategies that a company can choose and combine. We consider that those proposed by Feely *et al.* (2002) are quite comprehensive, although only referring to general language proficiency, and in order to make them more explicit we have organized them into 2 categories- direct communication and mediated communication-, as we can see below:

1 In "Winning in a polycentric world Globalization and the changing world of business", 2011. Retrieved from <www.ey.com/Publication/vwLUAssets/Winning_in_a_polycentric_world_-_Globalization_and_the_changing_world_of_business/$FILE/EY_-_Winning_in_a_polycentric_world_-_Globalization_and_the_changing_world_of_business.pdf>.

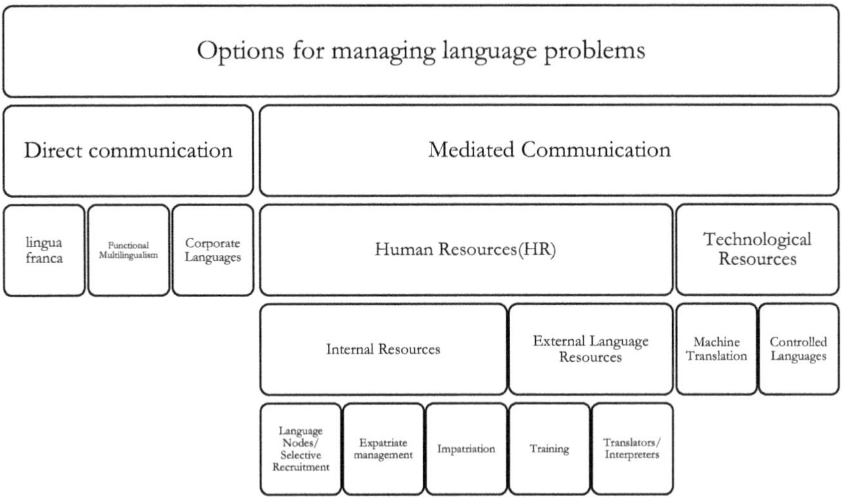

Figure 1. Options for managing language problems (adapted from Feely *et al.*, 2002).

However, several studies[2] show that language management and a language strategy is not a priority in most companies, although language transfers not only messages but also knowledge and even power, sometimes creating "shadow organizational structures" (Marchan-Piekkari *et al.,* 1999). These authors also give evidence that lack of local language competence can damage knowledge transfer between subsidiaries and headquarters and among subsidiaries themselves, since, as Welch & Welch (2008) also state, language can affect the whole knowledge transfer in an international company. In fact,

> Effective internal communications and knowledge transfer are critical for the MNE because the MNE's primary advantage is the export of superior knowledge to its subsidiaries worldwide (Sharp, 2010: 1).

Knowledge transfer is deeply connected to company culture and terminology. In fact, there is no knowledge without terminology.

2 Salomão (2006), Domingues (2009), Feely *et al.* (2002), Marchan-Piekkari *et al.* (1999), amongst others.

Skill	*Able to communicate with other worker using a corporate language*	*Able to communicate with technicians or experts in different fields (knowledge transfer)*
Knowledge of corporate language and lack of field knowledge	yes	opportunity
Field knowledge and lack of knowledge of corporate language	no	no
Field knowledge and knowledge of the corporate language	yes	yes

Table 1: Matrix of language skills and ability to communicate within the company.

As we can see in the table, knowledge can only be transferred in the company if the corporate language is used both in current situations and as a language to communicate with experts and technicians. However, once language is generally not a priority and language strategy, when available, concentrates mostly on having a common general corporate language, the effectiveness of specialized communication is not assured. I.e., being able to speak the corporate language and/or local languages, and even other micro-level practices, in which individuals carefully modulate their communication so as to accomplish the task in hand, may help the corporate communication to flow in general terms. However, knowledge, opportunity and specialized communication may still be impossible for some company workers. Translation, terminology management and knowledge management and sharing are still to be implemented if the company wishes to vertically and horizontally articulate communication.

This leaves us the first paradox: although language is a major element in international communication, literature from all around the world proves that it also lacks proper planning, strategy or investment.

2. Translation-mediated communication practices at international business contexts

Even more absent in research than "language" is translation and its role and impact in international business management, except for few works, such as for instance: (i) references in some articles on language management: (e.g. Marschan *et al.,* 1997; Feely, 2002), (ii) an interdisciplinary paper from Janssens *et al.* (2004), that designs language strategy models according to translation models and (iii) a case-study on translation practices in a Nordic Bank (Peltonen, 2009).

Being aware that very often language skilled employees are "used" as language mediators (Marschan *et al.*, 1997; Marschan-Piekkari *et al.,* 1999; D.

Welch & Welch, 2008; D. Welch, Welch, Piekkari, & Denice Welch, Lawrence Welch, 2005), translation-mediated communication in companies operating in foreign markets may thus become an extra and somewhat regular function of employees who master foreign languages. However, this function and the impact of this type of translation are not, in any way, thoroughly studied.

Therefore, this paper intends to contribute to the research on language management in IB and bring some insights to business translation practices. For this purpose, we will present results of 2 studies carried out in several companies operating in foreign markets (both multinational companies and SMEs) that describe how translation-mediated communication issues are dealt with. Also, we will present the first conclusions and drawbacks of an ongoing *in loco* study in some Portuguese companies.

2.1 *Methodology*

We have carried out 3 studies concerning language and translation management in international companies: 2 mixed studies, quantitative and qualitative (surveys and reports) from 2010 to 2012 and one *in loco* qualitative study (ongoing).

The first study focused on language management in international business communication (LMBC) and the second/third focused on translation practices in companies operating in international environments (TPCIE).

Both studies (1 and 2) were carried out with the help of graduated Portuguese trainees, during their six-month placement in a hosting company abroad. They collected data from the host company by delivering a survey and, in some cases, through interviews and written reports describing the placement environment, the language and translation management styles.

Therefore, we will discuss results from a quantitative research and a qualitative analysis (reports) in an attempt to describe language management practices in different organizations, operating in foreign markets.

2.2 *Case Study 1 – LMBC*

83 trainees, under the framework of the 15th edition of Inov Contacto[3] were involved in the study and collected data from the hosting companies in an Excel

3 "INOV Contacto is a programme that promotes internships abroad of Portuguese talented graduates with a view to fostering the internationalization of the economy and links between local firms and multinational companies." In: A review of local economic and employment development policy approaches in OECD countries © OECD 2008.

survey. The study took place between December 2010 and September 2011, covering a total of 56 organizations, operating in 20 countries, which were grouped and classified into seven types: (1) SMEs, (2) Multinational Companies (Headquarters), (3) Multinational Companies (subsidiaries), (4) Portuguese companies operating in Portuguese-speaking markets, (5) Portuguese companies operating in non Portuguese-speaking markets, (6) mediators and (7) diplomatic organizations.

For the purpose of this paper we will only present the results concerning the first 5 types.

The objective of the study was to describe and analyze language management practices from companies operating in foreign markets. 5 types of companies and 46 companies in 20 countries were surveyed.

2.3 Overview of Results

The analysis of all the surveys and reports of the trainees involved in the study led us to the following main results:

- Language management from Portuguese companies in international markets and from international companies in Portuguese-speaking markets is very similar and confirms most of the common appointed policies in the previously referred to studies.
- English is considered a *lingua franca* in international communication and it is the common corporate language in multinational teams.
- Language skills are considered very important for the internationalization process and therefore, beyond English, speaking other languages is an added value, especially languages from the target markets.
- Rather than hiring professional Language Service Providers, companies operating in foreign markets prefer selective recruitment (recruiting employees with language and intercultural skills) or delegate inter-linguistic communication and translation to mediators (normally employees with language skills, even if new or temporary staff) in order to cut costs and increase speed of the communication flow.
- Professional language providers are contracted almost only when translation cannot be performed internally, either because there is no employee who speaks the language, it is too demanding or translation is legally mandatory.
- In most of the companies, translation of several corporate documents[4] is regularly made by employees with language knowledge but no translation skills,

4 Document typology can go from simple emails to presentations, flyers, contracts and other official documents.

hired for specialized jobs (engineering, accounting, marketing, management and so on). Around 90% of the 83 trainees have been asked to do translation tasks, mostly to their mother tongue, although none had translation training. This finding led us to conclude that companies operating in foreign markets silently develop a specific kind of business translation, performed by language skilled experts or employees with no translation training or translation tools. We have named this type of translation *ad hoc* translation.

These results raise several issues, some of them already discussed in previous studies (Marschan-Piekkari, Welch, and Welch, 1999; D. E. Welch and Welch, 2008; Björkman and Marschan-Piekkari, 2002), namely (i) the role of language in knowledge transfer and (ii) translation skills of employees with language knowledge. However, the first question we would like to address is another paradox:

Paradox 2: being language so pervasive and important in corporate knowledge transfer, for some even considered to be a "reconfiguration agent" (D. E. Welch and Welch, 2008), it is also a very powerful tool. However, especially in companies Type 1 and Type 5, the trainee was sometimes the only translation resource, being the only one skilled in the target language (his/her mother language, most of the times). Therefore, s/he was used to transfer corporate knowledge s/he was not yet very familiar with, with few or no revising control.

Besides this, after reading the trainees' reports, other questions related to translation mediated communication, intra and inter companies, and to knowledge transfer arise, some of them also pointed out by Peltonen (2009). For instance, *ad hoc* translation practices, used mainly to increase communication speed and cut costs can suffer some drawbacks considering employee's lack of (i) translation skills, (ii) lack of terminology (knowledge), and (iii) lack of translation and content management tools. All these gaps can cost the company precious time, since the employee has no personal or corporate resources to develop the translation task efficiently. Moreover, in his/her quest for solutions (linguistic, terminological or other), s/he will probably ask other employees (more experienced, that have already done some translation work themselves or that are experts in the field) for help, which should also count as a translation cost. Moreover, *ad hoc* translation, especially when performed by temporary staff but also by employees, relying exclusively on their language skills (even if they are native speakers) gives no guarantee of quality. Also, translation can be a repetitive task, costing unnecessary time, when the right content, terminology and translation tools could improve, optimize and speed up *ad hoc* translation.

3. New insights: improvement model

Trying to find answers to these questions, especially on how to make business *ad hoc* translation more effective with small investments, we designed another study, based on an improved translation-mediated communication model, that brings almost no costs to the companies and increases translations speed, quality and return of investment. This model was applied as a pilot project, from May 2012 to October 2012, under the framework of the 16th edition of Inov Contacto.

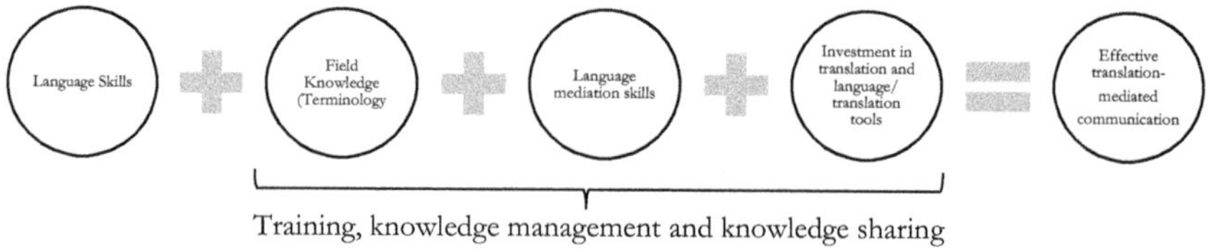

3.1 Case Study 2 – TPCIE

Taking into consideration the results from Study 1, with this pilot project we aimed to obtain more information on *ad hoc* translation practices in companies operating in international environments, namely concerning methods, technological resources, terminological resources and test our training model.

This research was carried out with the help of 22 trainees, in 19 companies in 12 countries. Eleven of those companies had been already surveyed in study 1, and 5 of them were the same companies but now operating in a different market. The typology of the companies was, for this reason, the same of Study 1. The results below therefore refer to the same 5 typologies of companies: (1) SMEs, (2) Multinational Companies (Headquarters), (3) Multinational Companies (subsidiaries), (4) Portuguese companies operating in Portuguese-speaking markets, (5) Portuguese companies not operating in Portuguese-speaking markets.

Being the trainees new staff and not familiar to translation studies, the study was divided into four parts:

- Part I – (1) acquaintance with language and translation-mediated communication practices in the hosting companies; (2) surveying the employees who did *ad hoc* translation in the hosting company (including the trainees, if that was also the case) on methods, technological resources, terminological resources and overall results;

- Part II – Several terminological and translation resources were presented to trainees for self-study and self-test.
- Part III – After having explored the suggested resources and the translation tools, trainees should promote them amongst the employees who were also translators.
- Part IV – A new survey, to find out the result of using the translation tools, was carried out.

A brief report describing the project implementation was also delivered.

3.2 Overview of results

Results of this small research project were not at all surprising. Through the first survey (Part I), with answers from both the trainees and also from employees who regularly act as translators in the company, we concluded that 89% of the companies carry out *ad hoc* translation, and in 92% of the cases during working hours.

As far as translation tools and other translation resources are concerned, 89% use the internet, 56% dictionaries and experts' help and only 3% use computer assisted translation.

Referring to the impact of the translation as an extra task, 44% do not feel bothered by doing translation and 36% are even very pleased to do translation.

When asked about the main translation problems encountered, 47% mentioned the lack of knowledge in terminology and 42% the need for better language knowledge. To solve terminology doubts, 78% ask an expert in the same company, 38% ask someone outside the company, and 67% look it up in the World Wide Web.

In order to improve their translation results, the resources considered most important were "better terminological knowledge" (69%) and "good translation tools" (56%).

In the second survey (Part IV), the same *ad hoc* translators were asked about the impact of using terminological tools and computer assisted translation (CAT) tools. 63% stated that the translation work improved "a lot", especially as far as terminology (47%) and quality (41%) are concerned.

However, after reading the reports, we could see that most trainees could not promote the use of the suggested tools in a suitable way, either due to the lack of time on their side or on the employees' side. Moreover, there seems to be a conceptual confusion between what machine translation and CAT is, since respondents didn't seem to understand that using CAT tools means that translation depends on human performance, contrarily to machine translation, completely performed by the computer.

Moreover, they all seemed to expect "magic" tools that could fit their specific needs of translation and terminology in a user-friendly and easy way. This is actually what approximately all surveyed staff refers to: the need to find customized and user-friendly tools. We could also conclude that most companies have, over time, developed some terminology management, by elaborating glossaries and wordlists (in Excel or Word format) but regularly use these resources in paper support and no interest was showed in optimizing this knowledge by managing the content in a more electronic way. Also, these documents are not widely spread in the company, i.e., only one or two departments in the company know about it. Moreover, in two of the cases, where the employees have been translating for the company for some time, the advantages of using CAT tools (like translation memories or terminological databases) were not recognized, since they stated to have developed their own translation methods, seeing no reason to change them.

This study confirmed several of the research questions brought up in case-study 1: translation tasks are carried out during working hours and sometimes other Human Resources of the company are contacted to solve problems, increasing the time spent in these *ad hoc* tasks. Moreover, language skilled employees and trainees (even if temporary) are asked to translate several types of documents, even if they have insufficient knowledge (terminology) and translation tasks are mostly done using machine translation tools (90% referred to Google Translator) and manually. Therefore, along with more terminology knowledge, translation tools are considered important to improve translation tasks.

However, it was our belief that since the training was promoted by trainees who were themselves not translators, terminologists or language experts and, on the other hand, who were themselves trained at distance, the study could have had more impact if it was developed on site.

Therefore, since February 2014, we are working ourselves with 3 Portuguese companies *in loco,* and 5 *ad hoc* translators, carrying out study no 2, only for the language pair Portuguese-English. We must say that the settings and conclusions are the same. CEOs state that good communication skills and language proficiency are extremely important for international communication, but they rely, most of the times, on *ad hoc* translation.

The methodology is basically the same, the major difference (which we considered an added value) being that now it is us who train the *ad hoc* translators directly in the use of CAT tools and terminology management. So far, we are dealing with the same obstacles, as the trainees seem to have dealt with: lack of availability from the experts to share and validate knowledge. Companies recognize the importance of communication and translation quality and *ad hoc* translators agree with the model and are very satisfied with the results of using CAT tools. They are now in Phase III – working on their own and registering the differences (time and results) and within a few weeks we will assess the results and carry out the final phase (survey and interviews). We expect to have, by then, more solid results (both concerning the amount and cost of time of translation used by *ad hoc* translators and quality of translations before and after the training) and with the results be able to change the current management mindset: consider language a cost and not be willing to invest on training, terminology management, translation software or improvements, since the ad *hoc modus operandi* seems to be enough. In fact, although all (companies and employees) recognize it is not perfect, more quality apparently seems to bring no benefit (more profit and business). This brings forward another paradox: more quality and efficiency seem to be losing to a globalized world, where most of the international customers are not English native-speakers and don't use a standard English and/or are not demanding, as far as communication quality is concerning.

4. Some Conclusions

Both literature and studies presented made evident that using language skilled employees does not mean that all intra and inter-linguistic communication situations in international contexts are covered. As we could see in the results from study 2, the main translation problems reported were linked to terminology, i.e., knowledge of the specific field dealt with in the communication situation. Therefore, in order to solve translation problems, the ad hoc translator used time from regular working hours and sometimes there was even the need to take time from other employees' working hours to get the (right) knowledge. Moreover, ad hoc translators, often face unavailability to share or validate knowledge, especially from experts at the company. Nevertheless, all this time investment does not guarantee accurateness and quality.

Moreover, if *ad hoc* translations are done without the support of content management tools, in companies where longer or more complex documents are regularly translated, working hours are also used to repeat translations and procedures that could be avoided with the use of CAT tools. For these reasons, the company may be cutting direct translation costs but is spending time of specialized employees in tasks that could be optimized and accelerated by the use of technology, which can be considered an unseen expense.

We believe that translation is unavoidable in today's global world, where English is not enough, despite being an international business language. We also believe that considering the intra and inter-companies information flow and volume in international environments, it is impossible to outsource the translation of documents for everyday use. Therefore, translation skills should be part of the human capital of a company, together with basic CAT tools and content management systems. Moreover, if corporate knowledge (terminology) was managed in a common database, and made inter-operational with writing and communication tools, corporate and business communication could be more accurate, consistent and cost-effective.

References

Bjorkman, I., Barner-Rasmussen, W., & Li, L. (2004). Managing Knowledge Transfer in MNCs: The Impact of Headquarters Control Mechanisms. *Journal of International Business Studies,* 35(5), 443–455.

Björkman, A., & Marschan-Piekkari, R. (2002). Hiding Behind the Language: Language Fluency of Subsidiary Staff and Headquarter Control in Multinational Corporations. In *European International Business Academy Conference,* Athens: Greece.

Domingues, M. (2009). *Language Strategies by MNCs: an Empirical Assessment.* Universidade do Porto. Retrieved from <www.fep.up.pt/cursos/mestrados/megi/Tese_Madalena Domingues_final.pdf>.

Feely, A. J. (2002). Forgotten and Neglected – Language: The Orphan of International Business Research. In *62nd Annual Meeting of the Academy of Management,* 1–32. Retrieved from <www.harzing.com/download/orphan.pdf>.

Feely, A. J. (2003). Language management in multinational companies. *Cross Cultural Management An International Journal,* 10(2), 37–52.

Hagen, S. (1988). *Languages in Business: An Analysis of Current Needs.* Newcastle Polytechnic.

Harzing, A., & Pudelko, M. (2013). Language Competencies, Policies and Practices in Multinational Corporations: A Comprehensive Review and Comparison of Anglophone. *Multinational corporations: Journal of World Business,* 3. Retrieved from <www.harzing.com/papers.htm#langclusters>.

Isager, G. (2009). *English as a Corporate Lingua Franca: An Exploratory Study of the Strengths and Weaknesses of Using English as a Corporate Language.* Student thesis.

Janssens, M., Lambert, J., & Steyaert, C. (2004). Developing Language Strategies for International Companies: The Contribution of Translation Studies. *Journal of World Business,* 39 (4), 414–430. Retrieved from <linkinghub.elsevier.com/retrieve/pii/S1090951604000355>.

Marschan, R., Welch, D., & Welch, L. (1997). Language: The Forgotten Factor in Multinational Management. *European Management Journal,* 15(5), 591–598.

Marschan-Piekkari, R., Welch, D., & Welch, L. (1999). In the Shadow: the Impact of Language on Structure, Power and Communication in the Multinational. *International Business Review,* 8, 421–440.

Ozolins, U. (2003). Current Issues in Language Planning Language and Economics: Mutual Incompatibilities, or a Necessary Partnership? *Current Issues in Language Planning* (November).

Peltonen, J. (2009). Translation Activities in MNEs – Case Nordea. Social Networks. Helsinki School of Economics. Retrieved from <hsepubl.lib.hse.fi/FI/ethesis/pdf/12155/hse_ethesis_12155.pdf>.

Phillipson, R. (2001). Global English and Local Language Policies: What Denmark Needs. *Language Problems & Language Planning,* 25(1), 1–24.

Salomão, R. (2006). *Línguas e culturas.* Innovation. Universidade Aberta.

Sorensen, E. (2005). Our Corporate Language Is English. *Management.*

Thomas, C. (2008). Bridging the Gap between Theory and Practice: Language Policy in Multilingual Organisations. *Language Awareness,* 17(4). Retrieved from <www.multilingual-matters.net/la/017/la0170307.htm>.

Welch, D, Welch, L., & Piekkari, R. (2005). Speaking in Tongues The Importance of Language in International Management Processes. *International Studies of Management and Organization,* 35(1), 10–27.

Welch, D., Welch, L., & Piekkari, R. (2008). The Importance of Language in International Knowledge Transfer. *Management International Review,* 48(3), 339–360.

Languages in Parallel. The European Experience

AGUSTÍN JIMÉNEZ
European Commission's Directorate-General for Translation
<agustin.jimenez@ec.europa.eu>

> Au fur et à mesure que la civilisation devient plus une, les langues, et même les grandes langues littéraires, sont conduites à exprimer par des procédés matériels différents, mais parallèles, des choses qui sont les mêmes (Meillet, 1928: 3)

Are languages translatable?

It may sound like a truism to state that different languages are the product of different mental structures. Some differences may be learnt gradually by heart: beer can be *blond, light* or *clear;* an identical hue of grapes can be *blue* or *white* depending on the languages concerned. White snow may be described as *snowblue* in Scandinavia, and we must accept that Lithuanians can be two rungs happier than we can ever hope to be since, while we only reach *seventh heaven,* they can make it all the way to *ninth heaven.* Still, a Spanish speaker has the right to wonder whether an English speaker shares a common conceptual idea of the words *finger* and *toe,* both of which are designated by *dedos* in Spanish. Similarly a French speaker may inquire – but this is something which I, as a Spanish speaker, can only hazard a guess for – whether the corner of a room (Sp. *rincón*) and the *angle of a house* (Sp. *esquina*), both of which have different names in Spanish, may somehow be reassembled to form a single *whole.*

The fact is that we have trouble imagining what goes through the mind of those who speak a foreign language. That's the whole complexity of the "emic"/"etic" approach as studied since Pike. What is going on in the native's head? That is why so many clever researchers, following Quine (1966), insist on the unstranslatibility of languages. Simultaneous inhabitants of two worlds, translators – a translator is, to a lesser or greater extent, any person striving to understand a language other than his/her own – are privileged with schizophrenia. Should these persons have access to a bilingual dictionary, they must rely on others who may have found some equivalences. These are pragmatic, not necessarily semantic, a subterfuge to deictic methods. On the trail of St. Augustin, Wittgenstein (1967)[1] spoke of the ostensive teaching of

1 "Naming something is like attaching a label to a thing." (I, 15)

tangible things (as if they bore a label on them) and about learning the use of abstract ones. In the absence of a bilingual dictionary or an interpreter – or, for that matter, a father who teaches his son or a native who points out to an object – we need to rely on unilingual definitions.

Definitions

The Spanish novelist Pio Baroja said that "classic definitions are almost always useless. They can have a certain utility when dealing with particular artificial things; as far as general things or facts, natural or abstract ones are concerned, they are worthless" (2011: 186).[2] Well, their utility may also be questioned with respect to artificial objects. Definitions of plants and animals supplied by most dictionaries typically state that they are big or small, this or that colour, and that they live in a specific place or anywhere world-wide. We have no clue on the meaning they intend to convey. The same thing happens with drinks. No foreigner is going to learn the whole meaning of *horchata* unless they have seen and tasted this beverage in its natural habitat. Sometimes the best definitions are the ones which merely suggest. An ancient definition of *cat* in French read "animal qui gratte" (an animal that scratches).

Abstract realities and syncategorematic words are even more difficult to define. *Left* is often defined in relation to the position of the heart. I have looked it up at random in a few unilingual dictionaries. The French *Nouveau Petit Robert* (1995) gives as its first definition: "qui est de travers, qui présente une déviation" (biased or showing a deviation") and only in the third place states that "concerning the hand, it is that which is on the side of the heart", which would be rather clear but for the addition, immediately thereafter, of the explanation "since this hand is usually unskilful". The entry in the Webster (1976) begins by saying that *left* means "weak". It further elaborates: "of or relating to the hand that in most persons is weaker" (What about left-handed people, who are stronger with their weaker hand?). Other dictionaries are more assertive. A good Swedish dictionary (*Bonniers svenska ordbok,* 1983) states that *left* is "the direction opposite right". You look up *right* and the whole business becomes clear: because *right* is the "direction opposite left". My favourite definition of *left* is one taken from a big Lithuanian dictionary (*Dabartines lietuviu*

2 The rest of the page is even more radical: an attempt to define is like keeping from the rain with an umbrella the Toledo cathedral.

kalbos zodynas, 2000): left is "which is on that side of the body, that is in the East when facing South".

Proper names

Names of technical devices, engines, chemical products, industrial products are generally unequivocal, often standardized. They should properly be considered as proper names. You cannot change their denomination without having consequences. They are described on the base of a set of semantic components which are common to all the people who share a particular semantic world. In order to facilitate trade exchanges, both industrial products and their denominations are standardized. So are their translations into other languages. In practical terms, their meaning, as Jakobson used to say, is their translation. International organizations, such as the European Union (EU), adhere to officially approved nomenclatures to organize trade and customs formalities. Very often, nevertheless, the extension of terms varies with the language. That is the case mainly with natural products.[3] French *crevettes* or Greek *garides* give in Spanish *gambas, quisquillas, camarones.* On top of that, in maritime countries, varieties of fishes are typically known by a plethora of regional denominations that makes comparison difficult.[4]

Legislative acts and regulations typically begin with a set of definitions as well as explanations of their objectives and the contexts (the pragmatics) to which there are intended to apply. Not infrequently, problems arise when, in a particular national legislation, the term used in the translation is unclear. An insurance company may, for example, refuse the reimbursement of damages, as required by the European legislation on the grounds that the term used in its language does not cover a particular situation in the national legislation. In case of dispute, the courts in the concerned country can refer questions to the European Court of Justice, which then determines the meaning of the term. It is what we can call *judicial semantics*. In the dialogue "Cratylus",[5] Socrates defends the position that "not every man is able to give a name, but only a maker of names; and this is the legislator". From a linguistic standpoint, we have to assume that both legislative definitions and court rulings on such definitions constitute the semantic components of terms.

3 Listed in the Common custom tariffs.

4 See the *OCDE multilingual dictionary of fish and fish products,* now in its 5th edition.

5 Plato. Cratylus; translated by Benjamin Jowett.

Multilingualism. The standard

Our societies are returning to multilingualism. But there is nothing new in the coexistence of languages. Overarching multilingualism was the standard in old communities, in ancient empires. The ideology of "the language companion to the empire", first held by Nebrija, which became the motto of modern States in the Renaissance and continued to gain prominence in the enlightened century, characterized by the emergence of furiously nationalist States attached by cultural and religious ties to a single unilingual identity, clashes probably with tradition and the natural state of things. Amid the uncertainties of pre-war Europe, the great Meillet reminded us that virtually every country in Europe has in some time of its history shifted language.[6] One of the most seminal conventions in literature wants it that Miguel de Cervantes discovered which adventures had been confronted by Don Quixotte after finding an Arabic manuscript on a street and paying for a translation.[7] The action takes place in Toledo, where Jews, Arabs and Christians had cohabited for years and where, in its golden times, translators had poured in from other parts of Europe to help transmitting the classic Greek heritage, kept in Arabic, into Latin and thence, to the new languages of the new States.[8] When catholic Spain, already sadly unilingual, expelled Muslims and Jews, the latter were invited by the Ottoman sultan Beyaziz II to settle in his lands. This paved the way to merry sociolinguistic stories. The biggest Jewish community settled in Salonica. Exiled in the United States, Leon Sciaky published in 1947 a book which tells the compelling story of his family.[9] In Salonica, the second city of the Turkish Empire, the vehicular language was ladino, the old variety of XV century Castilian. The family communicated in Greek and Turkish and made deals in Bulgarian. The father, a meticulous businessman, even took classes in Gypsy language from a boy he had met on the street.

State reformer Ataturk or the great poet Hikmet were also born in Salonica. A striking fact of modern societies is that they intentionally forget or underestimate their multilingual, multicultural past. Great Spanish Arabic and Jews authors are seldom studied as part of the Spanish heritage. And this in a country in which Maimonides, Averroes – or, for that matter, Seneca, who wrote in

6 "Il n'y a en Europe presque pas une population qui, au cours de l'histoire, n'ait changé de langue, et souvent plusieurs fois, là même où elle n'a pas eu conscience d'un changement." (Meillet, 1928: 74).

7 Miguel de Cervantes Saavedra: *El ingenioso hidalgo don Quijote de la Mancha* (chapter IX).

8 The best modern introduction to the Toledo School of Translators is *El concepto cultural alfonsí* (Martínez Villanueva, 2004).

9 There is modern edition in Paul Dry Books (Sciaky, 2003).

Latin – were born. Other countries are similarly at odds with their past. Take a Lithuanian history of literature. No mention is usually done of the superior scholars and writers who wrote in Polish or Russian. As for Jews, they were annihilated by the Nazis in body and by the official conscience, in soul. Mickiewicz's fate is particulary incomprehensible. He is probably the best poet ever born in Lithuania. Unfortunately he did not write in Lithuanian. He is just the national poet of Poland, where, curiously enough, he never set foot in his entire life (see the chapter on Mickiewicz in Milosz, 1969).

In the story of Adam and the story of Eve, Mark Twain remarks how cohabitation in the paradise produced the gradual discovery of language and grammar: *we* is funny, says Eve the first time he hears it said by Adam. The first time when she heard a human sound, "it gave me a thrill… I did not understand the words, but they seemed expressive" (Twain, 1906).

Multilingual Globalization

Nowadays globalization of trade and massive tourism calls for the use of foreign languages and, in some cases, makes them popular. Communication technologies serve a process whereby all barriers seem to have been removed, although, paradoxically, these same technologies allow people to stick to their monolingual universes. The first thing you see when you walk through urban areas where concentrate migrant population are the satellite dishes which keep them connected to their umbilical worlds, their television channels, their mother tongue. In the new area, as Manuel Castells puts it, we feel "split between abstract, universal instrumentalism, and historically rooted, particularistic identities". Or, in other words, between globalization and localization, "between the Net and the Self" (Castell, 1996: 3).[10]

Multilingualism has a cooperative meaning. No individual is, strictly speaking, multilingual, though some people can partially understand and make themselves understood in a number of languages. The perfect command of just a second language is probably mission impossible. Personal multilingualism is usually a patchwork consisting of pieces of sounds, of rules, of words. Like in Esperanto, a metaphor, or in the Joycean "Finnegans wake", a discontinuous patchwork. There runs a well-known story about a celebrated linguist who spoke some forty languages or so. The story also tells that he spoke all of these

10 Quoted extensively in an excellent introduction to globalization and language localization (Cronin, 2003).

languages in Russian. In any case, this state of things is a benefit for translators and linguists in general. It has also a sentimental value. Along with the official multilingualism, there is an increasing multilingualism of the heart. The context encourages consumption, but also love, of languages. In the linguistic supermarket there are all kinds of goods. A few years ago, it was difficult to learn languages. In these days it is within the reach of all of us.

Official Multilingualism

In these days it is within the reach of all of us. Official multilingualism is complete in the sense that all the necessary texts are translated into all of the necessary languages. A condition for official multilingualism if that the status of the languages involved be formally recognized and mature from a professional and academic point of view. In this respect, a sufficient number of translators is usually a prerequisite. Of course, translating is risky and translations can be fake. Hungarian writer Dezso Kosztolanyi imagined a "cleptomaniac translator"[11] who consciously omitted facts or diminished figures. If, for example, a house had 36 windows, he wrote that it had 12. The Italian Leonardo Sciascia (1963) tells the story of an Arabic manuscript found in Sicily. A so called translator pretends to understand well the language of the manuscript and he is richly commissioned by the authorities to produce a text in exchange for lodgings, remuneration and other prerogatives. He concocts an extraordinary invention singing the false past glories of the island. Frauds can still happen. Last year, during Nelson Mandela's burial ceremony, the South African television engaged the services of a gestures interpreter whose sign-language was meaningless and who reportedly had no clue as to what he was signing. He was admitted for psychiatric treatment.

Official multilingualism is the official use of more than one language for legal and administrative reasons of for the purpose of communication. Almost all of the developed countries in our part of the world recognize the use of several languages with varied scope. We can compare a few cases of official multilingualism in developed societies. In Spain we use four different languages (five should we accept Valencian to be a separate one), though with different geographical scope. A glimpse at some cases of official multilingualism in this part of the world might shed some light on the difficulties of the task.

11 Dezso Kostolanyi: *Esti kornel* (chapter XIV).

Belgium has three official languages, Dutch, French and German, though only Dutch and French are used for the drafting of laws.[12] The German translation is published afterwards just for information purposes. The authorities pay special attention to the parity between French and Dutch and the readability of the texts. Ideally texts should be co-drafted by native speakers of both languages and should avoid the influence of the second language, which was earlier the case, because French strongly influenced Dutch. At times, notheless, misunderstanding, in spite of linguistic convergence, can lead to tragedy. In 2001, in Belgium, eight people died following the collision of two trains. It was reported that the two drivers, one a French speaker and the other a Dutch speaker, could not avoid the accident as they could not understand each other.[13]

In Switzerland there are three official languages, German, French and Italian with a fourth one, Romansch, used in particular cases. For instance, authorities should reply in Romansch whenever a request is submitted in this language. The process of translation seems to be rather compartmentalized. At the time of the official consultation, texts should be ready both in French and German, but most texts continue to be drafted originally in German. As for the Italian version, it is prepared independently. The whole administrative process is very intensive in translation with certain bodies running their own translation services and plenty of collaboration with institutions abroad. Eurodicautom, the former terminology data-base of the European Commission, was shared with the Swiss Federal Government. By the way, this data-base was also official for other external bodies, as the Ministry of Foreign Affairs of the Netherlands.

Canada is an instructive case. Federal and local statutes and regulations are very complex and so is the application of its English-French bilingualism. But, along with the enormous bulk of terminology both in English and French, and other languages, as Spanish, Canadian institutions have an interesting way of preparing their official texts. These are drafted by professional draftspersons, following, of course, instructions from officers. When drafted by officers, quality of originals is a core point in multilingual translations, causing numerous problems and giving rise endless complaints. Canadians set precedents for European initiatives such as Catalan terminology department, TERMCAT.

Malta has a flexible bilingual system with English and Maltese, a Semitic language. For all purposes, the administration may use either language. Until 1942, legislation was produced in English and Italian. Currently most bills are drafted originally in English although the situation is evolving regarding Maltese. After joining the UE, the Maltese language has been forced to contrive a

12 The information on European and Canadian official multilingual countries is taken from the report *Study on lawmaking in the EU multilingual environment* (European Comission, 2010).

13 "Huit morts à cause de 30 secondes d'incompréhension": *La Libre Belgique,* 29/3/2001.

lot of terminology and many efforts have been made to promote the language, one of the official languages of the European Union. Nonetheless, translation into Maltese sticks rather closely to the English original and many English terms are left untranslated in italics.

Typical in all the above contexts are the efforts to safeguard the autonomy of each language and to keep it uncontaminated by others. A reverse policy has been carried on for years by relevant Scandinavian authorities regarding specific aspects. In Norway, where two kin languages are official, people and media are encouraged to use words common to both and for years schools have gradually introduced into one of them morphological and spelling features from the other. A few decades ago, feminine nouns did not have an ending in bokmal, as is the rule in the more traditional nynorsk. Now feminine endings are well established. In order to facilitate exchanges, the Nordic Council, a body intended to promote cooperation between Scandinavian countries, encourages the use of words common to the languages of all the Scandinavian countries under a policy of linguistic approximation (Haugen, 1966).

EU Multilingualism

It is surely not perfect, still Multilingualism as inaugurated and arranged by the EU,[14] is a watershed in the development of linguistics, and most probably in its societal aspects as well. Since the beginning, multilingualism, in a very advanced form, has been one of the main characteristics of the European Union, on grounds economic – to facilitate the freedom of movement of people, goods, capital and services –, democratic – equality of languages, the access of citizens to legislation other policies – and cultural, since diversity is considered a richness and languages make part of the European heritage. Multilingualism is enshrined in the founding Treaties of the UE (dating from the 1957 Treaty of Rome) and it is the subject of the very first Regulation approved by the European Economic Community (in 1958). Under the Lisbon Treaty, the EU is required to respect and promote linguistic diversity in Europe. Since 2004, multilingualism became a full-fledged portfolio with a Commissioner – a sort of European minister – in charge.[15]

Leaving aside the political aspects of the issue, this has dramatic consequences for languages and opens up new venues for linguistics and sociolinguistics

14 COM(2005)596 OF 22.11.2005. *A new framework strategy for multilingualism.*

15 The first appointed Commissioner for this portfolio was Slovakian Ján Figel.

though, curiously enough, the academic work carried on in this respect so far deals mainly with statistics and methodological descriptions. At a more theoretical level, it might help establish a new European sensibility.

The European Commission has launched a number of research projects to deal with the issues of multilingualism. The Dylan project is integrated in an overarching research programme.[16] It is an academic program aiming at understanding the way in which multilingualism is developed and used, to identify the conditions for developing multilingualism, as a part of the European heritage, and to help formulate proposals for the cost-effective and democratic management of linguistic diversity in Europe. The underlying idea is that multilingualism represents an asset rather than an obstacle. The project touches upon a variety of sociolinguistic situations within the EU institutions and in educational, political and corporate settings in different parts of Europe. In this context, English is almost unanimously accepted as the modern lingua franca, although, outside formal contexts, there emerge different linguistic strategies. In a meeting, for example, people can switch from a language to another or mix them up according to relative personal competences or the matter under discussion. This gives rise, in the words of a researcher, to pluringualism as a creative resource in "languaging" (sic), "interlanguage" or "hybrid speech" (Greco *et al.,* 2013: 39) in which foreign words (called *barbarisms* in Spanish) are no longer rejected but make part of a shared corpus. While ideally a universal command of languages and drafting skills by everyone would be desirable, a part of the professional commitment in a multicultural environment is necessarily the acceptance of linguistic imperfections in daily exchanges.

A key aspect of this approach is the personal attitude to language. Data concerning language competence make up for a standard item in Eurostat questionnaires (Eurostat). All people working in a multinational environment should be able to work in more than one language. Institutional tools such as brochures or websites are generally multilingual. Politicians active at Brussels have usually a certain command of English and many of them are fluent either in French or German (there is currently no case in which a Commissioner speaks German without being able to speak French as well) (Kruse & Ammon, 2013: 173). As for national politicians obliged to deal with their foreign colleagues or with the press, they might hold on to their national language owing to their lack of competence. Sometimes they do it voluntarily to make a plea for the status of their languages, which they consider underrepresented or underrated.

16 Sixth Framework Programme Priority 7. Citizens and governance in a knowledge-based society (<www.dylan-project.org>).

No express provision is made in the founding Treaties of the European Community regarding the preeminence of such or such language. The use, and a policy of accommodation, has it that English, French and German be considered procedural languages in which proposals for bills proposals are submitted. Nevertheless, and this is the key idea, from a legal point of view, EU multilingualism grants the same value to each of the 24 official languages. This means that a legal text cannot be published unless it has been translated into all of these languages and, further on, that an official publication is binding in any of those languages. As a result, a substantial error in a text in whatever language can lead to serious consequences, including financial ones.

From the linguistic standpoint, EU multilingualim has boosted the use of minor languages. Owing to their legal commitments, Finnish, Maltese or Estonian have become present outdoors and they need now to keep up with English, and other major languages, to deliver texts, to update their formula and to coin new terms. In small countries, the obligation to keep up with multilingualism has proved to be a gigantic task given their limited resources or the different curricula of their professionals. In some countries, no distinction was made between translators and interpreters, which led to some difficulties during the enrolment process. Also in terms of logistics, new arrivals have usually caused some concerns. A new country means sometimes a new alphabet. People nowadays are used to the idea that informatics can solve any kind of problems. This was not the case twenty years ago, when even the Spanish letter ñ was impossible to retrieve in data bases.

Sentimental Multilingualism

From a more sentimental point of view, official multilingualism aims at fostering linguistic awareness and love of languages. A survey carried on for the Commission by a panel of prominent people chaired by writer Amin Maalouf suggests that every one should be able to communicate at least in three languages: the mother tongue, a vehicular language and a third one, chosen for reason of love or sympathy for a particular culture.[17] Maalouf (1998) has elaborated on these ideas in his book *Les identités meurtrières*.

Needless to say, the new framework is a problematic one. Even putting aside its ideological implications, the cost of the overriding supremacy of English

17 Group of Intellectuals on the Contribution of Multilingualism to Intercultural Dialogue, 2008.

language is seen as excessive. Almost 100% of all the original texts are initiated in English. Drafters are officials in charge of a particular issue, not necessarily native speakers nor, for that matter, skilled writers. Along with these forthcomings, there are political barriers. Texts are usually the result of compromises among twenty eight Member States coming from different legal systems, different sensibilities and different social situations. Very often drafters are obliged to force their formulations to enlarge or restrict their scope. This puts languages under strain. A great number of people from different institutions, as well as from national administrations, take part in the process of drafting. A specific Member State might have trouble with accepting a particular term, too large or too restrictive in its vocabulary or its legal architecture. Legal proposals are checked by the legal service and there is in place an editing unit, which can revise, mainly in English, the final text. Over and over, proposals are subjected to revisions, corrections, suggestions, discussions. After this merry-go-round they reach the translation service. During the process of translating, new corrections or modifications are possible. Once translated, national services can have their say and they might disagree with such or such formulation or terminology (even regarding morphology or spelling). Translators should give them a motivated answer to eventual complaints.

Problems of interpretation may further arise once the text has been approved and published. Should this happen, the subject could be referred to the European Court of Justice, which then is obliged to give a judicial solution relating to a semantic conundrum.[18]

Overwhelmed by so numerous demands, translators strive to stick to the original as far as possible. Free interpretation is risky, and any diversion can lead to trouble. The order of the words itself should be taken into account. Should you wish to restructure a sentence differently, you should bear in mind that eventually this sentence might be quoted later on as a legal reference in the relative order which in which it is originally drafted. For instance, a text might refer to, say, "the second sentence" of the third paragraph; if the order has been altered in the translation, there is a problem. Of course, if a particular term or a particular syntagme has been used in another published text, it has usually to be respected with in the translation, even if the translator considers it wrong or ungrammatical. The Israeli Gideon Toury (1980) has introduced the notion of norms, an intermediate level between competence and performance in which translators find the rules they comply with.

18 Two examples of "Court semantic resolutions" are Court sentence C-162/13, Damijan Vnuk versus Zavaronalnika Triglav (on the definition of *vehicle* and *circulation*) and the Court sentence C-450/11 (on discrepancies of the terms *traveller* and *consumer*).

Along with binding legislation, EU produces hundreds of thousands of reports, communications, awareness campaigns and advertising texts, formal letters to administrations or simply replies to any European citizen who wishes to address a letter to the Institutions or to their President – letters which must be responded to in the language used by that citizen, included, in some cases, non official languages such as the co-official Catalan, Euskera and Galician.

Drafting in another language

The whole process of drafting and translating presents two edges, one problematic, the other a promising one. We have said that drafters are not necessarily English speakers. Apart from the limitations we feel when writing or speaking in a foreign language, we usually hold on to terms, expressions and phrases we feel confident with. Inevitably, a foreign speaker shows a lesser speech variation than a native. Together with the fear to digress from the meanings which have been legally enshrined in former texts, this accounts for an excessive reiteration of expressions, which we could call overlemmatisation. Frequently enough, both drafters and translators do not dare touch upon a particular wording which is just one way of expression among other possible ways. Or else, wary of legal or terminological mistakes, they render a literal translation of a chain of words which are not legally or semantically lexicalized. Innocent, random expressions are hence easily standardized. If, subsequently they pass into different data bases and translation memories, they remain fixed for ever. A serious point, however, to be made here, is that the battle between tradition and novelty is not new in history. As in the past, it is difficult to find the balance half way between purism and solecisms, mainly because the need to translate reveals also much needed features which are not present in our own language and which we should incorporate to keep up with the general speech.

Lingua Franca

A few decades ago, most texts were translated from French with similar phenomena. As the global language *per se* English has given rise to renewed fears, linguistic and ideological as well. In an intensive, and often, accelerated process of translating, English idiomatic structures are transferred into other languages. So are word-order, prepositions and even punctuation marks. While translating, extreme attention should be payed to correctness and localization. General stylistic traits of global English, included the current false pretention for the so called *clarity,* are more difficult to circumvent. So is the search for fluidity and readability, reinforced by the economic value of plain style, which is a current trait (Venuti, 1995: chapter I). Some researchers warn that English as a lingua franca in international exchanges has put a risk of, as Karen Bennett (2013) puts it, "epistemicide in translation". English has been killing off special stylistical features typical of other languages, mostly in abstract matters, for instance in texts related with humanities. Hand in hand with style come pragmatical subtleties and nuances of meaning which now get lost. That is not to say that Americans or British should be charged with imperialism. There exist plenty of varieties of English.[19] Global language is a system shared by foreigners. In fact, in practice, British English has become a minority language today. That being said, many consider that European institutions are not always respectful of their theoretical plurilingual commitments.[20]

It is worth noting that similar allegations have already been made in the past concerning other languages. In the XIX century, Leopardi pitied the plight of French, an empoverished language, unable to translate subtleties from other languages, while at the same time being the most frequently translated. Italian, on the other hand, "non cade nella povertà della francese", being full wih beautiful and very natural irregularities (Leopardi, 1941).[21]

Narrativity

The rapidity of the translation process gives also rise undoubtedly to common ideological trends. As in any other political and sociological venture, there is always in European texts a particular "narrativity", in the sense first coined by Mona Baker (2006). Studies are lacking in this respect but we could surely speak of a biased optimism in formulations and abundant occurrences of corporate pomposity, a general feature in any corporation, which translators

19 Or *Englishes* in plural (Kirkpatrick, 2012). For a short fairly balanced introduction see Arthur, T. (2002).

20 Actual politics might be sometimes "contradictory and designed to further the ideas claimed in the many policy documents drawn up by EU legislators to support multilingualism" (Sharifian, 2009).

21 "Dove l'intelletto e l'utilità non desidera nulla, ma l'immaginazione, il bello, il dilettevole, la natura, i sensi desiderano tutto (24 febraio 182)" (Leopardi, 1941: 116).

help disseminate. People currently refer to *tasks* as *challenges, to complete* as *systemic*. In Spanish it is now fashionable to protest against budget slashes as *austericidio* (austericide), which etymologically means exactly the opposite.

For all of their shortcomings and constraints, life is rather benign for translators in the EU. In the 16th century, Fray Luis de Leon spent five years in prison after translating the "Song of Songs". So far, no EU translator has been taken to court as was a British government translator tried for treason in 2003; no one has been obliged to take part in interrogations carried on by the CIA or has underwent threats from belligerent parties. So far, they are spared the evils of our modern world. As recently as last week, Spanish media once reported the plight of 12 Afghan people, employed by the Spanish army as translators in their home country and now desperately applying for urgent political asylum (*El mundo,* 22/5/14).

We have gone briefly through difficulties, constraints and obligations or, if you prefer to express it in official corporate jargon, *challenges*. Let us have a look at a number of interesting developments we encounter.

The outcome

The first outcome of multilingual drafting and translation is, of course, the socialization implied in the process. Since the start, texts are "negotiated" to meet the needs of multilingual people. Negotiation would be, of course, a good definition of translation. Translators, on their own side, "negotiate" the meaning and the expression of texts. At the same time, they collaborate closely. Translating common texts is usually a team work. Key legal terms are usually agreed upon with all the bodies and departments concerned. Another form of collaboration takes place among translators from different languages, mainly, but not exclusively, within the same linguistic family, who often seek a piece of advice or profit from the solution found out by a foreign colleague. Nevertheless, translation is never innocent and "the works of translators in shaping texts contributes to fundamental changes in diverse cultural systems". Therefore, ethical questions and empowerment of translators are a crucial issue.[22]

Some rules, for example in formats and presentation and the use of certain acronyms are valid for all the languages, though each language is free to adopt its particular guidelines for other matters. Still, formats are not the key issue. Out of this forms of collaboration and mutual interferences, we see a common

22 It has been extensively dealt with, mainly by Maria Tymoczko (2007: 189–216).

set of European concepts and expressions emerging. By the middle of the nineteenth century, Giacomo Leopardi (1941: 172) already called for the constitution of a common vocabulary for Europeans.

A large corpus of terms and expressions in "Legalese" has had to be coined in all the languages to serve political and administrative purposes, to designate new bodies or to describe their functioning. Further on, many of them are now genuine European exports into third-countries languages. Already in 1992 a trilingual European vocabulary – English, French, Chinese – was edited in Beijing (Jinghua, Anmin & Jiménez, 1993). The origin of new terms is varied. Naturally enough, most of them are loans or calques adapted from French at the time when this was the predominant language, and nowadays they are mostly concocted in English, but their cultural background is extremely diversified. *Subsidiarité,* a term which even a fervent European like Delors avowed to having trouble to explain – the idea behind it is that central authorities at Brussels must only take over when individual national administrations are not able to discharge themselves separately of a particular task – seems to have first appeared in Latin in a papal encyclical letter. A general temptation with translation is transliterating whenever it is possible. *Subsidiarity* might sound overcultivated in English, *Subsidiarität* might sound odd in German. On other occasions, translators have recourse to transliterations precisely because they sound natural in their language, though the meaning is altered. *Directive,* a sort of law with a defined scope which member States should incorporate in their legal systems – went into Spanish as *directiva* amid the outcry and letters to the editors from puristic circles. Actually, many people and many translators, irrationally refuse the possibility of introducing the slightest change in their linguistic habits.[23] Now, after the initial opposition they encountered, these terms make part of the European *acquis,* which is the European equivalence for thesaurus.

The prefix *Euro-* has proved to be one of the most productive in history (before its entrance as a European prefix we were just acquainted with *Eurocommunism,* from Italian). Moved by this spirit of Eurocommunion, a glimpse at the telephone directory shows us dozens of ventures involved in some sort of Eurostuff. An interesting issue worth noting is the evolution imposed on language by a new sense of geographical realities. To refer to the national of a Member State as a *foreigner* not only would be a sin against political correctness but would also be nonsensical. People from other Member States are "European citizens", a term which seems to have been proposed by the Spanish authorities. An action carried out together with other European countries is not

23 A constant in historical crossroads. See, v.g., for the Spanish Golden Age, Menéndez Pidal (1991).

international any more but rather *transnational* or *cross-bordering* (frontiers having been abolished). Of course, trade among our countries does not consist any more of *imports* and *exports* but simply of *exchanges*. The *inner or interior space* is the whole territory of the Union. In this new approach, meaning shifts are possible. As a result, distance itself has been abolished. The ancient *cabotage* (from old Spanish *short voyage along the shore,* always perilous) now designates transport of goods by truck within the European space.

A great part of translation amounts to "negotiation", says Umberto Eco (2003). All the more so in an environment such as the European one. Legislators negotiate, drafters negotiate, lawyers negotiate and so do translators both with the former and among themselves. They negotiate and they learn from each other and from their colleagues from other languages. Of course, they are also easily contaminated.

The kind of negotiation in translation relies very much in aspects such as the semantic field of the issue and the linguistic family one is translating into. It is often easy to adopt a common solution valid for Spanish, Portuguese and Italian as well, just by changing the ending. The title of a chapter, and even the wording of a slogan, may be agreed on. But a lot of topics are strongly fixed to national legal systems or even to the network of images characteristic of each language. Economics issues have the duality of being quite terrestrial while at the same time adopting, in English, a metaphorical expression. That is why the topic should be dealt with on a case-basis. Some languages, as the Baltic family, seem less prone to metaphorical expression in this context.

What is lacking

It might be seem odd that so far relatively few attempts at theorizing multilingualism in its purely linguistic aspects. It is true that some scholars, mainly in Germany, have started promoting the new science of Eurolinguistics (Hinrichs, 2010). But the methods adopted seem to follow the path of traditional comparative linguistics, in which Germans were pioneers. A genuine European terminology, for example, is yet to be developed. In most data-bases, terminological equivalences are thought to be translational solutions intended for two-language combinations and usually unidirectional, namely, from English into the target language. For the most part, translators have intuitive minds with little or none theoretical interests. On the other hand, academics seem very removed from the pains and sweat of the work on the field. Filling up the gap between both would be a major contribution. And it is possible to think of other initiatives, such as exploiting the possibilities of the semantic web aiming at a sort of Paneuropean Quillian model – or, at a more practical level, the constitution of a European body of terminological standards.

References

Arthur, T. (2002). *Oxford Guide to World English.* Oxford University Press.

Baker, M. (2006). *Translation and conflict. A narrative account.* London/New York: Routledge.

Baroja, P. (2011). *Las horas solitarias.* Madrid: Ediciones 98.

Bennett, K. (2013). English as a Lingua Franca in Academia. Combating Epistemicide through Translator Training. *The Interpreter and Translator Trainer,* 7(2), 169–189.

Castell, M. (1966). *The rise of the network society.* Cambridge; Oxford: Blackwell.

Cronin, M. (2003). *Translation and globalization.* London/New York: Routledge.

Eco, U. (2003). *Mouse or rat. Translation as negotiation.* London: Weinfeld & Nicholson.

European Commission (2010). *Study on lawmaking in the EU multilingual environment.* Cielito Lindo Kommunikációs Szolgáltató Bt; Publications Office of the European Union.

Greco, L., Renaud, P., & Taquechell, R. (2013). The practical processing of plurilingualism as a resource in professional activities. In Berthoud, A., Grin, F., & Lüdi, G. (Eds.), *Exploring the dynamics of multilingualism* (pp. 33–58). Amsterdam: John Benjamins.

Haugen, E. (1966). *Language planning and language planning. The case of modern Norwegian.* Harvard University Press.

Hinrichs, U. (2010). *Handbuch der Eurolinguistik.* Wiesbaden: Otto Harrassowitz Verlag.

Jinghua, L., Anmin, Y., & Jiménez, A. (1993). *Ying-Fa-Han Ouzhou Gongtongti Jiben Cihui Shouce = Basic vocabulary of the European Community.* Beijing: Zhongguo Duiwai Fanyi Chubanshe.

Kirkpatrick, A. (ed.) (2012). *The Routledge Handbook of World Englishes.* London: Routledge.

Kruse, J., & Ammon, U. (2013). Language competence and language choice within EU institutions and their effects on national legislative authorities. In

Berthoud, A., Grin, F., & Lüdi, G. (Eds.), *Exploring the dynamics of multilingualism* (pp. 157–178). Amsterdam: John Benjamins.

Leopardi, G. (1941). *Società, lingua e letteratura d'Italia.* Milan: Bompiani.

Maalouf, A. (1998). *Les identités meurtrieres*. Paris: Grasset.

Martínez Villanueva, F. (2004). *El concepto cultural alfonsí.* Barcelona: Edicions Bellaterra.

Meillet, A. (1928). *Les langues dans l'Europe nouvelle.* Paris: Payot.

Menéndez Pidal, R. (1991). *La lengua castellana en el siglo XVII.* Madrid: Colección Austral.

Milosz, C. (1969). *History of Polish literature.* London/New York: MacMillan.

Quine, W. (1966). Meaning on translation. In R. Brower (Ed.), *On translation* (pp. 148–172). New York: Oxford University Press.

Sciaky, L. (2003). *Farewell to Salonica.* Philadelphia: Paul Dry Books. First edition: 1946.

Sciascia, L. (1963). *Il consiglio di Egitto.* Turin: Einaudi.

Sharifian, F. (ed.) (2009). *English as an international language. Perspectives and pedagogical issues.* Bristol: Multilingual Matters.

Toury, G. (1980). *In search of a theory of translation.* Tel Aviv: Porter Institute.

Twain, M. (1906). *Eve's diary. Translated from the original MS by Mark Ttwain.* London/New York: Harper and Brothers Publisher.

Tymoczko, M. (2007). *Enlarging Translation. Empowering Translators.* Manchester: St. Jerome.

Venuti, L. (1995). *The translator's invisibility.* London: Routledge.

Wittgenstein, L. (1967). *Philosophical investigations* (I, 1–15). Oxford: Basil Blackwell.

www.ingramcontent.com/pod-product-compliance
Ingram Content Group UK Ltd.
Pitfield, Milton Keynes, MK11 3LW, UK
UKHW021942290926
8980IPUK00016B/1762